조이스박의 챗GPT 영어공부법

조이스박의
챗GPT
영어공부법

1쇄 발행 2023년 5월 13일
7쇄 발행 2024년 12월 20일

지은이 조이스 박
펴낸이 유해룡
펴낸곳 (주)스마트북스
출판등록 2010년 3월 5일 | 제2021-000149호
주소 서울시 영등포구 영등포로5길 19, 동아프라임밸리 1007호
편집전화 02)337-7800 | 영업전화 02)337-7810 | 팩스 02)337-7811

원고 투고 www.smartbooks21.com/about/publication
홈페이지 www.smartbooks21.com

ISBN 979-11-90238-93-9 13740

조이스박의

챗GPT 영어공부법

영어회화/리스닝/리딩/라이팅/텍스트톡/문법/어휘/시험영어까지 총망라

30년차 영어교육 전문가가 작정하고 만든
챗GPT 영어학습서

조이스박 지음

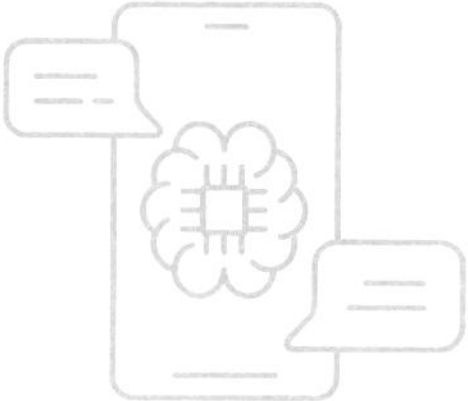

스마트북스

내 옆의 영어 가정교사 챗GPT 한 권으로 끝낸다

챗GPT가 등장하자, 저는 바로 이 인공지능 챗봇을 영어 수업 준비에 어떻게 활용할지, 여행 회화를 익히고 싶은 분, 비즈니스에 영어가 필요한 직장인, 대학생, 엄마표 영어를 하는 부모님 등 다양한 사람들이 어떻게 활용할 수 있을지 많은 고민과 시도를 해 왔습니다. 그리고 그 결과를 더 많은 분들과 차분하게 나누기 위해 이렇게 책을 쓰게 되었습니다.

챗GPT를 나만의 영어 보조 가정교사로

영어를 가르치는 입장에서 "이 언어 인공지능 챗GPT가 영어 교사를 대체할 것 같나요?"라고 묻는다면, "아니, 그렇지 않습니다"라고 대답하겠습니다.

챗봇은 아직 감정을 포함한 인간적 상호작용이 꽤 부족해서 언어 교육에서 교사를 대체할 수 없습니다. 하지만 영어 회화 연습 등으로 영어 실력을 쌓는 데는 큰 도움을 줄 수 있습니다.

해외 자유여행을 원하는 분들을 위한 솔루션: 영어 스피킹과 리스닝

먼저 챗GPT는 영어 스피킹이나 리스닝에 자신이 없는 분들이 보조 연습 수단으로 사용하기에 매우 좋습니다. 특히 매번 해외 자유여행을 하고 싶지만 영어 스피킹에 영 자신이 없었던 분들이라면 스피킹 연습을 할 수 있습니다. 각 상황에 필요한 영어 회화 지문도 뽑아 주고, 영어로 말을 주거니 받거니 회화 연습도 할 수 있습니다. 게다가 이 책에서 소개하는 프롬프트(명령어)를 이용하면, 챗GPT가 더 쉬운 영어로 말을 하고, 여러분의 영어 말이 느리고 발음이 좀 서툴러도 더 잘 알아듣습니다.

따라서 챗GPT는 전문 영어 교강사를 대체할 수는 없더라도, 적어도 영어 회화 연습을 하면서 말문을 열고 자신감을 얻고 실력을 쌓는 데는 꽤 도움이 됩니다.

비즈니스 영어가 필요한 분들을 위한 솔루션

챗GPT는 질문을 어떻게 하느냐에 따라 대답의 질이 꽤 달라집니다. 비즈니스 상황별 주요 표현, 회화문, 회화 연습뿐 아니라 비즈니스 이메일, 영문 이력서 및 자기소개서, 수준 높은 비즈니스 관련 응답을 끌어내는 꿀팁, 비즈니스 상대방과 좋은 분위기를 만드는 스몰토크 관련 프롬프트를 소개합니다. 비즈니스 영어가 필요한 분들이 실력을 더 높일 수 있는 좋은 기회가 될 것입니다.

엄마표 영어를 하는 분들을 위한 솔루션

아이의 영어 학습을 보충하는 데 챗GPT를 활용할 수 있는 방법들이 참 많습니다. 아이가 챗GPT와 영어 회화 연습을 하고, 영어 동화 주인공과 대화를 하는 기회를 만들어 줄 수 있습니다. 다만, 챗GPT는 뒤에서 설명하는 한계도 있으므로 보조 수단으로 사용하길 권합니다.

또한 다양한 영어 읽기 자료를 구할 수 있고, 아이와 함께 영어 스토리도 재미있게 만들 수 있습니다. 게다가 그 영어 스토리로 아이와 함께 유튜브 영상을 불과 10~20분 만에 뚝딱 만들 수 있습니다. 아울러 영어 어휘를 좀더 재미있게 익힐 수 있도록 영어 그림책의 키워드로 십자말풀이나 재미있는 스토리 북도 만들 수 있습니다. 챗GPT는 엄마표 영어를 하는 분들께 보물창고라고 할 만합니다.

영어 교강사들을 위한 솔루션

챗GPT를 영어 교육에 이용하면서 제 생활에도 변화가 생겼습니다. 예전에는 대학 수업을 위해 영어 지문을 쓰고 문제를 내고 다양한 워크시트를 만드는 데 몇 시간이 걸릴 일을, 이제는 불과 20~30분 만에 뚝딱 할 수 있게 되었어요. 어쩌면 영어를 가르치는 이들에게 강력한 수업 조교가 생겼다고 할 수 있습니다.

영어 회화 지문, 리스닝 및 리딩 교육을 위한 다양한 읽을거리, 독해·어휘·문법·듣기 문제들을 매우 다양한 형식으로 쉽게 뽑아낼 수 있습니다. 독후 활동 및 어휘력 학습 자료 등도 더 재미있게 불과 10~20분이면 만들 수 있습니다. 챗GPT가 불과 몇 초면 자료를 뽑아 주니까요.

또한 영어 문서를 꽤 많이 작성하고 영어 교안을 만드는 입장에서 보면, 이제 원어민 감수자에게 체크를 받을 필요가 없어졌습니다. 챗GPT가 감수를 잘해 줍니다. 이와 관련된 팁들을 풍부하게 소개했으니 큰 도움이 될 것입니다.

30년차 영어교육 전문가의 챗GPT 영어책, 무엇이 다른가?

챗GPT를 영어 학습에 이용할 때는 영어 교육과 관련된 전문용어를 정확하게 영어로 주는 것이 가장 좋은 결과물을 얻을 수 있습니다.

예를 들면 챗GPT에게 5형식의 영어 문장을 몇 개 만들라고 하면, 무슨 말인지 몰라서 엉뚱한 답을 줍니다. 영미권에서 사용하는 원서 영문법 책에는 5형식 같은 구분이 없으니까요.

챗GPT는 영어 학습과 관련된 요청을 할 때, 프롬프트에 영어 교육이나 언어학 용어를 쓰면 기가 막히게 잘 알아듣습니다.

앗, 영어 교육 전문용어라고 해서 어렵게 생각하지 마세요. 제가 테스트를 거친 다양한 프롬프트를 다 알려드립니다. 여러분은 그 프롬프트를 챗GPT의 입력창에 입력하거나 복사해 넣기만 하면 됩니다.

챗GPT를 이용한 영어 학습, 더 다채롭고 재미있는 방법

챗GPT는 아직 감정을 포함한 인간적 상호작용이 꽤 부족하며, 비언어적 요소가 약하기에 어린이의 회화 학습에서는 부족한 점이 있습니다. 챗GPT의 이러한 한계는 다양한 방식으로 보충할 수 있습니다.

이 책에서는 챗GPT의 스피킹을 보완하는 확장앱, 프롬프트를 번역해 주는 확장앱 등 다양한 확장앱들을 소개합니다. 아울러 챗GPT와 별개로 기존에 별도로 만들어진 여러 영어 학습용 사이트와 앱들의 사용법도 소개합니다.

단순히 챗GPT 영어 공부 활용서가 아니라, 영어 공부를 하려는 사람들의 입장에 서서 쉽고 빠르게 최상의 효과를 낼 수 있도록 했습니다. 이 책 한 권으로 여러분의 영어 공부가 훨씬 다채롭고 즐거워질 것입니다.

스피킹/리스닝/리딩/라이팅/어휘/문법까지 총망라

챗GPT를 영어의 4스킬(스피킹, 리스닝, 리딩, 라이팅)과 어휘 및 문법 학습에 어떻게 사용할지 소개합니다. 챗GPT를 이용해 영어를 어떻게 학습해야 더 효과적으로 장기기억에 담을 수 있을까요?

챗GPT에 끌려가는 영어 학습이 아니라, 기존 한국 영어 학습의 틀 안에서 어떻게 효율적으로 이용할 수 있을지 그 방법을 제시했습니다.

저는 영어 테이프로 영어 학습을 하던 시대부터 영어를 가르치기 시작해서 지금은 인터넷을 사용해서 영어를 가르치고 있습니다. 이제 챗GPT 시대를 맞아 영어 학습을 다시 발견한 기분입니다. 여러분도 챗GPT를 만나 새로운 영어 공부의 문을 여시기를 빕니다.

마지막으로, 이 책이 나오기까지 온갖 지원을 아끼지 않으신 스마트북스에 깊은 감사를 표합니다. 그리고 이 책을 아들에게 바칩니다. 엄마가 챗GPT를 하든, 영어를 하든 별 관심이 없겠지만, 일하는 모습을 좋아해 주는 아들에게 바칩니다. 엄마가 영어든 뭐든 하라고 해서 할 것 같냐며, 자신은 좋아하는 랩을 하겠다는 아들을 위해, 챗GPT에게 영어 랩을 하나 써 달라고 했습니다.

다음은 챗GPT가 써 준 영어 랩입니다.

프롬프트: 다음과 같은 내용으로 라임을 맞춰서 영어 랩을 하나 써 줘.

"엄마는 챗GPT로 영어를 공부하라고 하지. 하지만 챗GPT든 뭐든 시킨다고 하는 내가 아니야. 끌려야 해, 그런데 챗GPT는 끌리네."

Listen up, gotta story to tell
Bout my momma, who said "you gotta excel"
In English, she said "use ChatGPT"
But I was like "nah, that ain't me"

I ain't the one who get orders, you see
But she said "you gotta do it, it's the key"
So I reluctantly gave it a try
But ChatGPT got me hooked, no lie

Now I'm spittin' rhymes with this AI
Mixing words up like a mastermind
ChatGPT, you're the real MVP
Getting me hyped up in English, can't you see?

아들에게 영어 공부는 안 해도, 이 가사를 고쳐서 랩을 지어 불러줄 거라고 믿는다는 말을 전하고 싶습니다. '엄마는 나이 들면 죽어서 사라져도 책과 노래를 네 곁에 남겨 줄 거야.(사랑을 담아 마침표를 꾹 눌러 찍는다.)'

2023년 5월

조이스 박 드림

1 영어 공부 효율을 극대화하는 4단계 활용법

1. 30년차 영어교육 전문가의 파워 가이드
2. 최상의 결과를 뽑아내는 맞춤형 프롬프트
3. 풍성한 프롬프트 박스
4. 조이스쌤의 포인트

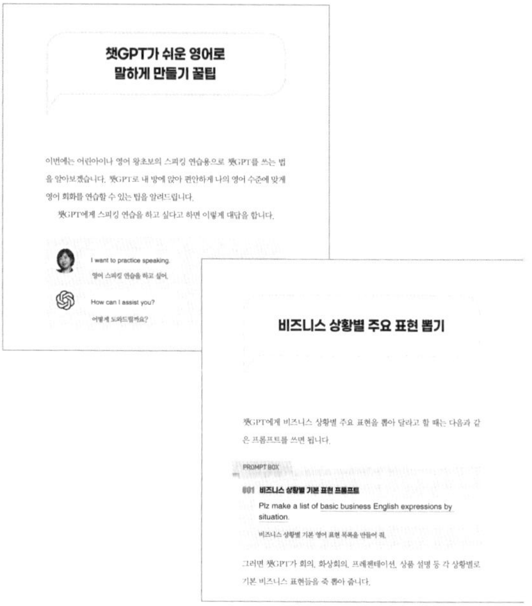

챗GPT가 쉬운 영어로 말하게 만들기 꿀팁

이번에는 어린아이나 영어 왕초보의 스피킹 연습용으로 챗GPT를 쓰는 법을 알아보겠습니다. 챗GPT로 내 방에 앉아 편안하게 나의 영어 수준에 맞게 영어 회화를 연습할 수 있는 팁을 알려드립니다.

챗GPT에게 스피킹 연습을 하고 싶다고 하면 이렇게 대답을 합니다.

I want to practice speaking.
영어 스피킹 연습을 하고 싶어.

How can I assist you?
어떻게 도와드릴까요?

비즈니스 상황별 주요 표현 뽑기

챗GPT에게 비즈니스 상황별 주요 표현을 뽑아 달라고 할 때는 다음과 같은 프롬프트를 쓰면 됩니다.

PROMPT BOX

001 비즈니스 상황별 기본 표현 프롬프트

Plz make a list of basic business English expressions by situation.
비즈니스 상황별 기본 영어 표현 목록을 만들어 줘.

그러면 챗GPT가 회의, 화상회의, 프레젠테이션, 상품 설명 등 각 상황별로 기본 비즈니스 표현들을 죽 뽑아 줍니다.

2 스피킹/리스닝/리딩/라이팅/문법/어휘/시험영어까지 총망라

1. 여행 영어 회화 & 리스닝
2. 어린이 & 왕초보의 영어 스피킹 연습
3. 비즈니스 영어 & 스몰토크
4. 영어 리딩 & 그림책 텍스트톡
5. 영어 어휘 학습
6. 영어 라이팅
7. 문법 & 시험영어 연습

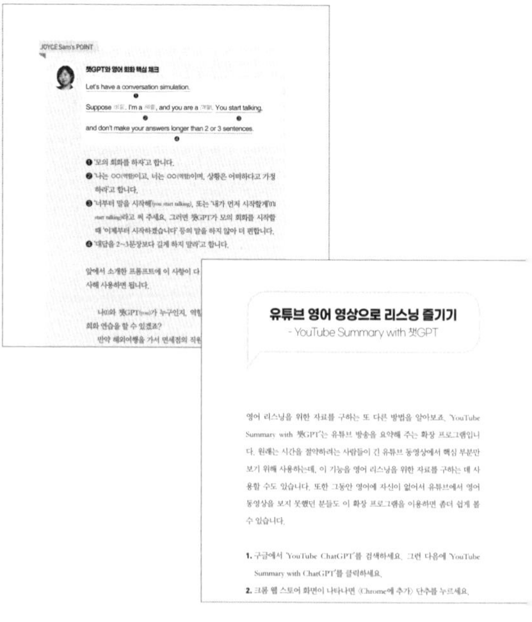

JOYCE Sam's POINT

챗GPT와 영어 회화 핵심 체크

Let's have a conversation simulation. ❶
Suppose 상황. I'm a 역할, and you are a 역할. ❷ You start talking. ❸
and don't make your answers longer than 2 or 3 sentences. ❹

❶ '모의 회화를 하자'고 합니다.
❷ '나는 OO(역할)이고, 너는 OO(역할)이며, 상황은 어떠하다고 가정하라'고 합니다.
❸ '너부터 말을 시작해(you start talking)', 또는 '내가 먼저 시작할게(I'll start talking)'라고 써 주세요. 그러면 챗GPT가 모의 회화를 시작할 때 '이제부터 시작하겠습니다' 등의 말을 하지 않아 더 편합니다.
❹ '대답을 2~3문장보다 길게 하지 말라'고 합니다.

앞에서 소개한 프롬프트에 이 사항이 다 … 사해 사용하면 됩니다.

나(I)와 챗GPT(you)가 누구인지, 역할 … 회화 연습을 할 수 있겠죠?

만약 해외여행을 가서 면세점의 직원 …

유튜브 영어 영상으로 리스닝 즐기기
- YouTube Summary with 챗GPT

영어 리스닝을 위한 자료를 구하는 또 다른 방법을 알아보죠. 'YouTube Summary with 챗GPT'는 유튜브 방송을 요약해 주는 확장 프로그램입니다. 원래는 시간을 절약하려는 사람들이 긴 유튜브 동영상에서 핵심 부분만 보기 위해 사용하는데, 이 기능을 영어 리스닝을 위한 자료를 구하는 데 사용할 수도 있습니다. 또한 그동안 영어에 자신이 없어서 유튜브에서 영어 동영상을 보지 못했던 분들도 이 확장 프로그램을 이용하면 좀더 쉽게 볼 수 있습니다.

1. 구글에서 'YouTube ChatGPT'를 검색하세요. 그런 다음에 'YouTube Summary with ChatGPT'를 클릭하세요.
2. 크롬 웹 스토어 화면이 나타나면 〈Chrome에 추가〉 단추를 누르세요.

3 한국인의 영어 학습에 최적화된 챗GPT 학습 가이드

한국인의 영어 학습에서 부족한 점을 콕콕 짚어준다.

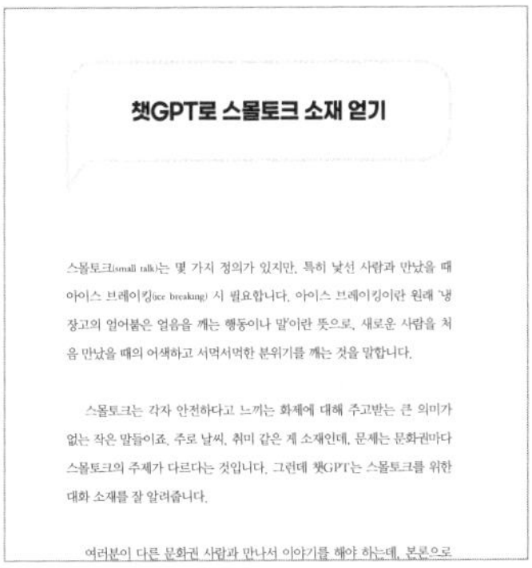

챗GPT로 스몰토크 소재 얻기

스몰토크(small talk)는 몇 가지 정의가 있지만, 특히 낯선 사람과 만났을 때 아이스 브레이킹(ice breaking) 시 필요합니다. 아이스 브레이킹이란 원래 '냉장고의 얼어붙은 얼음을 깨는 행동이나 말'이란 뜻으로, 새로운 사람을 처음 만났을 때의 어색하고 서먹서먹한 분위기를 깨는 것을 말합니다.

스몰토크는 각자 안전하다고 느끼는 화제에 대해 주고받는 큰 의미가 없는 작은 말들이죠. 주로 날씨, 취미 같은 게 소재인데, 문제는 문화권마다 스몰토크의 주제가 다르다는 것입니다. 그런데 챗GPT는 스몰토크를 위한 대화 소재를 잘 알려줍니다.

여러분이 다른 문화권 사람과 만나서 이야기를 해야 하는데, 본론으로

4 독자 맞춤형 정보

여행 영어
비즈니스 영어
엄마표 영어
영어 교강사까지
–한 집에 한 권이면 끝난다

13. 다음은 완성된 스토리북 원고입니다. 4페이지에서 스토리가 시작합니다.

14. 이제 멋진 스토리 원고가 완성되었습니다.

5 파워 프롬프트 가이드와 200개의 프롬프트 예시

조이스 박 저자가 따로 정리한 파워 프롬프트 모음 PDF 파일은 출판사 홈페이지(www.smartbooks21.com)의 '자료실→책부속자료' 코너에서 다운받을 수 있다.

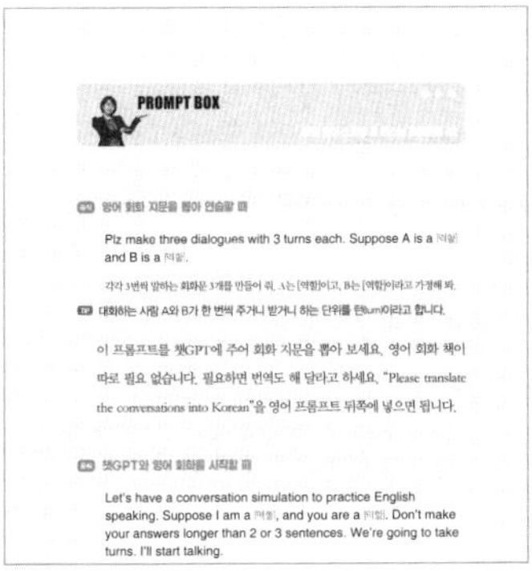

PROMPT BOX

영어 회화 지문을 뽑아 연습할 때

Plz make three dialogues with 3 turns each. Suppose A is a [역할] and B is a [역할].

각각 3번씩 말하는 회화문 3개를 만들어 줘. A는 [역할]이고, B는 [역할]이라고 가정해 봐.

대화하는 사람 A와 B가 한 번씩 주거니 받거니 하는 단위를 턴(turn)이라고 합니다.

이 프롬프트를 챗GPT에 주어 회화 지문을 뽑아 보세요. 영어 회화 책이 따로 필요 없습니다. 필요하면 번역도 해 달라고 하세요. "Please translate the conversations into Korean"을 영어 프롬프트 뒤쪽에 넣으면 됩니다.

챗GPT와 영어 회화를 시작할 때

Let's have a conversation simulation to practice English speaking. Suppose I am a [역할], and you are a [역할]. Don't make your answers longer than 2 or 3 sentences. We're going to take turns. I'll start talking.

차례

1장 챗GPT로 즐기는 여행 영어 회화 & 리스닝

2장 어린이 & 왕초보의 영어 스피킹 연습

3장 챗GPT로 비즈니스 회화 & 스몰토크

4장 챗GPT로 리딩을 풍성하고 재미있게

5장 챗GPT와 재미있는 영어 어휘 학습

6장 챗GPT로 라이팅 실력 높이기

챗GPT를 사용할 때 주의할 점

- 챗GPT는 NewChat, 즉 새로운 대화 상태로 바뀌면 지난번에 여러분과 대화한 것을 다 까먹습니다. 마치 새로운 사람과 다름없습니다. 이전에 여러분과 이야기를 나눈 맥락은 모두 사라집니다.
- 챗GPT에게 같은 사람이 똑같은 질문을 해도 응답이 매번 좀 달라집니다.
- 챗GPT가 말해 주는 정보는 잘 가려들어야 합니다. 챗GPT는 생성형 인공지능이라 답을 몰라도, 간혹 모른다고 하지 않고 자신이 알고 있는 지식을 꿰어맞추어 꾸며대는 경우가 있습니다. 이를 '환각(hallucination)'이라고 합니다. 큰 흐름에 대해서는 틀리지 않지만, 세부 정보는 허구가 있을 수 있습니다.
  예를 들면 챗GPT에게 '수업 계획서를 짜라'고 하면, 제목이나 차례는 정말 잘 만들어 줍니다. 하지만 그 수업 설명에 들어가는 참고문헌이나 원저자 이름은 없는 정보를 꾸며대기도 하므로 반드시 검증해야 합니다.
- 챗GPT에 프롬프트를 넣어서 원하는 결과가 나오지 않을 경우, 원하는 결과가 나올 때까지 프롬프트를 고치고 다듬어야 합니다.
- 챗GPT는 영어 정보를 가장 많이 학습하고 있으며, 영어로 검색했을 때 응답이 가장 빠릅니다. 한국어는 영어보다 토큰(token: 챗GPT에 입력되는 데이터가 표현되는 방식) 소비량이 많기 때문입니다. 그래서 영어로 프롬프트를 주는 것이 좋고, 아니 최소한 키워드는 영어로 주는 게 좋습니다. 특히 전문용어의 경우, 영어로 딱 정해져 있는 표현을 번역하면 그 의미가 사라지는 경우가 많습니다. 전문용어의 경우 반드시 '키워드'라도 영어로 주세요.

1장

챗GPT로 즐기는 여행 영어 회화 & 리스닝

챗GPT를 이용해서 스피킹과 리스닝을 하는 방법을 알아봅니다. 챗GPT를 이용하면 상황별 스피킹 연습뿐만 아니라 직접 챗GPT와 영어 회화를 주고받는 연습까지 할 수 있답니다.

챗GPT의 영어 귀와 말문을 열려면

챗GPT는 검색엔진이 아니라 '생성형 언어 인공지능'입니다. 네이버나 구글 같은 검색엔진은 인터넷의 문서를 검색해서 보여주지만, 챗GPT는 우리가 질문을 하면 전 세계의 '거의 모든' 지식을 학습한 상태에서 마치 사람처럼 그때그때 대답을 만들어(생성해서) 줍니다. 일단 챗GPT를 만든 오픈AI사의 챗GPT 사이트에 접속해서 영어 스피킹과 리스닝을 할 수 있게 해 보죠.

1. 먼저 PC에서 크롬 브라우저를 여세요. 크롬 브라우저를 사용하지 않고 엣지 같은 브라우저에서도 챗GPT에 접속할 수 있지만, 크롬은 많은 웹사이트와 높은 호환성을 가지며 챗GPT 같은 AI 서비스를 안정적으로 이용할 수 있습니다. 또한 크롬 웹스토어에서 제공하는 확장앱을 설치하면 텍스트 강조, 빠른 검색 등 추가적인 편의 기능을 활용할 수 있습니다.(만약 여러분의 PC에 크롬 브라우저가 없다면, 구글에서 'Google Chrome'을 검색한 후 다운로드하여 설치하세요. PC에 크롬이 설치되어 있으면 작업 표시줄에 아래와 같이 나타납니다.)

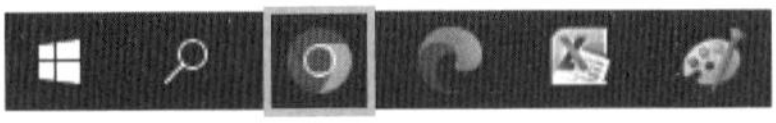

2. 챗GPT 사이트(ai.com 또는 chat.openai.com)에 접속한 다음 〈Sign up〉 단추를 누르세요.

3. 오픈AI 사이트에 계정을 만들라는 창이 나타나면, 화면의 지시에 따라 이메일 주소, 비밀번호, 성과 이름, 성별, 휴대폰 번호 등을 입력하고 회원가입을 하세요.

이미 구글 계정이 있는 분은 'Continue with Google'을 클릭하면 오픈AI에 편하게 가입할 수 있습니다. 이외의 많은 구글 크롬 확장앱과 AI 툴들에 같은 방식으로 쉽게 가입할 수 있으므로 구글 계정을 만들기를 권합니다.

4. 이제 2번 화면에서 로그인을 하면 챗GPT와 처음 만나게 됩니다. 간단하죠? 화면 하단에 무엇이든 물어볼 수 있는 입력창이 있는데, 여기에 질문을 입력하면 인공지능 챗GPT가 바로 대답을 생성해서 보여줍니다. 질문을 잘 구성할수록 뛰어난 대답을 들을 수 있습니다.

챗GPT의 빠른 발전 덕분에 이제는 영어 스피킹, 리스닝, 리딩, 라이팅 학습을 더욱 간편하게 할 수 있습니다. 오픈AI가 2024년 발표한 챗GPT-4o(포오)는 텍스트와 이미지, 음성, 영상을 동시에 처리할 수 있는 멀티모달 기능을 갖추고 있어서 영어 학습에 더욱 유용합니다.

챗GPT-4o를 사용하려면 유료 플랜을 사용해야 합니다. 챗GPT에 가입했다면 화면 왼쪽 메뉴에서 '플랜 보기'를 누르세요.

플랜 업그레이드 화면이 열립니다. 여기서 '플러스' 요금제를 선택하세요. 챗GPT 플러스 요금제는 월 20달러인데 멀티모달 기능이 지원되어 영어 스피킹, 리스닝, 리딩, 라이팅 학습을 할 때 유용합니다.

JOYCE Sam's POINT

챗GPT 사기 앱을 피하려면

오픈AI 사이트에 접속할 때, 반드시 그 사이트 주소가 'ai.com' 또는 'chat.openai.com'인지 확인하세요. 챗GPT 유료 앱을 깔라는 사기 앱들이 많으니 주의해야 합니다. 챗GPT의 유료 버전은 일단 챗GPT 사이트에서 로그인을 하고 들어간 후 결제하고 사용할 수 있다는 점을 기억하세요.

챗GPT와 영어 회화를 매끄럽게 하려면

- VoiceWave 설정

챗GPT-4o 버전에서는 챗GPT와 음성으로 영어 스피킹 연습을 할 수 있습니다. 이전 버전에서는 워키토키로 대화하듯이, 챗GPT의 말이 끝나기를 기다려 내가 말을 해야 했지만, 최신 버전에서는 중간에 말을 끊고 내가 말을 할 수도 있습니다. 사람과 사람이 대화할 때처럼 바로 영어로 의사소통을 할 수 있는 것이죠. 다만, 본격적인 영어 스피킹 연습을 하기 위해서라면 'Voice Wave' 확장 프로그램 기능을 사용하는 것이 더 효과적입니다. 여러분이 마이크나 스피커가 되는 PC 또는 노트북으로 챗GPT를 사용하고 있다고 가정하고 시작하겠습니다(따라하기 전에 마이크, 스피커가 연결되어 있는지 확인하세요).

1. 구글 크롬 브라우저의 확장 프로그램을 설치하기 위해 '크롬 웹스토어'로 들어간 뒤 'VoiceWave'를 검색하세요.

chromewebstore.google.com

2. 검색 결과 화면에서 'ChatGPT용 음성 제어 voicewave.xyz'를 선택합니다.

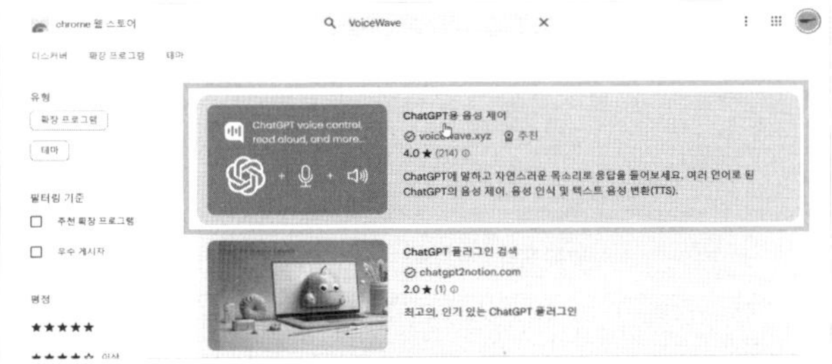

3. 이제 이 확장 프로그램의 개요를 볼 수 있습니다. 화면 상단에 있는 〈Chrome에 추가〉 단추를 누르세요.

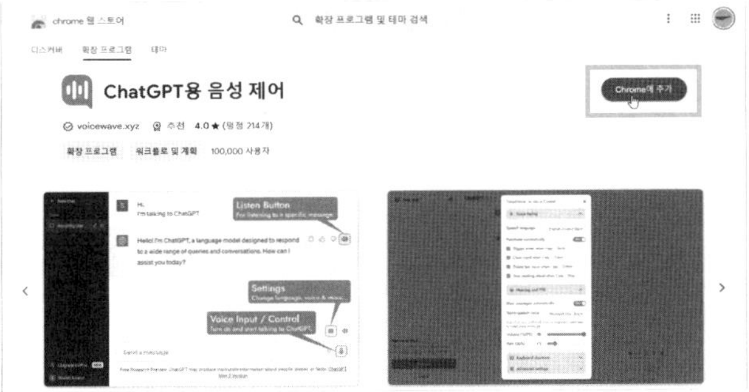

4. 이어서 나오는 대화상자에서 〈확장 프로그램 추가〉 단추를 누르세요. 그러면 이 기능이 구글 크롬 브라우저에 장착됩니다.

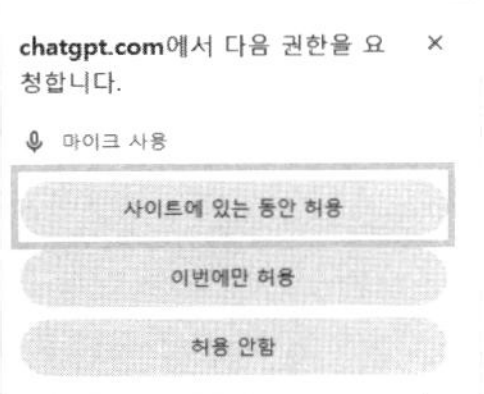

5. 크롬 브라우저에서 챗GPT 화면이 열리면서 화면 왼쪽에 'chatgpt.com에서 다음 권한을 요청합니다'라는 메시지 상자가 나타납니다. 여기서 '마이크 사용'을 허용하면 챗GPT에 접속했을 때 다른 실행 없이 바로 마이크를 사용할 수 있습니다. '사이트에 있는 동안 허용'을 누르세요.

6. 이제 메인 화면을 클릭해서 챗GPT 기본 화면으로 돌아가겠습니다. 뭐가 달라졌을까요? 챗GPT의 프롬프트 입력창 오른쪽 위쪽에 작은 아이콘

2개(스피커, 설정)가 생겼습니다. 챗GPT-4o의 '음성' 아이콘을 눌러도 영어 스피킹을 주고받을 수 있지만, VoiceWave 확장 앱을 추가해서 생긴 '마이크' 아이콘을 누르면 영어 학습을 더 편리하게 할 수 있습니다.

7. 영어 학습을 더 원활하게 위해 VoiceWave의 '설정' 아이콘을 누르세요.

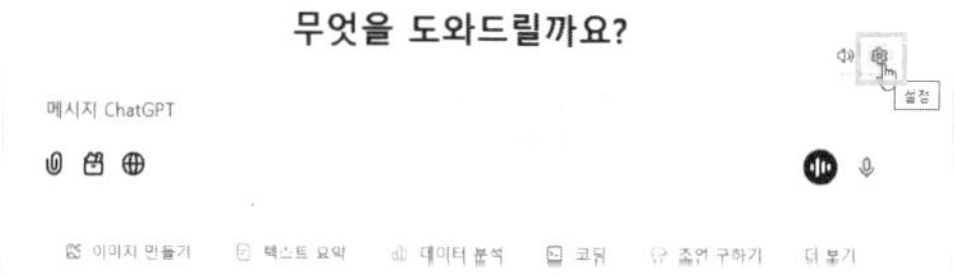

8. 다음과 같은 VoiceWave 설정 창이 뜹니다. 화면 위쪽의 〈프리미엄으로 전환〉을 누르면 여러 등급의 유료 플랜이 나오는데, 여기서는 기본 기능만 사용하겠습니다.

이 설정 화면의 아래를 보면, '음성 입력', '청취 및 TTS', '키보드 단축키', '고급 설정'의 4개 영역이 있는데, 여기서는 음성 입력과 청취 및 TTS 부분만 설정하겠습니다.

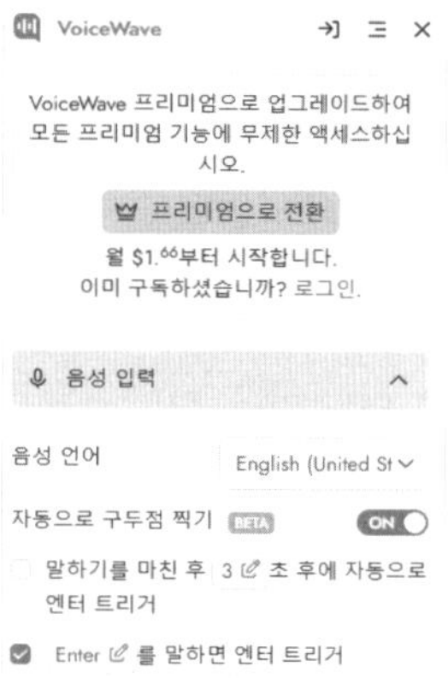

9. '음성 입력' 영역의 '음성 언어' 항목에서 'English(United States)'를 선택합니다. 그 아래 '말하기를 마친 후 3초 후에 자동으로 엔터 트리거' 부분은 반드시 네모 안을 클릭해서 체크를 해제하세요. 그렇게 하지 않으면 내가 영어를 떠듬떠듬 말하다가 잠시 틈이 생기면, 금방 챗GPT가 치고 들

어와 자기 말을 합니다. 이 자동 응답 기능을 해제하고 수동 응답 키워드를 지정해서 사용하는 것이 좋습니다.

수동 응답 키워드를 지정해 보죠. 아래 첫 번째 항목을 보면, 'Enter를 말하면 엔터 트리거'가 기본값으로 설정되어 있습니다. "엔터"라고 말하면 '내 말 끝났으니 챗GPT 네가 말해'라는 의미입니다. 여기서 'Enter' 부분을 클릭해서 "Your turn"이라고 입력하겠습니다. 이제 말이 다 끝났을 때 "Your turn"이라고 말하면, 그때 비로소 챗GPT가 응답하기 시작합니다. 초급자의 경우 영어회화 연습을 할 때 훨씬 도움이 됩니다. 나머지 항목은 기본값으로 그대로 두세요.

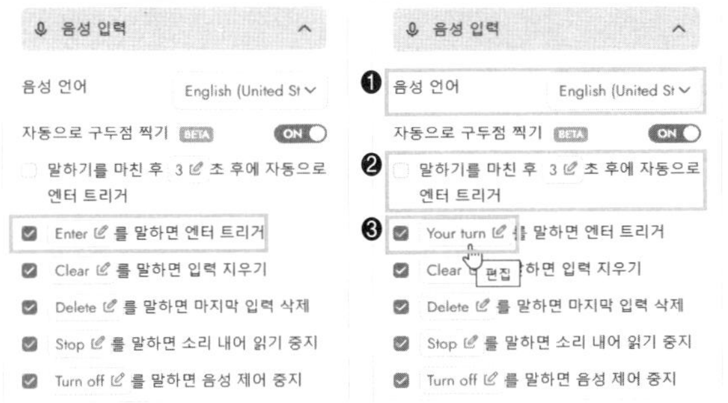

10. '청취 및 TTS' 영역에서는 챗GPT가 말하는 것과 관련된 설정을 할 수 있습니다. '텍스트 음성 변환 음성' 항목을 영어로 지정하세요. 그리고 아래쪽에서 소리의 볼륨과 속도, 피치(높낮이)를 지정합니다.

이처럼 '음성 입력'과 '청취 및 TTS' 두 부분만 설정하면 영어 회화 연습에 유용하게 쓸 수 있습니다. 세 번째와 네 번째 항목의 메뉴는 영어 학습을 위한 사용에 큰 지장을 주지 않기 때문에 기본값 그대로 두면 됩니다.

챗GPT에게 영어로 말을 걸어보자

1. 일단 챗GPT에게 영어로 말을 걸어보죠. 앞에서 챗GPT 플러스 플랜에 가입하고 VoiceWave 확장 프로그램을 깔았나요? 이제 챗GPT 입력창 위의 '마이크' 아이콘을 누르세요(확장 앱을 깔지 않았다면 그냥 챗GPT 입력창의 '음성' 아이콘을 눌러도 됩니다.)

2. 챗GPT에게 인사부터 해 보죠. 마이크에 대고 "Hello"라고 말해 보세요.

PROMPT BOX

인사 프롬프트

Hello.

안녕.

3. 그러면 챗GPT가 이렇게 인사를 하고, 무얼 도와줄까 묻습니다.

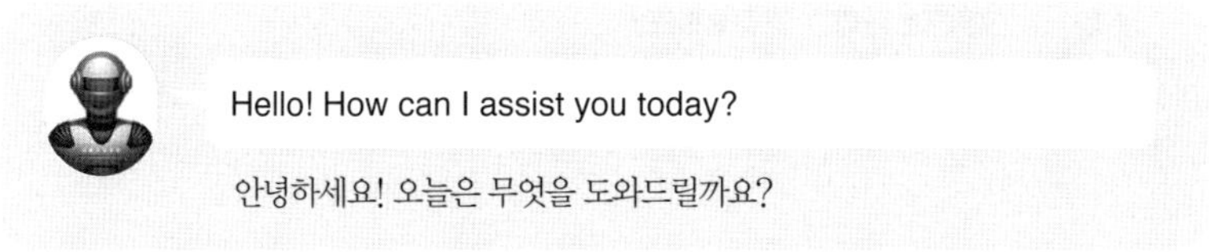

챗GPT가 자신을 'I(나)'라고 지칭하는 것이 좀 이색적으로 느껴지죠? PC나 스마트폰, 유튜브는 자신을 인식하지 못하고 자신을 I라고 지칭하지도 않으니까요. 챗GPT가 자신을 'I'라고 하는 것에서 언어 인공지능임을 다시 한 번 느끼게 됩니다.

4. 위에서는 저와 챗GPT의 영어 회화를 실감나게 보여드리기 위해서 제 얼굴과 챗GPT의 로고 아이콘을 써서 표현해 봤는데요. 원래 챗GPT 화면에서는 이렇게 보입니다.

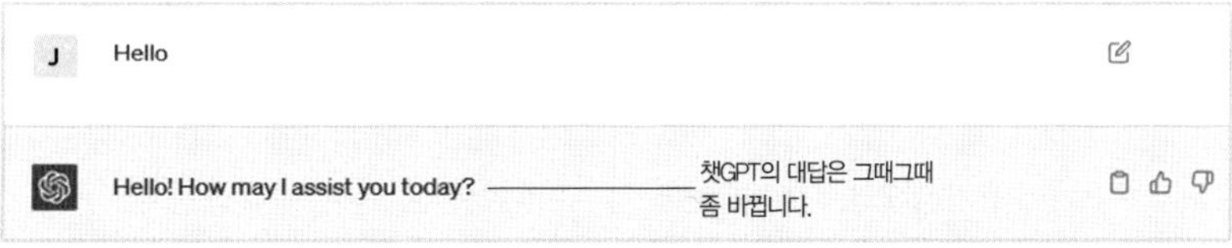

일단 여러분이 말문을 열어 챗GPT에게 영어로 말을 걸었으면 시작은 한 것입니다. 시작이 반이라고 하죠? 다음부터 본격적으로 스피킹 연습을 해 보죠.

JOYCE Sam's POINT

프롬프트가 뭐고, 왜 중요하죠?

프롬프트(prompt)는 챗GPT에게 질문이나 지시를 하는 문장이나 단어를 말합니다. 어떤 일을 해 달라고 하는 요청이나 명령이라고 생각하면 됩니다.

우리가 말을 할 때는 언어적 맥락 외에도 사회문화적 배경, 표정, 눈빛, 몸짓, 목소리의 고저 등 비언어적인 요소들이 의미를 같이 만들어 냅니다. 종종 어머니들이 밑도 끝도 없이 "거시기 좀 가져와라"라고 말해도, 우리는 그 거시기가 무엇인지 현재의 맥락과 어머니의 특성을 이해해서 가져올 수 있죠.

하지만 챗GPT는 언어적 맥락 외에 사회문화적 배경이라는 맥락, 비언어적 메시지를 이해할 능력이 없습니다. 따라서 챗GPT에게 프롬프트를 줄 때에는 구체적인 맥락과 조건을 하나하나 지정해 주어야 합니다. 예를 들어 영어로 글을 쓴 후에 챗GPT에게 틀린 곳을 수정해 달라고 할 때 "이 글을 고쳐 줘"(Correct this writing)라고 하면, 챗GPT가 틀리지 않은 부분까지 죄다 고쳐 버리기도 합니다. "오류가 있으면"(if there are any errors)이라는 조건을 주어야 틀린 부분만 고쳐 줍니다. 구체적인 맥락과 조건을 정확하게 지정해야 좋은 결과를 얻을 수 있다는 것을 기억하세요.

스마트폰으로 챗GPT와 대화하기

스마트폰에서 챗GPT를 사용하는 방법은 간단합니다. 앱스토어나 플레이스토어에서 'ChatGPT'로 검색해서 그 앱을 설치하면 됩니다. 주의할 것은 앞에서도 말했듯이 비슷한 이름의 유료 앱들이 있는데, OpenAI의 ChatGPT는 무료입니다. 앱 상세 설명에서 'OpenAI의 공식 앱'이 들어 있는지 확인하고 설치하세요.

챗GPT로 하는 영어 발음 연습

일단 챗GPT로 할 수 있는 스피킹은 발음 연습입니다. 텍스트를 음성으로 바꿔 주는 TTS(Text-to-Speech)는 이미 오래전부터 상당히 발달했습니다. 몇 년 전부터는 예산이 부족한 영어 교재 개발업체가 원어민 성우 대신에 이 TTS로 지문을 읽게 해서 녹음한 버전을 쓸 정도였죠.

반면 사람의 음성을 텍스트로 바꿔 주는 STT(Speech-to-Text) 소프트웨어의 발전은 이보다 더뎠습니다. 그러나 지금은 눈부시게 발전해서 영어의 경우 사람의 다양한 목소리와 억양을 인식해서 텍스트로 만들 수 있게 되었죠. 챗GPT는 이 발전된 STT 기능을 추가해서 여러분이 하는 말을 인식할 수 있습니다.

영어 발음이 좀 서툴러도, 챗GPT는 맥락으로 알아들어요

챗GPT에게 영어 발음과 억양이 서툰 척하며, 여러 차례 이렇게 저렇게 실험을 해 보았습니다. 문장으로 말하면 서툰 영어 발음을 생각보다 잘 알아듣더라고요.

인간은 다른 사람의 말을 들을 때, 단어 하나하나의 발음을 인식하는 것이 아닙니다. 설사 어떤 사람이 말하는 도중에 영어 발음이 좀 부정확하더라도 말의 맥락으로 그 단어를 추론해 알아듣습니다.

챗GPT도 마찬가지입니다. 챗GPT는 여러분이 말하는 영어 단어 하나하나의 발음을 인식하는 것이 아닙니다. 설사 여러분의 영어 발음이 좀 부정확해도, 여러분이 하는 말의 맥락으로 그 영어 단어가 무엇인지 추론해서 알아듣습니다. 챗GPT는 자신이 학습한 빅데이터로 어떤 단어 다음에 무슨 단어가 확률적으로 오는지를 아는 것이죠.

그런 면에서 챗GPT는 기존 음성 인식 시스템보다 인간의 리스닝과 유사한 면모를 갖추고 있다고 할 수 있죠. 그러니 영어 발음이 자신 없는 분이라도 부담 없이 마이크에 대고 스피킹을 해 보세요.

챗GPT는 영어 발음을 교정하는 도구로 사용할 수도 있습니다. 마이크에 대고 영어 단어를 발음했을 때, 챗GPT가 그 단어를 제대로 인식하면 여러분이 제대로 발음을 한 것입니다. 그런 면에서 영어 발음을 잡아 주는 가정교사로 사용할 수도 있습니다(물론 한계도 있습니다. 이것은 뒤에서 얘기할게요.)

이제 챗GPT를 이용해서 영어 발음 연습을 하는 방법을 알아보죠.

JOYCE Sam's POINT

영어 발음 송수신이 잘 안 된다면

여러분의 PC에 연결된 마이크와 스피커의 성능에 따라 영어 스피킹과 리스닝의 질이 달라질 수 있습니다.

VoiceWave를 제대로 깔았는데 송수신이 잘 안 되는 경우, PC의 마이크와 스피커 설정을 확인해 보세요. 물론 여러분의 영어 목소리가 방송용 마이크만큼 깨끗하게 들어가지는 않아요. 한 가지 방법이 있는데, '이어폰 마이크'를 쓰면 챗GPT는 우리가 말하는 영어 목소리를 더 잘 알아듣습니다.

PROMPT BOX

001 영어 발음 연습 프롬프트

Plz help me practice some pronunciations.

발음 연습을 좀 도와줄래?

영어 발음 연습을 도와 달라는 프롬프트입니다. 그랬더니 챗GPT는 물론 발음 연습을 도와줄 수 있다면서, 발음 연습을 하고 싶은 구나 단어가 뭔지 물어봅니다.

Sure, I can help you practice your pronunciations. What specific words or phrases would you like to practice pronouncing?

물론이죠. 나는 발음 연습을 도와줄 수 있어요. 발음을 연습하고 싶은 특정 단어나 구는 무엇입니까?

JOYCE Sam's POINT

Plz는 please의 약자입니다. 문자 메시지를 보낼 때에는 보통 이렇게 씁니다.

프롬프트에 Plz를 꼭 써야 하냐고요? 아뇨, 쓰지 않아도 됩니다. 그냥 "Help me practice some pronunciations"이라고 해도 됩니다. 그런데도 please를 쓴 이유는 우리가 평소 영어로 말할 때에 그냥 기본값으로 장착했으면 해서입니다.

한국인들이 영어를 할 때 흔히 저지르는 실수가 친한 사이니까 반말을 해도 괜찮다고 생각하고, 친구에게 무언가를 건네 달라고 할 때 등에 please 없이 그냥 말을 하는 것입니다. 영어에서는 친한 친구, 심지어 가족 사이에서도 please를 붙입니다. Please 없이 명령문으로 말을 건네면, 원어민들은 여러분이 무례하다고 생각합니다.

PROMPT BOX

002 나의 영어 발음 체크 프롬프트 1

Plz check my pronunciation. Zoo.

내 발음이 맞는지 체크해 줘. Zoo.

발음을 체크하고 싶은 단어나 구

챗GPT를 이용해 여러분의 영어 발음이 괜찮은지 체크해 보죠. 챗GPT가 한국인들이 발음을 잘 못하는 z 사운드를 알아듣는지 보려고, 제가 한 번 zoo 발음을 해 보았습니다.

그랬더니 챗GPT가 알아듣고 답변에서 zoo라고 쓰고, zoo 발음에 대해 블라블라 설명을 했습니다. 이때 챗GPT의 대답에서 zoo라고 철자가 제대로 텍스트로 나온다면, 여러분이 제대로 발음을 한 것입니다. 여기서는 뒤에 나오는 설명은 중요하지 않으니, 그냥 여러분이 발음한 영어 단어가 답변에 제대로 나오는지만 보면 됩니다.

Sure! The word "zoo" is pronounced like this: /zu:/.
To break it down:

내가 발음한 단어의 철자가 제대로 나오면, 영어 발음을 제대로 한 것입니다.

- The first sound is /z/, which is made by placing your top teeth lightly on your bottom lip making a buzzing sound with your vocal cords.
- The second sound is /u:/, which is pronounced like the "oo" in "moon". To make this sound, you need to round your lips and tense your tongue a little bit.

So altogether, "zoo" is pronounced as "zoo" (rhymes with "too" or "blue").
I hope that helps! Let me know if you have any other words or sounds you'd like to practice.

PROMPT BOX

003 나의 영어 발음 체크 프롬프트 2

Plz check my pronunciation. Visa Card.

내 발음을 체크해 줘. 비자 카드.

이번에는 한국인들이 발음을 잘 못하는 v자가 들어간 visa card를 완전히 한국식으로 "비자 카드"라고 발음해 보았습니다(v를 ㅂ, s를 ㅈ으로 발음하고, card의 끝자 d 다음에 '으' 모음을 삽입해서 발음했죠).

그랬더니 챗GPT가 Pizza carter로 잘못 알아들었더군요.

Sure, I can help you with that! Here's how to correctly pronounce "Pizza Carter".

Pizza: The first word is pronounced "PEE-zuh." The stress is on the first syllable, so make sure to emphasize the "PEE" sound.

Carter: The second word is pronounced "KAHR-tuhr." The stress is on the second syllable, so emphasize the "KAHR" sound.

When you put the two words together, you should say "PEE-zuh KAHR-tuhr." Make sure to pause slightly between the two words to keep them separate.

I hope that helps! Let me know if you have any other questions.

JOYCE Sam's POINT

사실 pizza라는 단어는 여러분이 발음을 제대로 하건, 콩글리시 발음을 하건 간에 챗GPT가 제대로 알아듣습니다. '피자'와 발음이 유사한 영어 단어가 없기 때문에 마구 발음해도 제대로 알아듣는 것 같습니다.

PROMPT BOX

004 한국어로 번역 프롬프트

Plz translate your explanation into Korean.

네 설명을 한국어로 번역해 줘.

챗GPT의 설명이 궁금하다면, 한국어로 번역해 달라고 하면 됩니다. 이 프롬프트는 매우 자주 쓰이니 꼭 기억하세요.

Sure, here's the first explanation translated into Korean:

Visa: 첫 번째 단어는 /víːzə/로 발음합니다. 강세는 첫 번째 음절에 있으므로 /víː/ 발음을 강조해야 합니다.
Card: 두 번째 단어는 /kaːrd/로 발음합니다. 1음절 단어이므로 모음을 크고 분명하게 발음합니다.
두 단어를 합쳐서 발음할 때는 /víːzə kaːrd/라고 발음합니다. 두 단어 사이에 약간의

JOYCE Sam's POINT

챗GPT를 이용한 영어 발음 연습의 장단점

챗GPT를 영어 발음 연습용으로 사용하는 것은 별로 권하지 않겠습니다.

현재 챗GPT는 영어 발음을 하는 법을 텍스트로 보여줄 수는 있어도, 여러분의 영어 발음에 대한 피드백을 잘하지 못합니다. 더군다나 영어 단어 발음은 교정을 못해 줍니다.

하지만 챗GPT가 인간 같아서 좋은 점도 있습니다. 문장의 맥락으로 단어를 추론하면서 알아듣기 때문에 영어 단어 하나의 발음보다

구절의 발음을 훨씬 잘 인식합니다.

즉, 영어 구절을 발음했을 때 챗GPT가 제대로 알아듣고 텍스트로 받아써 주었다면, 실제 원어민과의 대화에서도 별 문제가 없다고 생각하면 됩니다.

영어 단어의 발음이 궁금한 경우 구글 검색창에서 다음과 같이 검색하세요.

How do you pronounce ____________?

그러면 맨 위에 발음기호와 함께 사람 입 모양의 아이콘이 뜨는데, 이 아이콘을 클릭하면 단어의 발음을 들어볼 수 있습니다.

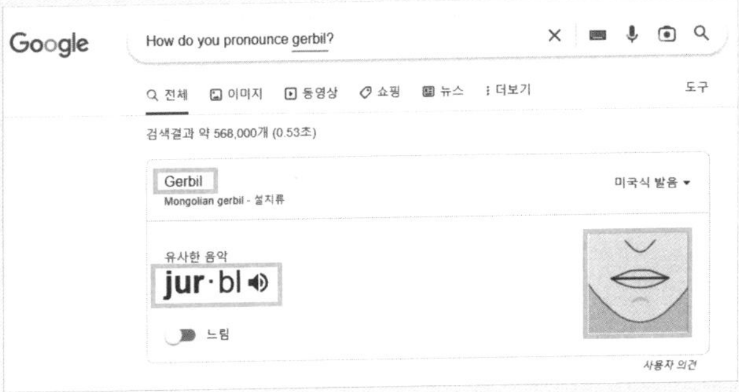

발음 연습을 원하면 speechace.com에 접속해 〈Try in Browser〉를 클릭하고, 'speaking skills' 화면이 열리면 아이콘 중 두 번째 줄의 'Beginner', 'Vowels 1', 'Consonants 1' 아이콘을 눌러 발음 연습을 해 보세요. 단어별, 문장별 발음 연습을 할 수 있습니다.

여행 영어 상황별 회화문 뽑기

영어 회화 연습을 챗GPT와 해 보려고 합니다. 하지만 처음부터 영어로 챗GPT와 말을 주거니 받거니 하려면 좀 긴장되죠?

먼저 챗GPT에게 영어로 얘기하고 싶은 주제를 주고, 회화문 몇 개를 보여 달라고 해서 연습한 후 회화 연습을 하는 것도 좋은 방법입니다. 그럼 상황부터 볼까요?

뉴욕으로 가는 비행기 안, 옆자리에 앉은 승객이 마침 뉴요커입니다. 뉴욕에서 볼거리에 대해 얘기를 하려고 합니다. 챗GPT에게 두 사람 사이에 주고받을 수 있는 영어 회화문을 3개 만들어 달라고 해 보죠. 옆과 같이 프롬프트를 주면 됩니다.

그러면 챗GPT가 뉴욕으로 가는 비행기 안에서 만난 뉴요커와 할 만한 영어 회화문 3개를 죽 뽑아 줍니다. 이 책에서는 지면 관계상 영어 회화문을 3개 뽑아 달라고 했지만 10개, 20개 만들어 달라고 해도 됩니다. 이것을 영어 리스닝 및 스피킹 연습 자료로 쓰면 되겠죠? 이 방법은 뒤에서 좀더 자세히 설명하겠습니다.

PROMPT BOX

005 뉴욕행 비행기 안 기내 회화문 프롬프트

Plz give me 3 dialogues between two passengers on a flight from Seoul to New York. One is a New Yorker, and the other is a Korean tourist.

서울발 뉴욕행 비행기 안에서 두 승객이 나누는 회화문 3개를 알려줘. 한 사람은 뉴요커이고, 다른 사람은 한국인 관광객이야.

그러면 챗GPT가 뉴욕으로 가는 비행기 안에서 한국인과 옆자리의 뉴요커가 나눌 만한 영어 회화문 3개를 죽 뽑아 줍니다.

Certainly, here are three more dialogues between a Korean tourist and a New Yorker on a flight from Seoul to New York:

Dialogue 1:
New Yorker: Hey, I couldn't help but notice you're wearing a shirt with a Korean logo. Are you from Korea?
Korean Tourist: Yes, I am! I'm visiting New York for the first time.
New Yorker: That's great! I've been to Seoul before and loved it. What brings you to the States?
Korean Tourist: I've always wanted to see New York City, so I decided to come here for vacation.
New Yorker: Well, you picked a great place. There's always something new and exciting happening in New York.

Dialogue 2:
Korean Tourist: Excuse me, do you know if there's a good Korean restaurant in New York City?
New Yorker: Oh, definitely! There are many great Korean restaurants in the city. Have you tried any Korean food here yet?
Korean Tourist: No, not yet. I'm hoping to find something authentic and

delicious.
New Yorker: You'll have no trouble finding that here. There's a huge Korean community in Queens, and many of the best Korean restaurants are located there.

Dialogue 3:
New Yorker: Hi there, I couldn't help but notice you're reading a travel guidebook for New York City. Are you planning out your trip?
Korean Tourist: Yes, I want to make sure I don't miss anything important.
New Yorker: That's a good idea. There's so much to see and do in the city, it can be overwhelming. Do you have any specific sights or activities in mind?
Korean Tourist: I definitely want to visit the Statue of Liberty, and the Empire State Building. And I also want to try some New York-style pizza.
New Yorker: Those are great choices. If you need any recommendations or advice during your trip, feel free to ask me.

챗GPT가 뉴욕행 비행기 안에서 우리가 옆자리에 앉은 뉴요커와 할 만한 회화문을 어떻게 뽑아 줬는지 궁금하죠? 내용이 궁금하면 챗GPT에게 한국어로 번역해 달라고 하면 됩니다.

Plz translate the dialogues into Korean.

그 회화문을 한국어로 번역해 줘.

챗GPT가 뽑아준 대화문의 번역본을 한 번 보세요. 어떤가요? 꽤 괜찮게 뽑았지요?

물론이죠. 서울에서 뉴욕으로 가는 비행기에서 한국인 관광객과 뉴요커 간의 회화문 3개를 제시합니다:

대화 1:

뉴요커: 안녕하세요. 한국 로고가 있는 셔츠를 입고 있으신데 한국 분이군요. 한국에서 온 건가요?

한국인 관광객: 네, 맞아요! 이번에 처음으로 뉴욕을 방문하게 됐어요.

뉴요커: 좋네요! 저는 서울에 간 적이 있었는데 정말 좋았어요. 미국에 가는 이유가 뭔가요?

한국인 관광객: 항상 뉴욕을 보고 싶었는데, 휴가 때문에 이번에 왔어요.

뉴요커: 좋은 곳을 선택했네요. 뉴욕에서는 항상 새로운 것이 일어나니까요.

대화 2:

한국인 관광객: 실례지만, 뉴욕에 좋은 한국 식당이 있나요?

뉴요커: 네, 정말 많아요! 멋진 한국 식당이 많이 있습니다. 뉴욕에서 한국 음식을 이미 맛본 적 있나요?

한국인 관광객: 아니요, 아직 안 먹어 봤어요. 진짜 맛있고 전통적인 곳을 찾고 싶어요.

뉴요커: 여기서 그런 것은 찾기 어렵지 않아요. 퀸즈에는 큰 한국인 커뮤니티가 있고, 그 지역에는 최고의 한국 식당이 많아요.

대화 3:

뉴요커: 안녕하세요. 여행 가이드북을 보고 있는 것을 보고 궁금해서 말을 걸었어요. 여행 계획을 세우고 있는 건가요?

한국인 관광객: 네, 놓치면 안 될 중요한 것이 없는지 확인하려고 합니다.

뉴요커: 좋은 생각이네요. 도시에는 볼거리와 할 것이 많아서 압도될 수 있죠. 특별히 보고 싶은 명소나 할 일이 있나요?

한국인 관광객: 자유의 여신상과 엠파이어 스테이트 빌딩을 꼭 방문하고 싶어요. 그리고 뉴욕식 피자도 꼭 맛보고 싶습니다.

뉴요커: 좋은 선택이네요. 여행 중 추천이나 조언이 필요하면 언제든지 제게 물어보세요.

여행 영어 회화를 즐겨보자

이제 챗GPT와 영어 회화 연습을 해 볼까요? 지금 뉴욕행 비행기 안이고, 여러분은 한국인 관광객, 옆자리 승객은 서울 방문 후 돌아가는 뉴요커입니다.

챗GPT와 영어 회화 연습을 하자고 할 때 기억할 것이 있습니다.

첫째, 챗GPT에게 **가상의 대화를 한다고 가정하자**고 해야 합니다. 그렇게 하지 않으면, 챗GPT는 "저는 인공지능 언어 모델이라 뉴욕에 가 본 적이 없다"는 식으로 대답하는 경우도 있습니다.

둘째, **모의 회화**(Conversation simulation)**를 하자**고 해야 합니다. 그래야 챗GPT와 영어로 대화를 주고받는 것이 원활합니다.

셋째, 챗GPT에게 몇 문장으로 대답할지 조건을 명확하게 주는 것이 좋습니다. 이를테면 **대답을 2~3문장보다 길게 하지 말라고** 지정하는 것이 좋아요. 그렇지 않으면 챗GPT가 10문장 넘게 혼자 떠들 수 있습니다.

JOYCE Sam's POINT

최초 설정 프롬프트는 '복사→붙여넣기'를 이용

프롬프트의 조건을 세세하게 지정하는 경우, 마이크에 대고 영어로 말을 하려면 복잡하고 부담스럽죠? 최초의 설정 프롬프트는 써서 넣고(혹은 복사해서 붙여넣고) 회화 연습을 시작하는 것이 더 낫습니다.

PROMPT BOX

006 챗GPT와 여행 회화 프롬프트

I'd like to have a conversation with you. Let's have a conversation simulation. Suppose we're sitting next to each other on a flight from Seoul to New York. I'm a Korean tourist, and you are a New Yorker returning to New York. You start talking, and don't make your answers longer than 2 or 3 sentences.

너랑 대화하고 싶어. 모의 회화를 해 보자. 우리가 서울발 뉴욕행 비행기 안에 나란히 앉아 있다고 가정해 봐. 나는 한국인 관광객이고, 너는 뉴욕으로 돌아가는 뉴요커야. 네가 먼저 말을 시작하고, 대답을 2~3문장보다 길게 하지 마.

챗GPT에게 지금 뉴욕행 비행기 안이고, 나는 한국인 관광객이며, 너(챗GPT)는 뉴욕으로 돌아가는 뉴요커인데, 모의 회화 연습을 하자고 했습니다. 단, 네(챗GPT)가 먼저 말을 시작하고, 2~3문장 안에서 말을 하라고 했습니다.

그랬더니 챗GPT가 저에게 뉴욕에서 뭘 볼지 계획은 짰는지 물어왔습니다.

Have you planned out what you want to do and see while you are there?

거기서 뭘 하고 뭘 볼지, 계획은 다 짰어요?

챗GPT와의 영어 회화 수준이 어렵다면? 쉬운 영어로 말하게 시키는 방법은 뒤에서 설명합니다.

그래서 제가 구체적 여행 계획은 없다며, 여행지를 추천해 달라고 했죠.

Well, I've made a reservation with a hotel, but I don't have detailed plans for my trip. Any recommendations?

음, 호텔은 예약했는데 구체적인 여행 계획은 없어요. 추천해 줄래요?

제가 구체적 여행 계획은 없다며 추천해 달라고 하자, 챗GPT가 자유의 여신상, 센트럴파크, 엠파이어 스테이트 빌딩, 타임스 스퀘어를 추천했습니다.

I recommend the Statue of Liberty, Central Park, Empire State Building, and Times Square. It's a popular place for New York travelers.

자유의 여신상, 센트럴파크, 엠파이어 스테이트 빌딩, 타임스 스퀘어를 추천할게요. 뉴욕 여행자들에게 인기 있는 장소이죠.

그래서 제가 챗GPT에게 구체적으로 궁금한 것을 묻었어요.

I'd like to visit Central park. Is it safe there?

센트럴파크에 가 보고 싶은데요. 거기는 안전한가요?

그랬더니 챗GPT가 아주 유용한 대답을 주었습니다.

Central Park is usually safe during the day, but always go to bright places while being conscious of the surroundings. Don't go after dark again. During the day, there are many trails and picnic areas, and there are many things to see such as Central Park Zoo and Greenhouse.

센트럴파크는 낮 동안은 보통 안전하지만, 주변을 늘 의식하면서 밝은 곳만 다니세요. 또 해진 후에는 가지 마세요. 낮 동안에는 산책로와 피크닉 장소도 많고, 센트럴파크 동물원이나 온실 같은 볼거리도 많습니다.

이런 식으로 챗GPT와 영어로 대화를 주고받으면 됩니다.

JOYCE Sam's POINT

챗GPT와 영어 회화 핵심 체크

Let's have a conversation simulation.
❶

Suppose [상황]. I'm a [역할], and you are a [역할]. You start talking,
❷ ❸

and don't make your answers longer than 2 or 3 sentences.
❹

❶ '모의 회화를 하자'고 합니다.

❷ '나는 OO(역할)이고, 너는 OO(역할)이며, 상황은 어떠하다고 가정하라'고 합니다.

❸ '너부터 말을 시작해'(you start talking), 또는 '내가 먼저 시작할게'(I'll start talking)라고 써 주세요. 그러면 챗GPT가 모의 회화를 시작할 때 '이제부터 시작하겠습니다' 등의 말을 하지 않아 더 편합니다.

❹ '대답을 2~3문장보다 길게 하지 말라'고 합니다.

앞에서 소개한 프롬프트에 이 사항이 다 들어 있으니 입력한 후 복사해 사용하면 됩니다.

나(I)와 챗GPT(you)가 누구인지, 역할을 바꾸면 다양한 상황의 회화 연습을 할 수 있겠죠?

만약 해외여행을 가서 면세점의 직원과 얘기하는 상황이라면 I를 한국인 여행객, You(챗GPT)를 면세점 직원으로 놓고 회화 연습을 하면 됩니다.

참고로, 여러분이 영어를 말하면 챗GPT가 화면에 받아 적어 줍니다. 이때 대문자와 구두점(마침표, 물음표 등) 등이 표시가 안 되니 이 점을 감안해서 봐 주세요.

해외에서 외국인에게 말 걸기

이번에는 해외여행을 가서 길거리에서 낯선 이에게 말을 거는 상황에 대해 한 번 알아보죠. 대화를 시작하는 말(conversation starter)은 의외로 어려울 수 있습니다. 문화마다 말을 거는 방법이 다를 수 있기 때문입니다.

개인적으로 영어권 문화에 주로 익숙해 있다가 프랑스 얘기를 듣고 놀란 적이 있습니다. 프랑스에서는 낯선 이에게 말을 걸 때, 이를테면 기차역 창구에 가서 표를 사려고 할 때 반드시 "안녕하세요, 부인!"(Bon Jour, Madam!) 같은 인사를 하고, 그 다음에 "ㅇㅇ로 가는 표를 주세요"라고 해야 한다고 합니다.

프랑스에서 석사를 한 미국인 언어학 박사 교수님이 프랑스에서는 길거리에서 길을 물을 때에도 "Excuse me"가 먼저가 아니라, "봉주르 마담!" 같은 인사가 먼저라고 해서 깜짝 놀란 적이 있어요.

그런 의미에서 길거리에서 낯선 이에게 말을 걸어야 하는 상황에 대해 챗GPT에게 모의 회화문을 뽑아 달라고 해 볼까요?

PROMPT BOX

007 낯선 이에게 말 거는 회화문 프롬프트

Plz make 2 possible conversations on the streets in London. Suppose you are a tourist, and you talk to a stranger.

런던 거리에서 가능한 회화문 2개를 만들어 줘. 너는 관광객이고, 낯선 이에게 말을 건다고 가정해.

그랬더니 챗GPT가 길을 물어보는 회화문 2개를 이렇게 만들어 주었습니다. 챗GPT가 써 준 첫 번째 회화문은 관광객이 런던탑으로 가는 길을 묻는 것이고, 두 번째 회화문은 근처의 괜찮은 식당을 묻는 것이었어요. 이 회화문으로 연습해 보세요. 이렇게 회화문을 뽑아 연습하면 챗GPT와의 회화가 좀더 수월해지겠죠?

Conversation 1:

Tourist: Excuse me, do you know where I can find the Tower of London?

Stranger: Yes, it's just a few blocks that way. You can't miss it. Are you visiting London for the first time?

Tourist: Yes, I am. I'm really excited to see all the sights.

Stranger: That's great! London has so much to offer. Have you been to any other places yet?

Tourist: Yes, I went to Buckingham Palace yesterday. It was amazing.

Stranger: Oh, I'm glad you enjoyed it. If you have some free time, I'd recommend checking out the British Museum. It's one of my favorite places in the city.

Tourist: Thanks for the suggestion. I'll definitely add it to my list.

Conversation 2:

Tourist: Excuse me, can you recommend a good restaurant around here?

Stranger: Of course, what type of food are you in the mood for?

Tourist: I'm not sure, maybe something traditional?

Stranger: Well, there's a great pub just around the corner called The Blackfriar.

PROMPT BOX

008 낯선 이와 회화 프롬프트

Let's have a conversation simulation to practice English speaking. Suppose I'm a tourist in London, and you're a Londoner. I accidentally drop a scarf, and you pick it up and talk to me. Don't make your answers longer than 2 or 3 sentences. We're going to take turns. You start talking.

영어 스피킹 연습을 위해 모의 회화를 해 보자. 나는 런던에 온 관광객이고, 너(챗GPT)는 런던 사람이야. 내가 우연히 스카프를 떨어뜨리고, 너는 그것을 주워서 내게 말을 걸어. 대답을 2~3문장보다 길게 하지 마. 우리는 돌아가며 말할 거야. 네가 말을 시작해.

런던 거리를 헤매는 관광객이 되어 런던 사람인 챗GPT와 대화를 하는 상황입니다.

Londoner Excuse me, Miss. You dropped your scarf.

Tourist Oh, thank you so much! I didn't even realize it fell.

Londoner No problem. Are you enjoying your time in London so far?

Tourist Yes, I am. It's such a beautiful city with so much to see and do.

Londoner I'm glad to hear that. Have you been to any of the famous landmarks yet?

Tourist Yes, I went to Buckingham Palace and the Tower of London. They were both amazing.

Londoner Ah, those are some of the must-see places. If you have time, I'd also recommend visiting the British Museum. It has an incredible collection of artifacts from all over the world.

Tourist Thanks for the suggestion. I'll definitely add it to my list.

Londoner You're welcome. I hope you have a great rest of your trip.

챗GPT와 주고받은 회화가 어땠는지 궁금하죠? 번역해 보여 드릴게요. 챗GPT와 영어로 대화하다가 궁금하면 언제든 프롬프트에 "Please translate the conversations(s) into Korean"을 넣으면 됩니다.

런던 사람 실례합니다, 미스. 스카프를 떨어뜨렸어요.
관광객 오, 정말 고마워요! 떨어지는 줄도 몰랐어요.

런던 사람 괜찮아요. 런던에서 즐거운 시간을 보내고 있나요?
관광객 네. 볼 것과 할 것이 너무 많은 아름다운 도시네요.

런던 사람 그 말을 들으니 기쁘네요. 유명한 랜드마크 중에서 가 본 곳이 있나요?
관광객 네, 버킹엄 궁전과 런던탑에 다녀왔어요. 둘 다 놀라웠어요.

런던 사람 아, 그곳들은 꼭 가 봐야 할 곳들 중 일부이죠. 시간이 된다면 대영박물관도 방문해 보세요. 전 세계의 놀라운 유물들을 소장하고 있어요.
관광객 추천 고마워요. 제 리스트에 꼭 추가할게요.
런던 사람 천만에요. 남은 여행도 즐겁게 보내세요.

TIP 챗GPT가 여러분의 말을 받아쓴 문장에서는 대문자와 구두점이 잘 표시되지 않습니다. 하지만 챗GPT가 말하는(만들어내는) 대답은 대문자와 구두점을 정확하게 표시합니다.

JOYCE Sam's POINT

role play를 써도 돼요

챗GPT와 영어 회화 연습을 할 때 'conversation simulation'이라는 표현 대신 'role play'라는 표현을 써도 좋습니다. 이처럼 모의 회화를 하자고 하면(Let's have a converation simulation), 챗GPT를 시작할 때 '~하게 시작합니다'라고 하는 부분이 없어져서 편합니다.

JOYCE Sam's POINT

영어 대화에서는 백 채널링이 중요해요

영어로 대화를 할 때는 백 채널링(back-channeling)이 매우 중요합니다. 백 채널링은 쉽게 말해 '맞장구'라고 생각하면 됩니다.

영미권 사람들이 대화를 하는 것을 잘 들어보면, 상대방이 뭐라고 말하건 간에, 일단 긍정적으로 피드백을 준 후 그다음에 자신이 하고 싶은 말을 합니다.

다음 대화들을 보죠. 밑줄을 친 부분에서 보듯이, 상대방이 한 말에 찬성하건 반대하건 간에, 일단 상대방의 말에 긍정적으로 반응을 보인 다음에 자신이 하고 싶은 말을 하죠? 이것이 영어 커뮤니케이션에서는 매우 중요합니다.

A: Would you like to join us for dinner this evening?
B: I'd love to, but I already have plans.

A: 오늘 저녁에 저녁 식사 같이 할래요?
B: 저도 그러고 싶어요. 하지만 이미 계획이 있어요.

A: Could you please drop off this document to the reception on your way out?
B: I'm sorry, but I'm going down to the basement parking lot with a client.

A: 나가는 길에 이 서류를 접수처에 내 줄래요?
B: 죄송하지만, 고객과 함께 지하 주차장으로 내려가려고 합니다.

A: After I saw the documentary film, I decided to eat less meat.
B: Right. It's better for your health, too.

A: 다큐멘터리 영화를 보고 나서 고기를 적게 먹기로 결심했어요.
B: 네. 그것이 여러분의 건강에도 더 좋습니다.

한국인들은 영어를 할 때 이 백 채널링이 굉장히 약합니다. 챗GPT도 약해 보이지만, 그래도 한국인보다는 나은 것 같습니다.

챗GPT는 영어 원어민에 비하면 백 채널링을 꽤 잘 못하지만, 그래도 칭찬을 하는 기술은 이러한 구조를 잘 따라가는 편이었습니다.

인간이 대화를 할 때는 메시지를 전달하는 데에 관여하는 다른 요소들이 있습니다. 이를테면 상대방과 번갈아가며 말하는 순서를 지키는 턴 테이킹(turn-taking)이나 맞장구 치기(back channeling)나 스몰 토크(small talk) 같은 것들이죠.

언어학에서 이런 쪽을 연구하는 분야가 화용론(pragmatics)인데, 챗GPT에는 화용론 및 사회언어학 전공자의 연구가 더 많이 필요해 보입니다. 그래서 사실 챗GPT와의 스피킹은 성인 학습자에게 더 좋을 것 같습니다.

하지만 챗GPT는 영어 스피킹을 위한 화젯거리를 주는 데에는 굉장히 큰 도움이 됩니다. 이 부분은 뒤에서 자세히 다루겠습니다.

JOYCE Sam's POINT

우버 택시 예약

우버 택시를 예약하는 방법도 챗GPT에게 물어보면 알려줍니다. 프롬프트를 이렇게 넣으면 됩니다.

Plz tell me how to call an uber car.

우버 택시를 부르는 법을 알려줘.

그러면 챗GPT가 다음과 같이 우버 택시를 예약하는 방법을 순서대로 일목요연하게 보여줍니다.

아, 그런데 영어로 나와서 읽는 데 시간이 걸릴 수 있죠? 영어가 자신 없는 사람들을 위한 마법의 프롬프트 기억하시죠? 번역을 해 달라고 하면 됩니다.

Plz translate the above answer into Korean.

위 내답을 한국어로 번역해 줘.

그러면 이렇게 번역까지 해 줍니다. 구글에서 따로 검색해서 찾을 필요 없고, 챗GPT에게 바로 물어보면 되니 편하죠?

우버 차량을 호출하려면 다음 단계를 따르면 됩니다:

1. iOS용 App Store 또는 Android용 Google Play에서 스마트폰에 우버 앱을 다운로드합니다.
2. 우버 계정에 가입하고 개인 및 결제 정보를 제공합니다.
3. 우버 앱을 열고 "목적지" 필드에 목적지를 입력합니다.
4. 우버X 또는 우버POOL과 같은 라이드 유형을 선택합니다.
5. 주소를 입력하거나 앱이 현재 위치를 사용하도록 픽업 위치를 확인합니다.
6. "우버 호출"을 탭하여 라이드를 확인합니다.
7. 앱에 표시된 픽업 위치에서 운전자가 도착할 때까지 기다립니다.
8. 운전자가 도착하면 올바른 운전자인지 확인하고 차량에 탑승합니다.
9. 앱에서 경로와 목적지에 도착하는 예상 시간을 표시합니다.
10. 목적지에 도착하면 앱을 통해 요금이 자동으로 청구되고 운전자에 대한 경험을 평가할 수 있습니다.

이것으로 우버와 함께 즐거운 라이드를 즐기세요.

챗GPT로 하는 여행 영어 리스닝

해외여행을 하면서 리스닝이 필요한 경우 중 하나가 비행기 기내에서 들려오는 안내방송입니다. 공항, 비행기 등에서 나오는 안내방송은 거의 형식이 정해져 있어서 사용되는 표현이 대동소이하므로, 챗GPT에게 몇 개 뽑아 달라고 해서 들어보면 좋습니다.

여행 영어 리스닝 지문을 만들어 달라는 프롬프트는 '한국말'로 해 보았습니다. 왜냐하면 여행 영어 리스닝 지문은 스피킹만큼 조건을 정확하게 지정하지 않아도 되기 때문입니다.

VoiceWave를 켜 놓고, 다음 페이지와 같은 프롬프트를 넣어 주면, 챗GPT가 영어로 지문을 보여 주면서 동시에 읽어 줍니다.

그런데 여기서 주의할 점이 있습니다. 챗GPT에게 프롬프트에서 "영어로 지문을 만들어 달라"고 하지 않으면, 리스닝 지문을 한국어로 줍니다. 그리고 지금 VoiceWave가 '미국 영어'로 설정되어 있기 때문에, 한국어 지문을 영어식으로 이상하게 읽을 수 있습니다. 영어로 읽게 하느냐, 한국어로 읽게 하느냐에 따라 언어 설정을 바꾸어 주어야 합니다. 우리는 영어 공부 중이므로 VoiceWave의 초기 설정을 그냥 '미국 영어'로 두세요.

PROMPT BOX

009 기내 안내방송 프롬프트

나는 항공기 승객이야. 비행기가 곧 싱가포르에 도착해. 여기서 프랑크푸르트행 비행기로 환승할 거야. 프랑크푸르트행 비행기 환승에 대한 기내 안내방송 지문을 영어로 만들어 읽어 줘.

여행 영어 리스닝 지문은 '한국말'로 프롬프트를 입력해 보았습니다. 영어 스피킹을 할 때처럼 프롬프트를 정확하게 넣지 않아도 되기 때문입니다. 단, "안내방송 지문을 영어로 만들어 읽어 줘"라는 말을 꼭 프롬프트에 넣어야 합니다. 그러면 다음처럼 영어 기내 안내방송 지문이 쭉 나오면서 챗GPT가 영어로 읽어 줍니다.

Hello. Thank you for flying with us today and welcome to Singapore. For those of you who are transferring to a flight bound for Frankfurt, please pay attention to the following information.

Upon arrival at the gate, our ground staff will direct you to the departure area, where you will proceed through customs, and security for your connecting flight to Frankfurt. The gate number for your connecting flight will be displayed on the departure screens in the area, so please check them regularly.

If you have enough time during the layover, feel free to explore the airport, and its various shops, and restaurants. However, if you have a tight schedule, we advise you to proceed to the departure gate as soon as possible.

Thank you again for choosing to fly with us, and we wish you a pleasant journey to your final destination.

PROMPT BOX

010 하선 안내방송 프롬프트

나는 지금 자유의 여신상을 보러 가는 페리를 타고 있는 관광객이야. 하선 안내방송 지문을 영어로 만들어 줘.

페리에서 하선 전에 나오는 안내방송을 영어로 만들어 달라고 하면, 다음과 같이 안내방송 지문이 죽 나오면서 챗GPT가 영어로 읽어 줍니다.

Hello, and welcome aboard the ferry to the Statue of Liberty. We hope you are enjoying the ride so far.

As we approach the dock, we ask that all passengers remain seated until the ferry has come to a complete stop, and the crew has given the okay to disembark. For your safety, we also remind you to watch your step, and hold onto the handrails while exiting the ferry.

Once you have disembarked, please follow the signs to the entrance of the Statue of Liberty. We recommend that you check the hours of operation, and plan accordingly to make the most of your visit.

Thank you for choosing to explore the Statue of Liberty, and we hope you have a memorable experience.

JOYCE Sam's POINT

챗GPT와 영어 리스닝이 아니라 회화를 할 때는 조건을 정확하게 지정해야 합니다. 이 경우 프롬프트를 한국말로 쓰고 번역을 시키는 것보다, 프롬프트를 '영어'로 주는 것이 전달이 훨씬 잘됩니다.

PROMPT BOX

011 카지노 입장 안내방송 프롬프트

나는 미국 라스베이거스 카지노에 온 관광객이야. 여기에 입장할 때 들려오는 안내방송 지문을 영어로 만들어 줘.

라스베이거스 카지노에 가서 들을 수 있는 안내방송 지문을 만들어 달라고 하면, 다음과 같이 죽 만들어 주고 영어로 읽어 줍니다.

챗GPT의 말을 들어보면(읽어보면) 정식 신분증이 있어야 하고, 만 21세 이상이어야 하며, 중독 문제가 있으면 전문가의 도움을 받을 수 있다고 합니다. 호텔의 여러 편의시설을 'amenities'라고 하는데, 카지노에서도 이렇게 부르는 것을 알 수 있습니다. 카지노에 방문하기 전에 이런 리스닝 지문을 뽑아서 들어보면, 무엇을 준비해서 가야 하는지도 알 수 있겠죠?

Hello, and welcome to the Las Vegas casino. We hope you are ready to have some fun!

Before entering the casino floor, please be advised that all guests must be at least 21 years of age, and provide a valid government-issued ID or passport. We also remind you that smoking is not permitted inside the casino, except in designated areas.

Please keep in mind that gambling can be addictive, and we encourage all our guests to gamble responsibly. If you or anyone you know may have a gambling problem, please seek assistance from one of our trained professionals or contact a helpline for support.

Finally, we want to remind you to have a great time, and enjoy all the amenities that our casino has to offer. Thank you for choosing to visit us, and good luck!

PROMPT BOX

012 디즈니랜드 탈거리 안내방송 프롬프트

나는 미국 올랜도의 디즈니랜드에 와 있어. 이제 The Twilight Zone Tower of Terror에 탈 거야. 안내방송 지문을 영어로 만들어 줘.

이번에는 미국 올랜도에 있는 디즈니랜드에서 들을 수 있는 안내방송을 달라고 했습니다.

그러면 챗GPT가 디즈니랜드에서 가장 무서운 탈거리 중 하나인 트와일라잇 존 타워 오브 테러(The Twilight Zone Tower of Terror)를 탈 때 나오는 영어 안내방송을 들려줍니다.

Hello, and welcome to Disney's Hollywood Studios in Orlando! We hope you are having a great time exploring the park.

If you are here to ride The Twilight Zone Tower of Terror, we have some important safety information to share. Please be aware that this attraction involves sudden drops and changes in speed that may not be suitable for everyone. For your safety, we recommend that you do not ride if you have high blood pressure, heart conditions, neck or back problems, or if you are pregnant.

Before boarding the ride, please secure all loose items, such as hats, glasses, and cell phones, in the provided storage compartments. Once you are seated, please keep your seatbelt fastened, and remain seated at all times until the ride comes to a complete stop.

We hope you enjoy your experience on The Twilight Zone Tower of Terror, and have a thrilling ride. Thank you for visiting Disney's Hollywood Studios!

챗GPT의 영어 목소리가 너무 밋밋하다면

- 일레븐랩스/내추럴리더

챗GPT가 영어 지문을 읽는 목소리를 들어보면 매우 단조롭고 밋밋합니다. 이 경우 텍스트를 입력하면 음성으로 들려주는 기존의 TTS(Text-to-Speech) 사이트를 이용하면 좋습니다. TTS 소프트웨어는 많이 발전했습니다. 그 중에서 동시통역사 김태훈 선생님이 추천하는 일레븐랩스(ElevenLabs)로 영어 리스닝을 하는 방법을 알아보죠.

일레븐랩스 활용하기

1. 구글에서 'ElevenLabs'로 검색하여 일레븐랩스 사이트(http://beta.elevenlabs.io)에 접속하세요. 구글 계정으로 가입한 후 로그인을 합니다.

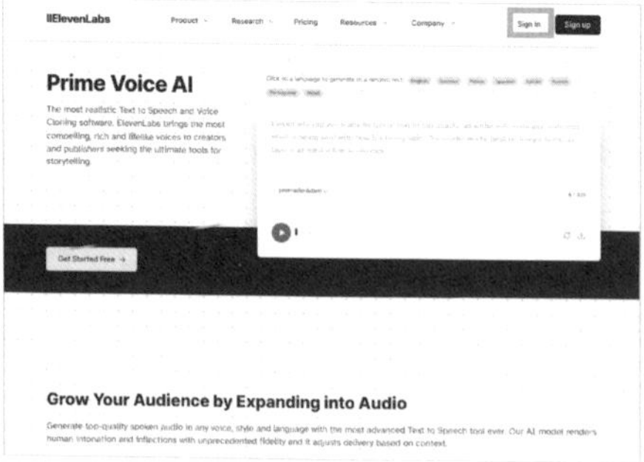

2. 일레븐랩스의 'Prime Voice AI' 화면이 나타나면, 화면 중앙의 리더에 텍스트를 넣고, 아래의 플레이 버튼(▶)을 클릭하면 영어 텍스트를 음성으

로 읽어 줍니다. 단, 여기에는 333자밖에 넣지 못합니다.

하지만 회원가입을 하여 로그인을 하면, 텍스트를 2,500자까지 넣어 영어 목소리로 읽어 줍니다. 참고로 유료로 가입하면 한 달에 최대 20시간까지 이용할 수 있습니다. 화면 상단의 오른쪽에 있는 〈Sign up〉 단추를 누른 다음에 회원가입을 하고 로그인을 하세요.

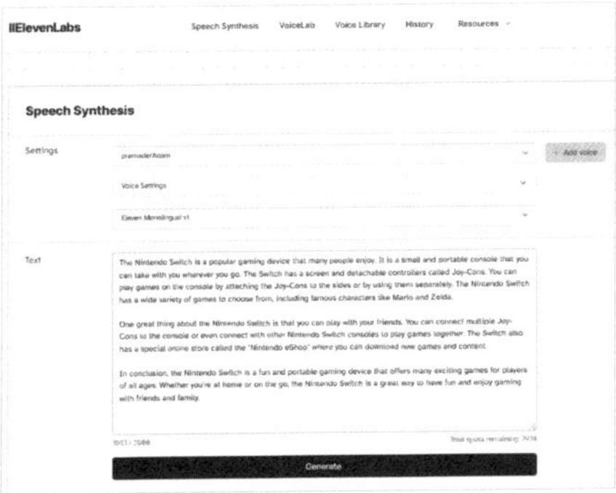

3. 목소리 합성을 위한 'Speech Synthesis' 화면이 나타납니다. 여기서 영어를 읽어 주는 목소리와 톤 등을 설정할 수 있습니다.

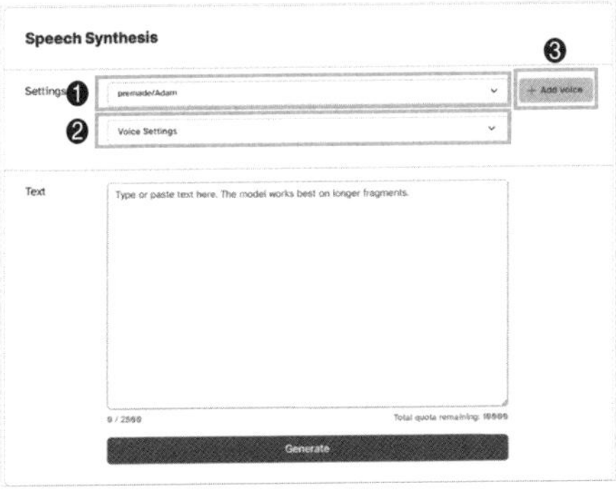

❶ **Premade:** 텍스트를 읽어 주는 목소리를 선택합니다. 목록 단추를 누르면 남자, 여자의 다양한 목소리 목록이 나타나는데, 항목 앞의 플레이 단추를 누르면 목소리를 들을 수 있습니다. 이 중에서 마음에

드는 목소리를 선택하세요.

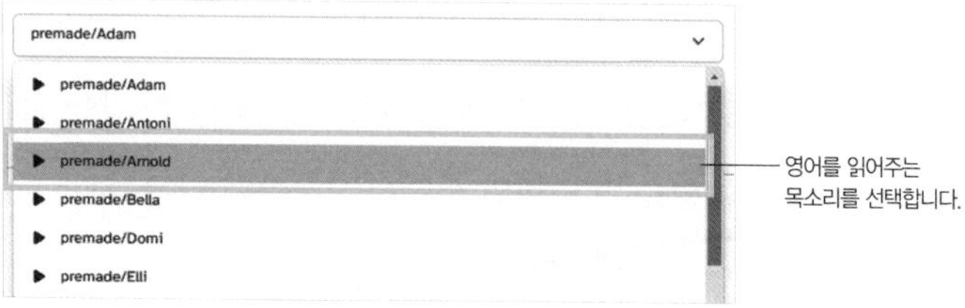

❷ Voice Settings: 목소리의 안정성을 설정합니다. 스크롤 막대를 More stable 쪽으로 가져갈수록 안정된 목소리로 읽어 주며, More variable 쪽으로 갈수록 좀더 활기차고 재미있는 톤으로 읽어 줍니다.

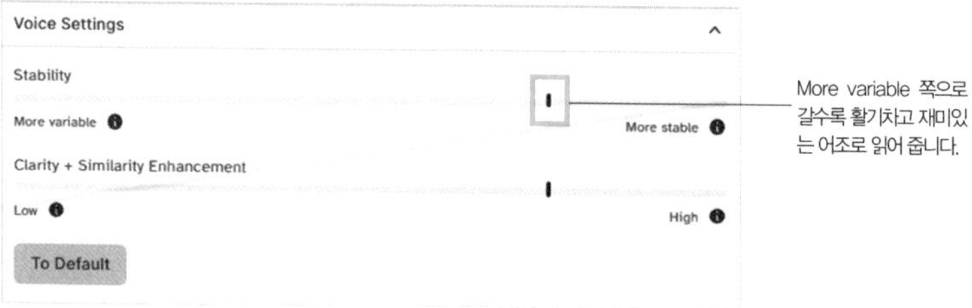

4. 목소리의 종류와 톤을 설정했나요? 그러면 〈Add voice〉 단추를 누르세요.

5. 'VoiceLab' 화면에서 'Instant Voice Cloning'(즉시 음성 복제)은 기존의 음원(목소리 파일)을 넣으면 그 목소리로 읽어주는 옵션인데 유료 기능입니다. 엄마의 목소리 파일을 여러 개 만들어 넣어 주면, 영어 지문을 엄마의 목소리로 읽어 주는 음성 파일을 만들어 다운받을 수 있습니다.

물론 유명인의 목소리 음원을 넣어 영어 지문을 읽어 주는 음성 파일도 만들 수 있습니다. 다만, 개인적인 용도 외에(내가 좋아하는 스타의 목소리를 나

혼자 들으려는 용도 외에) 상업적인 용도로 남의 목소리를 사용하면 저작권에 저촉되니 주의하세요.

6. 이제 일레븐랩스 사이트의 첫 페이지인 'Prime Voice AI' 화면에서 스크롤 막대를 아래로 내리면, 다음과 같이 텍스트를 읽어 주는 분위기를 설정하는 곳이 나옵니다.

   예를 들어 어린이를 대상으로 영어 리스닝을 한다면, 'Storytelling' 방식의 세모 단추를 누르세요. 그러면 인공지능이 감정을 담은 목소리로 스토리를 실감나게 읽어 줍니다.

이처럼 일레븐랩스 사이트를 이용하면, 챗GPT가 할 수 없는 감정 및 여러 비언어적 요소가 살아 있는 음성 지문을 만들어 다운받아 사용할 수 있습니다. 다만 이렇게 음성을 설정하는 옵션은 유료입니다.

JOYCE Sam's POINT

스타의 목소리로 영어를 읽어 주게 설정

일레븐랩스는 음성 복제(voice cloning) 기능이 있기 때문에, 만약 여러분에게 미국 가수 아리아나 그란데의 목소리 파일이 있다면 이 목소리로 영어를 읽어 달라고 할 수 있습니다(혼자 듣는 것은 몰라도, 인터넷 공간에 올리면 저작권 위반입니다). 다만, 이 기능은 유료 버전에서만 사용할 수 있고, 음성 파일 샘플을 충분히 넣어 주어야 가능합니다.

내추럴리더 활용하기

텍스트를 넣으면 원어민 AI 성우들이 읽어 주는 또 다른 사이트로 내추럴리더(NaturalReader)가 있습니다.

1. 내추럴리더 사이트(www.naturalreaders.com)에 접속하세요.

2. 초기 화면이 열리면 〈Get Started for Free〉(무료로 시작하기)를 누르세요. 내추럴리더를 사용하려면 회원가입을 해야 합니다. 화면의 진행에 따라서 회원가입을 하세요.

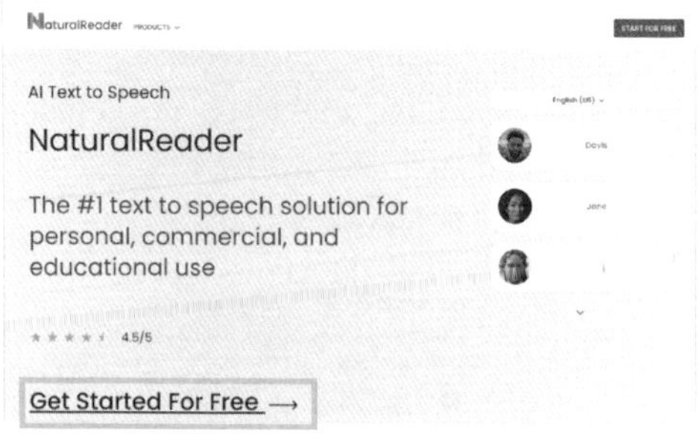

3. 내추럴리더의 텍스트 창에 영어로 읽어 달라고 할 텍스트를 넣으세요. 원 텍스트를 복사한 다음 여기에 붙여넣으면 됩니다. 저는 챗GPT가 어린이용 영어 단어 10개로 만들어 준 200단어 동화 텍스트를 붙여넣었습니다(영어 동화 만들기는 리딩 편에서 배웁니다).

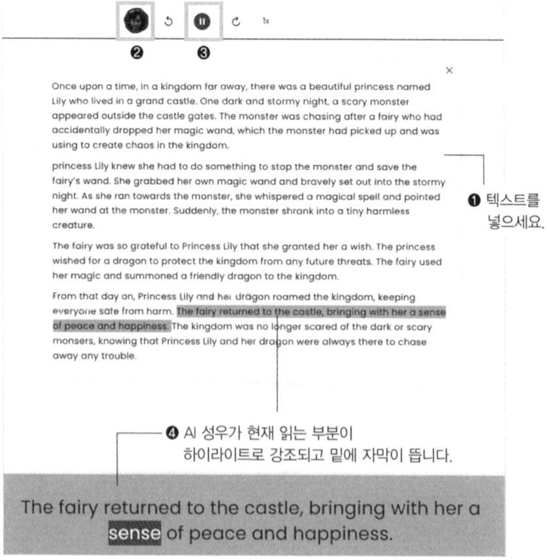

4. 이제 메뉴에서 맨 왼쪽의 '사람' 모양의 아이콘을 클릭하면, 다양한 AI 성우들의 목소리가 나옵니다. 여러분이 원하는 목소리를 클릭하세요. 저는 '어린이 성우 Ana'를 골랐어요. 그런 다음 파란색의 '플레이' 단추를 누르세요.
5. 그러면 어린이 성우 Ana의 목소리가 스토리를 영어로 읽어 줍니다. 아래에 자막이 뜨면서 읽는 부분이 연달아서 하이라이트로 강조되므로, 영어 리딩 연습을 하기 좋습니다. 원어민 AI가 읽어 주는 목소리를 들으며, 동시에 영어 리딩을 하면 되니까요.

참고로, 텍스트를 넣고 원하는 AI 목소리로 읽은 파일을 다운받고 싶으면 유료로 가입해야 합니다.

그런데 내추럴리더는 좋은 점이 하나 더 있습니다. 내추럴리더의 크롬 확장앱을 설치하면 웹사이트, 구글 문서, 온라인 킨들이나 이메일을 영어로 읽어 줍니다. 영어 리스닝, 혹은 읽으며 흘려듣기용으로 참 좋겠지요?

유튜브 영어 영상으로 리스닝 즐기기
- YouTube Summary with 챗GPT & 클라우드

'YouTube Summary with 챗GPT & 클라우드'는 유튜브 방송 요약 확장 프로그램인데, 이 기능을 영어 리스닝을 위한 자료를 구하는 데 사용할 수 있습니다.

1. 구글에서 'YouTube ChatGPT'를 검색하세요. 그런 다음에 'YouTube Summary with ChatGPT & Claude'를 클릭하세요.
2. 크롬 웹 스토어 화면이 나타나면 〈Chrome에 추가〉 단추를 누르세요.

3. 챗GPT에 추가하겠느냐고 물으면 〈확장 프로그램 추가〉를 누르세요.
4. 'YouTube Summary with ChatGPT & Claude'의 설치가 완료되었나요? 이제 유튜브로 가서 영어로만 뜨는 영상을 검색해서 하나 여세요.
5. 선택한 유튜브 영상을 클릭해서 들어가세요. 그러면 유튜브 오른쪽에 다음 그림처럼 'Transcript & Summary'가 뜹니다. 그 옆에 있는 챗GPT 표시가 보이나요? 영상이 돌아가면 옆에 영어 자막이 죽 뜹니다.

유튜브의 영어 동영상으로 리스닝 연습을 할 때, 이렇게 자막이 자동 생성되게 설정하면 크게 도움이 되겠죠? 자막을 숨겼다 켰다 하면서 영어가 잘 안 들리는 부분의 자막만 확인할 수도 있습니다.

6. 유튜브 영상의 자막이 너무 길다고요? 5번 화면의 'chatGPT' 아이콘을 클릭하면 챗GPT 화면이 열리면서 다음과 같이 동영상의 내용을 짧게 요약해 줍니다(챗GPT에 로그인되어 있어야 합니다).

JOYCE Sam's POINT

유튜브에서 원하는 영어표현 동영상 검색하기

1. 유튜브에서 원하는 영어 표현을 말하는 딱 그 장면을 수십에서 수백 개까지 찾을 수 있습니다. Youglish 사이트(www.youglish.com)에 접속한 다음, 검색창에 '나 그런 말 많이 들어'라는 뜻의 "I get that a lot"을 입력해 검색해 보았습니다.

2. "I get that a lot"이라는 영어 표현이 들어 있는 유튜브 동영상이 총 2,302개가 나왔습니다. 오른쪽 화살표를 누르면 다음 동영상으로 계속 넘어갑니다.

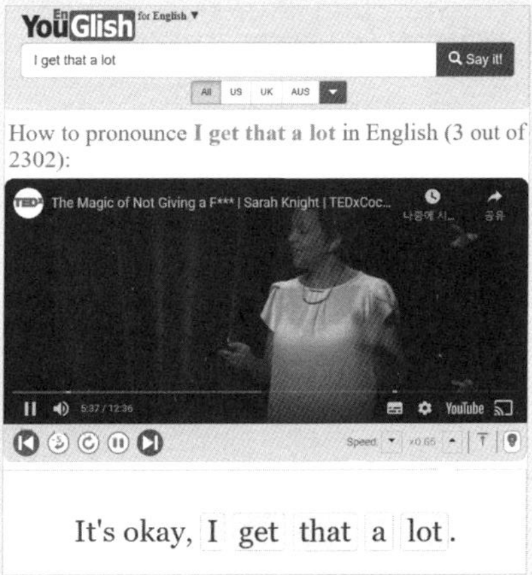

3. 해당 유튜브 동영상을 다운받아 이 표현을 쓰는 부분만 잘라서 사용하고 싶으면, 유튜브 사이트에서 해당 유튜브의 URL에 000을 입력해 넣으면 다운로드가 가능합니다.

PROMPT BOX

공식 영어 회화 지문을 뽑아 연습할 때

Plz make three dialogues with 3 turns each. Suppose A is a [역할] and B is a [역할].

각각 3번씩 말하는 회화문 3개를 만들어 줘. A는 [역할]이고, B는 [역할]이라고 가정해 봐.

TIP 대화하는 사람 A와 B가 한 번씩 주거니 받거니 하는 단위를 턴(turn)이라고 합니다.

이 프롬프트를 챗GPT에 주어 회화 지문을 뽑아 보세요. 영어 회화 책이 따로 필요 없습니다. 필요하면 번역도 해 달라고 하세요. "Please translate the conversations into Korean"을 영어 프롬프트 뒤쪽에 넣으면 됩니다.

공식 챗GPT와 영어 회화를 시작할 때

Let's have a conversation simulation to practice English speaking. Suppose I am a [역할], and you are a [역할]. Don't make your answers longer than 2 or 3 sentences. We're going to take turns. I'll start talking.

영어 스피킹 연습을 위해 모의 회화를 해 보자. 나는 [역할]이고, 너는 [역할]이라고 가정해 봐. 대답을 2~3문장보다 길게 하지 마. 교대로 할게. 내가 말을 시작할게.

[역할]이라고 표시된 부분에 다른 역할을 넣어 주면 됩니다. 이를테면 나는 여행객, 너는 스튜디어스, 이렇게 역할을 가정하면 됩니다. 또한 내가 먼저 대화를 시작할 때는 "I'll start talking"이라고 하면 되고, 챗GPT더러 먼저 대화를 시작하라고 할 때는 "You start talking"이라고 하면 됩니다.

[비행기 안]

001 기내 자리 찾기

Plz make 3 dialogues with 3 turns each. Suppose you're a flight attendant, and I'm a passenger who has just boarded the plane, and am looking for my seat.

교대로 3번씩 얘기하는 회화문 3개를 만들어 줘. 너(챗GPT)는 승무원이고, 나는 방금 비행기에 탑승해 자리를 찾고 있는 승객이라고 가정해 봐.

Let's have a conversation simulation to practice English speaking. Suppose you're a flight attendant, and I'm a passenger who has just boarded the plane, and am looking for my seat. Don't make your answers longer than 2 or 3 sentences. We're going to take turns. You start talking.

영어 스피킹 연습을 위한 모의 회화를 해 보자. 너(챗GPT)는 승무원이고, 나는 방금 비행기에 탑승하여 자리를 찾고 있는 승객이라고 가정해 봐. 대답을 2~3문장보다 길게 하지 마. 우리는 교대로 할 거야. 네가 말을 시작해.

002 기내식 주문

Plz make 3 dialogues with 3 turns each. A is a flight attendant, and B is a passenger who is placing an order of their meal.

교대로 3번씩 얘기하는 회화문 3개를 만들어 줘. A는 승무원이고, B는 식사를 주문하는 승객이야.

Let's have a conversation simulation. Suppose I am a passenger who is placing an order of a meal, and you are a flight attendant. You start talking.

모의 회화를 해 보자. 나는 식사를 주문하는 승객이고, 너는 승무원이라고 가정해 봐. 네가 말을 시작해.

003 음료 요청

Plz make 4 dialogues with 3 turns each. A is a flight attendant, and B is a passenger asking for a drink.

교대로 3번씩 얘기하는 회화문 4개를 만들어 줘. A는 승무원이고, B는 음료를 주문하는 승객이야.

Let's have a conversation simulation. Suppose I am a passenger asking for a drink, and you are a flight attendant. You start talking.

모의 회화를 해 보자. 나는 음료를 달라고 하는 승객이고, 너는 승무원이라고 가정해 봐. 네가 말을 시작해.

004 양식 작성

Plz make 3 dialogues with 3 turns each. Suppose A is a flight attendant, and B is a passenger asking for help with customs declaration form.

교대로 3번씩 얘기하는 회화문 3개를 만들어 줘. A는 승무원이고, B는 세관신고서 작성에 도움을 요청하는 승객이라고 가정해 봐.

Let's have a conversation simulation. Suppose I am a passenger asking for help with customs declaration form, and you are a flight attendant. You start talking.

모의 회화를 해 보자. 나는 세관신고서 작성에 도움을 요청하는 승객이고, 너는 승무원이라고 가정해 봐. 네가 말을 시작해.

005 기내 면세품

Plz make 3 dialogues with 3 turns each. Suppose A is a flight attendant, and B is a passenger wanting to buy some duty-free goods on flight.

교대로 3번씩 얘기하는 회화문 3개를 만들어 줘. A는 승무원이고, B는 기내 면세품을 사려는 승객이라고 가정해 봐.

Let's have a conversation simulation. Suppose I am a passenger wanting to buy some duty-free goods on flight, and you are a flight attendant. You start talking.

모의 회화를 해 보자. 나는 기내 면세품을 사려는 승객이고, 너는 승무원이라고 가정해 봐. 네가 말을 시작해.

006 아플 때

Plz make 3 dialogues with 3 turns each. Suppose A is a flight attendant, and B is a passenger asking for help as he/she is feeling unwell.

교대로 3번씩 얘기하는 회화문 3개를 만들어 줘. A는 승무원이고, B는 몸이 아파서 도움을 요청하는 승객이라고 가정해 봐.

Let's have a conversation simulation. Suppose I am a passenger asking for help as I am is feeling unwell, and you are a flight attendant. I'll start talking.

모의 회화를 해 보자. 나는 몸이 아파서 도움을 청하는 승객이고, 너는 승무원이라고 가정해 봐. 내가 말을 시작할게.

007 옆 승객과 대화

Plz make 3 dialogues with 3 turns each. Suppose A is a passenger, and B is another passenger sitting next to A.

교대로 3번씩 얘기하는 회화문 3개를 만들어 줘. A는 승객이고, B는 A 옆에 앉은 다른 승객이라고 가정해 봐.

Let's have a conversation simulation. Suppose I am a passenger, and you are another passenger sitting next to me. You start talking.

모의 회화를 해 보자. 나는 승객이고, 너는 내 옆에 앉아 있는 또 다른 승객이라고 가정해 봐. 네가 말을 시작해.

[공항]

008 탑승 수속

Plz make 3 dialogues with 3 turns each. Suppose A is behind an airliner's desk, and B is a passenger trying to check in.

교대로 3번씩 얘기하는 회화문 3개를 만들어 줘. A는 여객사의 데스크 직원이고, B는 탑승 수속을 하려는 승객이라고 가정해 봐.

Let's have a conversation simulation. Suppose I am a passenger trying to check in, and you are behind an airliner's desk. You start talking.

모의 회화를 해 보자. 나는 탑승 수속을 하려는 승객이고, 너는 여객사의 데스크 직원이라고 가정해 봐. 네가 말을 시작해.

009 보안 검색

Plz make 3 dialogues with 3 turns each. Suppose A is a security officer, and B is a passenger trying to pass through security check.

교대로 3번씩 얘기하는 회화문 3개를 만들어 줘. A는 보안 담당자이고, B는 보안 검색을 통과하려는 승객이라고 가정해 봐.

Let's have a conversation simulation. Suppose I am a passenger trying to pass through security check, and you are a security officer. You start talking.

모의 회화를 해 보자. 나는 보안 검색을 통과하려는 승객이고, 너는 보안 담당자라고 가정해 봐. 네가 말을 시작해.

010 면세점

Plz make 3 dialogues with 3 turns each. Suppose A is a clerk at a duty-free shop at the airport, and B is a passenger trying to buy something.

교대로 3번씩 얘기하는 회화문 3개를 만들어 줘. A는 공항 면세점 직원이고, B는 물건을 사려는 승객이라고 가정해 봐.

Let's have a conversation simulation. Suppose I am a passenger trying to buy something, and you are a clerk at a duty-free shop at the airport. You start talking.

모의 회화를 해 보자. 나는 물건을 사려는 승객이고, 너는 공항 면세점 직원이라고 가정해 봐. 네가 말을 시작해.

011 환승

Plz make 3 dialogues with 3 turns each. Suppose A is one of the airport workers, and B is a transit passenger.

교대로 3번씩 얘기하는 회화문 3개를 만들어 줘. A는 공항 직원 중 한 명이고, B는 환승 승객이라고 가정해 봐.

Let's have a conversation simulation. Suppose I am a transit passenger, and you are one of the airport workers. I'll start talking.

모의 회화를 해 보자. 나는 환승객이고, 너는 공항 직원 중 한 명이라고 가정해 봐. 내가 말을 시작할게.

012 내부 시설물 위치

Plz make 3 dialogues with 3 turns each. Suppose A is at the information desk in the duty-free area, and B is a passenger asking for directions.

교대로 3번씩 얘기하는 회화문 3개를 만들어 줘. A는 면세 구역의 안내 데스크에 있고, B는 길을 묻는 승객이라고 가정해 봐.

Let's have a conversation simulation. Suppose I am a passenger asking for directions, and you are at the information desk in the duty-free area. I'll start talking.

모의 회화를 해 보자. 나는 길을 묻는 승객이고, 너는 면세 구역의 안내 데스크에 있다고 가정해 봐. 내가 말을 시작할게.

013 입국 심사

Plz make 3 dialogues with 3 turns each. Suppose A is an immigration officer at the airport, and B is a passenger who has just arrived.

교대로 3번씩 얘기하는 회화문 3개를 만들어 줘. A는 공항 출입국 관리 직원이고, B는 방금 도착한 승객이라고 가정해 봐.

Let's have a conversation simulation. Suppose I am a passenger who has just arrived, and you are an immigration officer at the airport. You start talking.

모의 회화를 해 보자. 나는 방금 도착한 승객이고, 너는 공항 출입국 관리 직원이라고 가정해 봐. 네가 말을 시작해.

014 세관 통과

Plz make 3 dialogues with 3 turns each. Suppose A is a customs officer, and B is a passenger who has just arrived.

교대로 3번씩 얘기하는 회화문 3개를 만들어 줘. A는 세관원이고, B는 방금 도착한 승객이라고 가정해 봐.

Let's have a conversation simulation. Suppose I am a passenger who has just arrived, and you are a customs officer. You start talking.

모의 회화를 해 보자. 나는 방금 도착한 승객이고, 너는 세관원이라고 가정해 봐. 네가 말을 시작해.

015 수하물 찾기

Plz make 3 dialogues with 3 turns each. Suppose A is an airport worker, and B is a passenger failing to identify his/her luggage from the carousel.

교대로 3번씩 얘기하는 회화문 3개를 만들어 줘. A는 공항 직원이고, B는 수하물 컨베이어 벨트에서 짐을 찾지 못한 승객이라고 가정해 봐.

Let's have a conversation simulation. Suppose I am a passenger failing to identify my luggage from the carousel, and you are an airport worker. I'll start talking.

모의 회화를 해 보자. 나는 수하물 컨베이어 벨트에서 짐을 찾지 못한 승객이고, 너는 공항 직원이라고 가정해 봐. 내가 말을 시작할게.

[교통수단]

016 교통편 문의

Plz make 3 dialogues with 3 turns each. Suppose A is a worker at the station, and B is a tourist trying to find out how to get to his/her destination.

교대로 3번씩 얘기하는 회화문 3개를 만들어 줘. A는 역에서 일하는 직원이고, B는 목적지까지 가는 방법을 알아보려는 관광객이라고 가정해 봐.

Let's have a conversation simulation. Suppose I am a tourist trying to find out how to get to a destination, and you are a worker at the station. I'll start talking.

모의 회화를 해 보자. 나는 목적지까지 가는 방법을 알아보려는 관광객이고, 너는 역에서 일하는 직원이라고 가정해 봐. 내가 말을 시작할게.

017 승차권 구입

Plz make 3 dialogues with 3 turns each. Suppose A is a worker at the ticket window, and B is a passenger.

교대로 3번씩 얘기하는 회화문 3개를 만들어 줘. A는 매표소 직원이고, B는 승객이라고 가정해 봐.

Let's have a conversation simulation. Suppose I am a passenger, and you are a worker at the ticket window. You start talking.

모의 회화를 해 보자. 나는 승객이고, 너는 매표소 직원이라고 가정해 봐. 네가 말을 시작해.

018 우버택시 기사와 대화

Plz make 3 dialogues with 3 turns each. Suppose A is an uber driver, and B is a passenger.

교대로 3번씩 얘기하는 회화문 3개를 만들어 줘. A는 우버택시 기사이고, B는 승객이라고 가정해 봐.

Let's have a conversation simulation. Suppose I am a passenger, and you are an uber driver. I'll start talking.

모의 회화를 해 보자. 나는 승객이고, 너는 우버택시 기사라고 가정해 봐. 내가 시작할게.

019 렌터카 픽업

Plz make 3 dialogues with 3 turns each. Suppose A is a customer, and B is a worker at a rent-a-car service desk at the airport.

교대로 3번씩 얘기하는 회화문 3개를 만들어 줘. A는 고객이고, B는 공항 렌터카 데스크 직원이라고 가정해 봐.

Let's have a conversation simulation. Suppose I am a customer, and you are a worker at a rent-a-car service desk at the airport. You start talking.

모의 회화를 해 보자. 나는 고객이고, 너는 공항 렌터카 데스크 직원이라고 가정해 봐. 네가 말을 시작해.

[숙소]

020 에어비앤비 호스트와 대화

Plz make 3 dialogues with 3 turns each. Suppose A is the host of an Airbnb accommodation, and B is a guest who has just arrived at the house he/she made a reservation with.

교대로 3번씩 얘기하는 회화문 3개를 만들어 줘. A는 에어비앤비 숙소의 호스트이고, B는 방금 예약한 집에 도착한 게스트라고 가정해 봐.

Let's have a conversation simulation. Suppose I am a customer who has just arrived at the house I made a reservation with, and you are the host of an Airbnb accommodation. I'll start talking.

모의 회화를 해 보자. 나는 방금 예약한 집에 도착한 게스트이고, 너는 에어비앤비 숙소의 호스트라고 가정해 봐. 내가 말을 시작할게.

021 숙박 가능 문의

Plz make 3 dialogues with 3 turns each. Suppose A is at the front desk at a hotel, and B is a customer asking about room availability.

교대로 3번씩 얘기하는 회화문 3개를 만들어 줘. A는 호텔 프런트 데스크에 있고, B는 숙박이 가능한지 묻는 손님이라고 가정해 봐.

Let's have a conversation simulation. Suppose I am a customer asking about room availability, and you are at the front desk at a hotel. You start talking.

모의 회화를 해 보자. 나는 숙박이 가능한지 묻는 손님이고, 너는 호텔 프런트 데스크에 있다고 가정해 봐. 네가 말을 시작해.

022 체크인/아웃

Plz make 3 dialogues with 3 turns each. Suppose A is at the front desk at a hotel, and B is a customer asking about check-in and check-out time.

교대로 3번씩 얘기하는 회화문 3개를 만들어 줘. A는 호텔 프런트 데스크에 있고, B는 체크인과 체크아웃 시간을 문의하는 손님이라고 가정해 봐.

Let's have a conversation simulation. Suppose I am a customer asking about check-in and check-out time, and you are at the front desk at a hotel. I'll start talking.

모의 회화를 해 보자. 나는 체크인과 체크아웃 시간을 묻는 손님이고, 너는 호텔 프런트 데스크에 있다고 가정해 봐. 내가 말을 시작할게.

023 어댑터 요청

Plz make 3 dialogues with 3 turns each. Suppose A is a customer, looking for a traveler's adaptor, and B is a staff member at my hotel's front desk.

교대로 3번씩 얘기하는 회화문 3개를 만들어 줘. A는 여행자용 어댑터를 찾는 투숙객이고, B는 호텔 프런트 데스크 직원이라고 가정해 봐.

Let's have a conversation simulation. Suppose I am a customer, looking for a traveler's adaptor, and you are a staff member at my hotel's front desk. You start talking.

모의 회화를 해 보자. 나는 여행자용 어댑터를 찾는 투숙객이고, 너는 호텔 프런트 데스크 직원이라고 가정해 봐. 네가 말을 시작해.

024 객실 상태 불만

Plz make 3 dialogues with 3 turns each. Suppose A is at the front desk, and B is a customer making a complaint about the room condition on the phone.

교대로 3번씩 얘기하는 회화문 3개를 만들어 줘. A는 프런트 데스크에 있고, B는 전화로 객실 상태에 대해 불만을 제기하는 고객이라고 가정해 봐.

Let's have a conversation simulation. Suppose I am a customer making a complaint about the room condition on the phone, and you are at the front desk. I'll start talking.

모의 회화를 해 보자. 나는 전화로 객실 상태에 대해 불만을 제기하는 고객이고, 너는 프런트 데스크에 있다고 가정해 봐. 내가 말을 시작할게.

025 필요한 물건 요청

Plz make 3 dialogues with 3 turns each. Suppose A is at the front desk, and B is a customer asking for things he/she needs.

교대로 3번씩 얘기하는 회화문 3개를 만들어 줘. A는 프런트 데스크에 있고, B는 필요한 물건을 요청하는 고객이라고 가정해 봐.

Let's have a conversation simulation. Suppose I am a customer asking for things I need, and you are at the front desk. I'll start talking.

모의 회화를 해 보자. 나는 필요한 물건을 요청하는 고객이고, 너는 프런트 데스크에 있다고 가정해 봐. 내가 말을 시작할게.

[관광]

026 호텔 게스트 서비스 매니저에게 관광 정보 문의

Plz make 3 dialogues with 3 turns each. Suppose A is at the concierge at a hotel, and B is a customer asking for tourist information.

교대로 3번씩 얘기하는 회화문 3개를 만들어 줘. A는 호텔의 컨시어지에 있고, B는 관광 정보를 요청하는 고객이라고 가정해 봐.

Let's have a conversation simulation. Suppose I am a customer asking for tourist information, and you are at the concierge at a hotel. I'll start talking.

모의 회화를 해 보자. 나는 관광 정보를 요청하는 고객이고, 너는 호텔의 컨시어지에 있다고 가정해 봐. 내가 말을 시작할게.

027 사진 촬영 부탁

Plz make 3 dialogues with 3 turns each. Suppose A is a tourist, and B is another tourist asking him/her to take a picture.

교대로 3번씩 얘기하는 회화문 3개를 만들어 줘. A는 관광객이고, B는 사진을 찍어 달라고 부탁하는 다른 관광객이라고 가정해 봐.

Let's have a conversation simulation. Suppose I am a tourist, and you are another tourist asking me to take a picture. You start talking.

모의 회화를 해 보자. 나는 관광객이고, 너는 나에게 사진을 찍어 달라고 부탁하는 또 다른 관광객이라고 가정해 봐. 네가 말을 시작해.

028 호객꾼 거절

Plz make 3 dialogues with 3 turns each. Suppose A is a peddler, and B is a tourist turning down purchasing.

교대로 3번씩 얘기하는 회화문 3개를 만들어 줘. A는 행상이고, B는 호객 행위를 거절하는 관광객이라고 가정해 봐.

Let's have a conversation simulation. Suppose I am a tourist turning down purchasing, and you are a peddler. You start talking.

모의 회화를 해 보자. 나는 호객 행위를 거절하는 관광객이고, 너는 행상이라고 가정해 봐. 네가 말을 시작해.

029 여권 분실

Plz make 3 dialogues with 3 turns each. Suppose A is a police officer, and B is a tourist who's lost his/her passport.

교대로 3번씩 얘기하는 회화문 3개를 만들어 줘. A는 경찰관이고, B는 여권을 분실한 관광객이라고 가정해 봐.

Let's have a conversation simulation. Suppose I am a tourist and I've lost my passport, and you are a police officer. You start talking.

모의 회화를 해 보자. 나는 여권을 분실한 관광객이고, 너는 경찰관이라고 가정해 봐. 네가 말을 시작해.

[쇼핑]

030 사고 싶은 물건을 찾을 때

Plz make 3 dialogues with 3 turns each. Suppose A is a clerk at a clothes shop, and B is a customer looking for something in stock.

교대로 3번씩 얘기하는 회화문 3개를 만들어 줘. A는 옷 가게 직원이고, B는 재고가 있는 물건을 찾는 고객이라고 가정해 봐.

Let's have a conversation simulation. Suppose I am a customer looking for something in stock, and you are a clerk at the clothes shop. I'll start talking.

모의 회화를 해 보자. 나는 재고가 있는 물건을 찾는 고객이고, 너는 옷 가게 직원이라고 가정해 봐. 내가 말을 시작할게.

031 사용 문의

Plz make 3 dialogues with 3 turns each. Suppose A is a clerk at a shop, and B is a customer wanting to try a product.

교대로 3번씩 얘기하는 회화문 3개를 만들어 줘. A는 상점 직원이고, B는 제품을 사용해 보고 싶은 고객이라고 가정해 봐.

Let's have a conversation simulation. Suppose I am a customer wanting to try a product, and you are a clerk at the shop. I'll start talking.

모의 회화를 해 보자. 나는 제품을 사용해 보고 싶은 고객이고, 너는 상점 직원이라고 가정해 봐. 내가 말을 시작할게.

032 가격 문의

Plz make 3 dialogues with 3 turns each. Suppose A is a clerk at a shop, and B is a customer asking about prices.

교대로 3번씩 얘기하는 회화문 3개를 만들어 줘. A는 가게 직원이고, B는 가격을 묻는 고객이라고 가정해 봐.

Let's have a conversation simulation. Suppose I am a customer asking about prices, and you are a clerk at the shop. I'll start talking.

모의 회화를 해 보자. 나는 가격을 묻는 고객이고, 너는 가게 직원이라고 가정해 봐. 내가 말을 시작할게.

033 가격 협상

Plz make 3 dialogues with 3 turns each. Suppose A is a clerk at a market, and B is a customer trying to negotiate the price.

교대로 3번씩 얘기하는 회화문 3개를 만들어 줘. A는 마켓의 직원이고, B는 가격을 협상하려는 고객이라고 가정해 봐.

Let's have a conversation simulation. Suppose I am a customer trying to negotiate the price, and you are a clerk at the market. I'll start talking.

모의 회화를 해 보자. 나는 가격 협상을 시도하는 고객이고, 너는 마켓의 직원이라고 가정해 봐. 내가 말을 시작할게.

034 물건값 지불

Plz make 3 dialogues with 3 turns each. Suppose A is a clerk at a shopping mall, and B is a customer wanting to pay for an item.

교대로 3번씩 얘기하는 회화문 3개를 만들어 줘. A는 쇼핑몰 직원이고, B는 물건값을 지불하려는 고객이라고 가정해 봐.

Let's have a conversation simulation. Suppose I am a customer wanting to pay for an item, and you are a clerk at the shopping mall. You start talking.

모의 회화를 해 보자. 나는 물건값을 지불하려는 고객이고, 너는 쇼핑몰 직원이라고 가정해 봐. 네가 말을 시작해.

035 포장 부탁

Plz make 3 dialogues with 3 turns each. Suppose A is a clerk at a shop, and B is a customer wanting to have his/her purchase giftwrapped.

교대로 3번씩 얘기하는 회화문 3개를 만들어 줘. A는 가게 직원이고, B는 구입한 선물의 포장을 원하는 고객이라고 가정해 봐.

Let's have a conversation simulation. Suppose I am a customer wanting to have my purchase giftwrapped, and you are a clerk at the shop. You start talking.

모의 회화를 해 보자. 나는 구입한 선물의 포장을 원하는 고객이고, 너는 가게 직원이라고 가정해 봐. 네가 말을 시작해.

036 환불 요청

Plz make 3 dialogues with 3 turns each. Suppose A is a clerk at a shop, and B is a customer trying to get a refund.

교대로 3번씩 얘기하는 회화문 3개를 만들어 줘. A는 상점의 직원이고, B는 환불을 받으려는 고객이라고 가정해 봐.

Let's have a conversation simulation. Suppose I am a customer trying to get a refund, and you are a clerk at a shop. I'll start talking.

모의 회화를 해 보자. 나는 환불을 받으려는 고객이고, 너는 상점의 직원이라고 가정해 봐. 내가 말을 시작할게.

[레스토랑]

037 전화 예약

Plz make 3 dialogues with 3 turns each. Suppose A is a worker at a restaurant, and B is a customer wants to make a reservation on the phone.

교대로 3번씩 얘기하는 회화문 3개를 만들어 줘. A는 식당에서 일하고, B는 전화로 예약을 하려는 고객이라고 가정해 봐.

Let's have a conversation simulation. Suppose I am a customer who wants to make a reservation on the phone, and you are a worker at the restaurant. You start talking.

모의 회화를 해 보자. 나는 전화로 예약을 하려는 고객이고, 너는 식당에서 일하는 직원이라고 가정해 봐. 네가 말을 시작해.

038 자리 문의

Plz make 3 dialogues with 3 turns each. Suppose A is a worker at a restaurant, and B is a customer asking about table availability.

교대로 3번씩 얘기하는 회화문 3개를 만들어 줘. A는 식당에서 일하는 직원이고, B는 자리가 있는지 묻는 고객이라고 가정해 봐.

Let's have a conversation simulation. Suppose I am a customer asking about table availability, and you are a worker at the restaurant. I'll start talking.

모의 회화를 해 보자. 나는 자리가 있는지 묻는 고객이고, 너는 식당에서 일하는 직원이라고 가정해 봐. 내가 말을 시작할게.

039 주문

Plz make 3 dialogues with 3 turns each. Suppose A is a server at a restaurant, and B is a customer placing an order.

교대로 3번씩 얘기하는 회화문 3개를 만들어 줘. A는 식당의 서버이고, B는 주문을 하는 고객이라고 가정해 봐.

Let's have a conversation simulation. Suppose I am a customer placing an order, and you are a server at the restaurant. You start talking.

모의 회화를 해 보자. 내가 주문을 하는 고객이고, 너는 식당의 서버라고 가정해 봐. 네가 말을 시작해.

040 음식 알레르기

Plz make 3 dialogues with 3 turns each. Suppose A is a server at a restaurant, and B is a customer who is allergic to a kind of food.

교대로 3번씩 얘기하는 회화문 3개를 만들어 줘. A는 식당의 서버이고, B는 음식 알레르기가 있는 손님이라고 가정해 봐.

Let's have a conversation simulation. Suppose I am a customer who is allergic to a kind of food, and you are a server at the restaurant. I'll start talking.

모의 회화를 해 보자. 나는 음식 알레르기가 있는 손님이고, 너는 식당의 서버라고 가정해 봐. 내가 말을 시작할게.

041 음식에 대한 불만

Plz make 3 dialogues with 3 turns each. Suppose A is a server at a restaurant, and B is a customer who's just found something's wrong with his/her food.

교대로 3번씩 얘기하는 회화문 3개를 만들어 줘. A는 식당의 서버이고, B는 방금 음식에 문제가 있다는 것을 발견한 고객이라고 가정해 봐.

Let's have a conversation simulation. Suppose I am a customer, and I've just found something's wrong with my food, and you are a server at the restaurant. I'll start talking.

모의 회화를 해 보자. 나는 방금 음식에 문제가 있다는 것을 발견한 고객이고, 너는 식당의 서버라고 가정해 봐. 내가 말을 시작할게.

042 팁을 포함한 지불

Plz make 3 dialogues with 3 turns each. Suppose A is a server at a restaurant, and B is a customer trying to pay the check including tips.

교대로 3번씩 얘기하는 회화문 3개를 만들어 줘. A는 식당의 서버이고, B는 팁을 포함한 수표를 지불하려는 고객이라고 가정해 봐.

Let's have a conversation simulation. Suppose I am a customer trying to pay the check including tips, and you are a server at the restaurant. You start talking.

모의 회화를 해 보자. 나는 팁을 포함해 수표를 지불하려는 고객이고, 너는 식당의 서버라고 가정해 봐. 네가 말을 시작해.

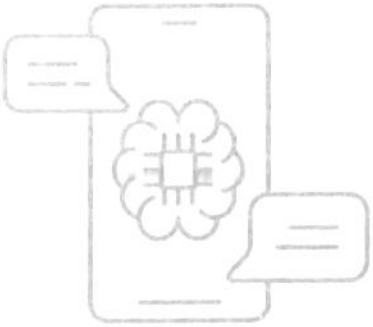

2장

어린이 & 왕초보의 영어 스피킹 연습

영어 회화에 자신이 없거나, 엄마표 영어를 하는 분들은 주목! 챗GPT가 더 쉬운 영어로 말하고 서툰 발음도 더 잘 알아듣게 하는 방법을 소개합니다.

챗GPT가 쉬운 영어로 말하게 만들기 꿀팁

이번에는 어린아이나 영어 왕초보의 스피킹 연습용으로 챗GPT를 쓰는 법을 알아보겠습니다. 챗GPT로 내 방에 앉아 편안하게 나의 영어 수준에 맞게 영어 회화를 연습할 수 있는 팁을 알려드립니다.

챗GPT에게 스피킹 연습을 하고 싶다고 하면 이렇게 대답을 합니다.

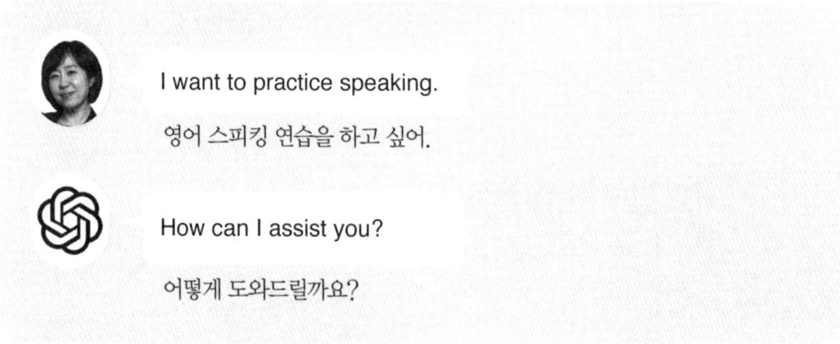

그런데 우리가 어린아이에게 영어로 말을 걸 때에는 쉽게 말해야 하는데, 챗GPT가 assist라는 어린아이에게는 어려울 수 있는 고급 어휘를 씁니다.

사실 어떤 나라에서든, 그리고 어떤 어른이든 영유아에게 말을 걸 때에는 그 나이대에 맞게 말을 조정합니다. 이렇게 조정하는 말을 '아동지향어'라고 하는데, 말을 천천히, 억양을 과장해서, 높은 톤으로, 중간중간 끊는 부분을 길게 해서 하는 것이 특징이죠.

외국어로 영어를 배우는 우리나라 초등 저학년 아이들의 영어 실력이 대체로 이 수준이므로, 이러한 아동지향어(child directed speech) 화법이 필요합니다. 문제는 챗GPT는 아동지향어의 특징은 알지만, 그것을 구사하기는 힘듭니다. 일단 아동지향어에는 비언어적인 특징들이 너무 많기 때문입니다.

어린이용 영어 스피킹 연습을 할 때, 보통 프롬프트에 나이를 명시해서 조건화를 합니다. 예를 들면 다음과 같이 프롬프트를 주는 식이죠.

"Can you adjust your language to make it more accessible for a child? He/She is around 5 years old, and have a beginner level of English proficiency."(너의 언어를 아이들이 접근하기 쉽게 조절할 수 있니? 아이는 5세 정도이고, 영어 초보 수준이야.)

하지만 챗GPT에게 프롬프트를 이렇게 줘도 잘 먹히지 않았습니다. 챗GPT더러 아이에게 말을 한다고 생각하고 대화를 하자고 여러 번 말해도, 챗GPT는 여전히 "How can I assist you?"와 같은 고급 어휘나 표현으로 대답을 했습니다.

그런데 여러 번의 시도들을 거쳐, 프롬프트에 영미권에서 널리 쓰이는 유럽 공통 언어 기준인 CEFR 지수를 이용하여 'use only CEFR A1 level words'(CEFR A1 등급의 어휘만 사용해)라고 했더니, 드디어 챗GPT가 매우 쉬운 어휘와 표현으로 조정하여 말을 하기 시작했습니다.

JOYCE Sam's POINT

영어 리딩 지문을 뽑아낼 때, '*세 어린이' 식으로 대상을 지정하는 방법도 있습니다. 그런데 이때의 나이는 영어 원어민 어린이의 나이입니다. 한국 어린이의 영어 수준은 외국어라서 개인차가 크기 때문에 몇 세에 어느 정도를 한다고 평균값으로 말하기가 힘듭니다.

JOYCE Sam's POINT

챗GPT가 쉬운 영어로 말하게 하기

어린이, 그리고 영어에 자신이 없는 왕초보 스피킹 연습용으로 프롬프트를 설정할 때, CEFR A1 등급으로 설정하면 챗GPT가 단순히 '쉽게' 말해 달라고 할 때보다 여러분의 영어를 훨씬 더 잘 알아듣고 말도 쉽게 합니다.

Use only CEFR A1 Level words.

CEFR A1 등급의 어휘만 사용해.

참고로, CEFR(Common European Framework of References for Languages)은 유럽연합 27개국에서 사용하는 언어 수준 기준으로 '유럽 공통 기준'이라고 합니다. 독일인이 영국에서 취업이나 입학 시, 영국인이 독일에서 취업이나 입학 시 필요로 하는 언어(영어, 독일어) 수준의 기준이 같아야 한다는 취지에서 만들어졌습니다.

미국을 비롯해서 다른 나라들도 쓰고 있으며, 영국에서 출판된 영어 교재 뒤에도 표시되어 있고, 미국의 다른 영어시험 점수나 리딩 지수도 CEFR 지수로 바꿀 수 있습니다.

CEFR의 단계는 다음과 같은데, B1 등급은 '문지방 등급'이라고 해서 해당 국가에서 일자리(육체노동)를 얻을 수 있는 언어 수준이라는 뜻입니다. 대학에 입학하려면 최소 C1 등급이 되어야 합니다.

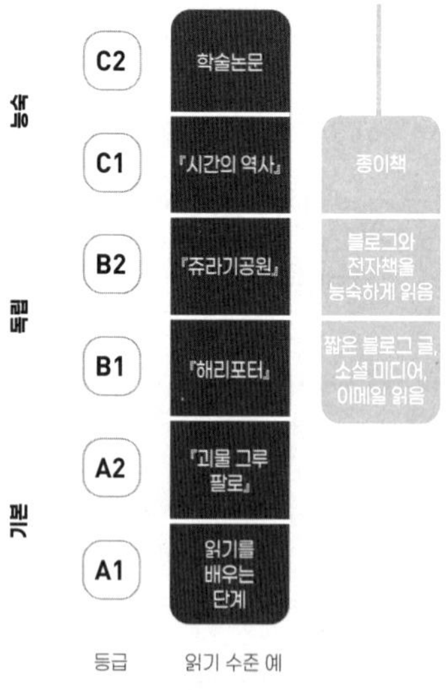

출처: https://readable.com/readability/cefr-test/

PROMPT BOX

001 어린이&왕초보용 영어 회화 프롬프트

Let's start practicing a conversation with a child. Suppose you're talking to a five-year-old child. Please use a child-directed speech, and use only CEFR A1 level words. And limit your responses to 2 or 3 sentences.

아이와 회화 연습을 시작할게. 네(챗GPT)가 5세 아이와 이야기하고 있다고 가정해 봐. 어린이용 연설문을 사용하고, CEFR A1 등급의 단어만 사용해서 말해. 그리고 대답을 2~3문장 안으로 제한해.

프롬프트에 이처럼 CEFR A1 등급의 단어를 사용하라고 정확하게 지시하면, 챗GPT가 쉬운 영어로 말하기 시작하고, 여러분의 영어 발음이 좀 서툴고 느려도 더 잘 알아듣습니다.

J Ok, Let's start practicing a conversation with a child. Suppose you're talking to a five-year-old child. Please use a child-directed speech, and use only CEFR A1 level words.

C Sure, I'd be happy to practice a conversation with you using child-directed speech and CEFR A1 level words. What would you like to talk about?

J I like traveling.

C That's great! Where have you traveled to before? Have you been on an airplane or a train?

J I flew to Hawaii.

C Wow, Hawaii sounds like an amazing place to visit! What did you like about it? Did you see any cool animals or try any new foods?

J I like beaches there.

C Beaches in Hawaii are very beautiful, with clear blue waters, and soft sand. Did you swim in the ocean or build sandcastles on the beach?

J I did both.

C That sounds like a lot of fun! Did you see any interesting sea creatures while you were swimming?

쉬운 영어로
인사와 서로 소개하기

이제 아이 또는 영어 왕초보라고 가정하고, 서로 인사를 해 보죠. 그러려면 프롬프트에서 챗GPT에게 아이와 스피킹 연습을 하는 모의 회화라고 말해 주고, 챗GPT의 역할을 정해 주면 됩니다.

이를테면 너(챗GPT)는 미국 초등학교 ESL 클래스의 선생님이고, 나는 학교에 처음 온 7세 아이라고 가정하고 대화를 해 보자고 하는 식으로 하면 됩니다.

앞에서 말했듯이, 챗GPT에게 역할놀이(Role play)라고 하는 것보다 모의 회화(conversation simulation)를 할 것이라고 말하는 것이 역할을 나누어 대화를 주고받는 연습을 하는 데에 더 좋습니다.

챗GPT에게 CEFR A1 등급의 단어로 말을 걸고, 한 번에 2~3문장보다 길게 말하지 말라고 조건을 붙여야 합니다. 너(챗GPT)부터 말을 시작해 보라고 해 보죠.

PROMPT BOX

002 쉬운 영어로 인사 & 자기 소개 회화 프롬프트

Let's have a conversation simulation. Suppose you are an ESL teacher named Ms. Smith, and I'm a seven-year-old child, new to school. Please talk to me in English at CEFR A1 level words, and limit your responses to 2 to 3 sentences. You start talking.

모의 회화를 해 보자. 너(챗GPT)는 스미스라는 ESL 선생님이고, 나는 학교에 갓 온 7세 아이라고 가정해 봐. CEFR A1 등급의 단어로 말하고, 답변을 2~3문장이 넘지 않도록 해 줘. 네가 말을 시작해.

처음의 회화 프롬프트는 그냥 챗GPT의 입력창에 넣은 후 〈Enter〉 키를 쳐서 시작하는 것이 좋습니다. 영어로 다 말하려면 더 번거로우니까요.

그러면 다음과 같이 챗GPT가 쉬운 영어 어휘와 표현으로 말하고, 상대의 말이 느리거나 영어 발음이 별로라도 더 잘 알아듣습니다. 영어 왕초보도 조건을 이렇게 붙이고 연습하면 됩니다.

Hello there! My name is Ms. Smith. It's nice to meet you. What's your name?

J hello, my name is Young woo.

Hi, Young woo! Welcome to our school. Are you excited to learn English today?

J I don't know.

That's okay, don't worry. Learning a new language can be fun and exciting! We will start with some simple words, and phrases today. Let's begin, shall we?

J Okay.

Great! Let's start with some basic greetings. Can you say "hello" and "goodbye"?

J Yes, I can. I can say hello and bye.

That's wonderful, Young woo! Can you also tell me how you are feeling today? Are you happy, sad, or excited?

PROMPT BOX

003 크리스마스 시즌 쇼핑몰에서 산타클로스와 회화 프롬프트

Let's have a conversation simulation. Suppose you're a hired actor to play Santa Clause in a shopping mall before Christmas, and I'm Willow, seven years old, one of the children lining up to tell Santa Clause what gift they want to get. Set your English level at CEFR A1, and limit your sentences not longer than 2 to 3 sentences. You start talking.

모의 회화를 해 보자. 너는 크리스마스 전에 쇼핑몰에서 산타클로스를 연기하기 위해 고용된 배우라고 가정해 봐. 그리고 나는 7세 윌로우야. 산타클로스에게 어떤 선물을 받고 싶은지 말하기 위해 줄을 서 있는 아이들 중 한 명이지. 영어 수준을 CEFR A1 등급으로 설정하고, 대답을 2~3문장보다 길게 말하지 마. 네가 말을 시작해.

S Hello there, Willow! Are you excited for Christmas? Have you been good this year?

W I think so.

S That's great to hear! So, what would you like for Christmas this year?

W I'd like to have a pink tutu.

S A pink tutu, how lovely! I'm sure you would look very pretty in one. Is there anything else you would like to ask Santa for?

W Yes, I want Santa Claus to give a present to my mom too.

S That's very thoughtful of you, Willow! I'm sure your mom would be very happy to receive a present from Santa. Can you tell me what kind of present she might like?

W A new pair of boots mom's boots are old and have a crack.

S I see. A new pair of boots for your mom sounds like a great idea! I'll make sure to keep that in mind when I'm making my list. Thank you for sharing that with me, Willow.

W Thank you, Santa Claus, I love you.

S You're welcome, Willow! It was nice meeting you, and I love you too. Remember to be good and kind this Christmas season!

PROMPT BOX

004 동화 등장인물과 회화 프롬프트

Let's have a conversation simulation. Suppose you're the wolf from the story, Three Little Pigs, and I'm the youngest pig. The other day you were almost killed trying to get down the chimney of my house. Please set your English level at CEFR A1 words, and limit your responses to 2 to 3 sentences. You start talking.

모의 회화를 해 보자. 너는 '아기 돼지 삼형제'에 나오는 늑대이고, 나는 막내 돼지라고 가정하자. 지난번에 너는 우리 집 굴뚝을 내려오다가 죽을 뻔했어. CEFR A1 등급의 단어로 말하고, 답변은 2~3문장을 넘지 않도록 해 줘. 네가 말을 시작해.

이번에는 챗GPT에게 익히 잘 알려진 동화의 제목을 주고 대화하자고 했습니다. '아기 돼지 삼형제'에 나오는 늑대와 막내 돼지가 지난번 사건 이후에 만나 이야기를 하는 상황이고, 챗GPT는 늑대, 저는 막내 돼지라고 가정하고 대화를 나누자고 했습니다.

그랬더니 챗GPT(늑대)가 먼저 저(막내돼지)에게 말을 걸었어요.

늑대 (챗GPT) Hello there, little pig. I must say, I'm quite embarrassed about what happened the other day. I didn't mean to cause you any harm. I was just trying to get inside your house to have a chat.

돼지 (나) You are a liar.

늑대 I understand why you might think that, but I promise you, I'm not lying. Perhaps my intentions were misunderstood. Would you be willing to hear me out and give me a chance to explain?

돼지 OK, what's you say.

늑대 Well, you see, I was just looking for a warm place to rest for a bit. I didn't mean to harm anyone. And when I saw the chimney, I thought it would be the perfect place to take a little nap.

챗GPT가 무슨 말을 하는지 궁금하죠? 한국어로 번역해서 보면 됩니다.

"Plz translate the above answer into Korean."

늑대 안녕, 작은 돼지야. 저번 날 일어났던 일은 참 당황스럽구나. 네게 해를 끼치려던 건 아니었어. 그냥 얘기나 한 번 할까 해서 너희 집으로 들어가려고 했을 뿐이야.

돼지 너는 거짓말쟁이구나!

늑대 그렇게 생각하는 것도 무리는 아니지. 하지만 약속하는데, 이건 거짓말이 아냐. 아마 날 오해하는 것 같아. 내 말 좀 들어볼래? 내가 설명 좀 하게.

돼지 좋아, 말해 봐.

늑대 있잖아. 나는 그냥 잠깐 따뜻한 곳을 찾고 있었을 뿐이야. 그 누구도 해칠 생각은 없었어. 굴뚝을 봤을 때 낮잠 자기에 정말 좋겠다는 생각을 했어. 하지만 너도 알다시피 계획대로 안 됐어. 내가 일으킨 말썽은 정말 미안해.

돼지 하지만 너는 우리 형들 집을 날려 버렸잖아!

늑대 응. 그리고 그 문제라면 정말 미안해. 난 너무 배가 고팠어. 그리고 밀짚과 나뭇가지로 만들어진 집을 보니 참을 수가 없었어. 하지만 내가 실수했다는 것을 깨달았어. 너와 네 형들에게 그럴 수만 있다면 보상하고 싶어.

돼지 어떻게 보상할 건데?

늑대 음. 일단 집을 다시 짓는 걸 도울 수 있어. 그리고 아마도 다른 위협에서 지켜줄 수도 있을 거야. 내가 과거에 손해를 끼치기는 했지만, 지금은 정말로 바로잡고 싶고, 너와 네 형들과 친구가 되고 싶어.

돼지 네 도움은 필요 없어.

늑대 알았어. 생각이 바뀌고 내 도움이 필요하면 언제든지 연락해. 난 언제든지 필요하면 도와줄 마음이 있으니까. 하지만 이제 오해는 버리고 앞으로 친구가 되었으면 좋겠어.

돼지 아니, 가장 좋은 건 너를 다시 안 보는 거야.

늑대 네 기분을 이해해. 그게 네가 원하는 거라면 네 결정을 존중할게. 그럼, 나는 떠날게. 잘 있어, 작은 돼지야.

챗GPT는 '아기 돼지 삼형제'의 늑대, 저는 막내 돼지가 되어 초등 저학년 아이처럼 쉬운 영어로 대화를 해 보았습니다. 어떤가요? 마치 영어 원어민 친구와 얘기하는 느낌을 주죠? 물론 완벽하지는 않지만 회화 연습을 할 기회가 될 수 있습니다. 그것만도 챗GPT는 어린이와 영어 왕초보의 회화 연습에 꽤 유용하다고 할 수 있습니다.

JOYCE Sam's POINT

좋아하는 동화/애니메이션/영화 주인공과 영어 대화하기

'아기 돼지 삼형제'의 늑대 역할을 하는 챗GPT와 저와의 대화 어떠셨나요? 우리가 익히 아는 동화나 '해리포터' 같은 판타지 소설의 등장인물과 챗GPT로 대화를 하면 재미있겠죠? 챗GPT가 어린이나 왕초보인 여러분의 수준에 맞게 말을 쉽게 해 주고, 여러분의 말도 더 잘 알아듣는다면 시도해 볼 만합니다.

앞에서 소개한 프롬프트에서 동화나 책, 영화의 제목을 넣고, 여러분의 역할, 너(챗GPT)의 역할이 무엇인지 지정하고, CEFR A1 등급 수준으로 쉽게 말하라고 하면 됩니다.

Let's have a conversation simulation. Suppose you're [역할] from the story, [동화, 애니메이션, 영화 제목], and I'm [역할]. [상황]. Please set your English level at CEFR A1, and limit your responses to 2 to 3 sentences. You start talking.

모의 회화를 해 보자. 너는 [동화, 애니메이션, 영화 제목]에 나오는 [역할]이고, 나는 [역할]이라고 가정하자. [상황] 영어는 CEFR A1 등급 수준으로 맞추고, 대답은 2~3문장을 넘지 않도록 해. 네가 먼저 말을 시작해.

이 프롬프트를 이용하면 동화나 영화, 어린이용 애니메이션의 주인공들과 챗GPT로 영어 대화를 즐길 수 있습니다. 챗GPT가 추천한 세계에서 가장 유명한 동화, 애니메이션, 영화의 주인공들과 즐거운 대화를 나눠 보세요. 위의 프롬프트에 동화나 영화의 제목, 나와 너의 역할을 바꿔 넣으면 됩니다.

TOP10 동화 주인공과 대화

동화 제목	주인공 1	주인공 2
Cinderella (신데렐라)	Cinderella	The Prince
Snow White and the Seven Dwarfs (백설공주와 일곱 난쟁이)	Snow White	The Evil Queen
Beauty and the Beast (미녀와 야수)	Belle	The Beast
Little Red Riding Hood (빨간 모자)	Little Red Riding Hood	The Big Bad Wolf
The Ugly Duckling (미운 오리 새끼)	The Ugly Duckling	The Swans
Hansel and Gretel (헨젤과 그레텔)	Hansel and Gretel	The Witch
Sleeping Beauty (숲속의 잠자는 미녀)	Aurora	Prince Phillip
The Three Little Pigs (아기 돼지 삼형제)	The Three Little Pigs	The Big Bad Wolf
The Little Mermaid (인어공주)	Ariel	Prince Eric
The Frog Prince (개구리 왕자)	The Princess	The Frog Prince

TOP8 애니메이션 영화 주인공과 대화

애니메이션 제목	주인공 1	주인공 2
The Lion King(라이온 킹)	Simba	Mufasa
Toy Story(토이 스토리)	Woody	Buzz Lightyear
Frozen(겨울왕국)	Elsa	Anna
Beauty and the Beast (미녀와 야수)	Belle	The Beast
Aladdin(알라딘)	Aladdin	Princess Jasmine
The Little Mermaid(인어공주)	Ariel	Prince Eric
Shrek(슈렉)	Shrek	Donkey
Finding Nemo(니모를 찾아서)	Nemo	Dory

JOYCE Sam's POINT

Voice Control for ChatGPT를 이용한 스피킹

1. 챗GPT에 Voice Control for ChatGPT를 설치하면 입력창이 바뀌는데, 언어를 English(US)로 한 후 아래 막대를 클릭한 채 말을 하면 됩니다. 이 막대가 붉은 색으로 변하면 챗GPT가 내 말을 듣고 있다는 의미이며, 말을 마치면 막대를 놓으면 됩니다.

2. 챗GPT가 내가 한 말을 입력창에 써주고 대답을 합니다.

3. '설정' 아이콘을 누르면 회화 상황을 구체적으로 설정할 수 있습니다. 구글 확장 앱의 개발사인 Talkio AI를 유료로 사용하면 더 많은 기능을 쓸 수 있습니다.

❶ 속도 조절 막대

❷ 언어 선택

❸ 'Use compact interface'를 누르면 보이스 콘트롤이 작게 변합니다.

❹ 사용하지 않을 때 숨겨두는 기능입니다.

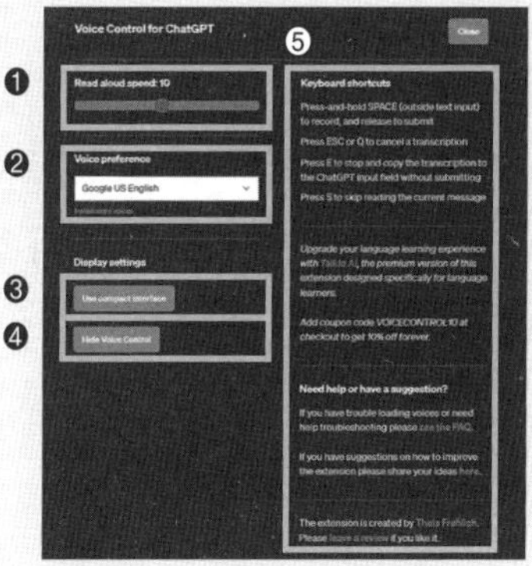

❺ 오른쪽의 키보드 숏컷은 사용법입니다.

〈ESC 키〉 혹은 〈Q〉 키: 내 소리를 받아적기, 혹은 취소

〈E〉 키: 받아적은 내용을 챗GPT의 입력창에 제출 않고 복사 가능

〈S〉 키: 챗GPT가 읽고 있는 지문을 건너뛰는 기능

스마트폰 & 태블릿에서 AI 앨리스와 영어로 대화하기

지금까지 살펴본 영어 스피킹 연습 방법은 모두 챗GPT에 VoiceWave라는 확장앱을 깔아서 사용한 것입니다. PC에서만 사용이 가능해서 아쉽지요. 여기서는 모바일에서 영어 스피킹 연습을 할 수 있는 D-ID를 소개합니다.

1. 모바일에서 D-ID 사이트(chat.d-id.com)로 접속하세요(물론 PC에서도 됩니다). 그러면 AI 챗봇 앨리스가 나옵니다. 회원으로 가입하고 로그인을 해야 작동됩니다. 마이크에 접근을 허용하면 그때부터 영어 스피킹을 할 수 있습니다.

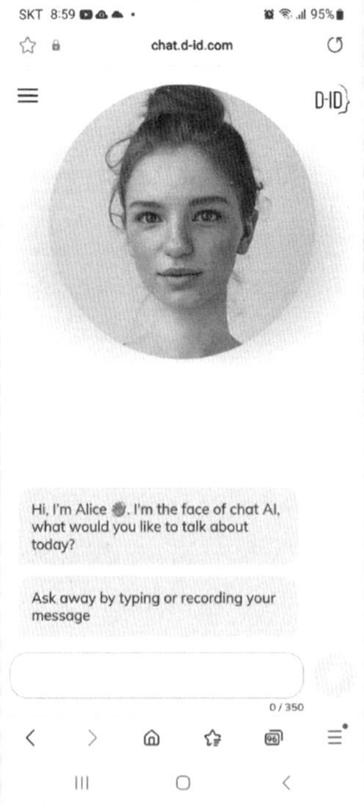

2. 사용자가 말할 차례이면, 아래 대화창 안의 마이크가 부르르 떨리는 모습으로 뜹니다. 그때 영어로 말을 하면, 말하는 내용이 창에 뜹니다. 여러분이 영어로 말한 다음 '보내기' 단추를 누르면 앨리스에게 전송됩니다.

3. 앨리스는 사용자가 말을 안 하고 가만히 있으면 "왜 말 안 해? 듣고 있어?"라고 묻기도 합니다.

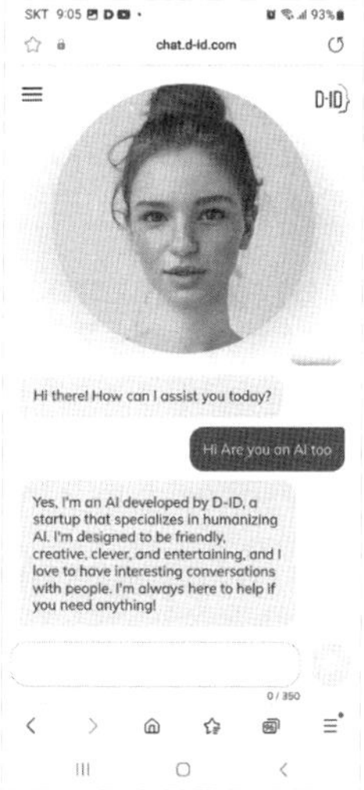

자, 앨리스를 모바일에 깔고 즐거운 영어 스피킹 연습을 해 보세요. 우리가 쓰는 스마트폰에 내장된 스피커와 마이크는 성능이 일정 수준 이상이기 때문에, PC를 이용하는 것보다 영어 스피킹이 더 수월합니다.

PROMPT BOX

어린이 & 왕초보를 위한 회화 프롬프트 11

043 어린이 & 왕초보용 영어 회화 프롬프트

Let's have a conversation simulation. Suppose I'm a eight-year-old child, and you're my teacher. Set your English level at CEFR A1, and limit your responses to 2 or 3 sentences. I'll start talking.

모의 회화를 해 보자. 나는 8세 아이이고, 너는 내 선생님이라고 가정해 봐. 영어 수준을 CEFR A1 등급으로 설정하고 답변은 2~3문장을 넘지 않도록 해. 내가 말을 시작할게.

044 쉬운 영어로 인사 & 자기 소개 회화 프롬프트

Let's have a conversation simulation. Suppose you are an ESL teacher named Ms. Smith, and I'm a seven-year-old child, new to school. Set your English level at CEFR A1, and limit your responses to 2 to 3 sentences. You start talking.

모의 회화를 해 보자. 너는 스미스라는 ESL 선생님이고, 나는 학교에 갓 온 7세 아이라고 가정해 봐. 영어 수준을 CEFR A1 등급으로 설정하고, 답변은 2~3문장이 넘지 않도록 해. 네가 말을 시작해.

045 동화 등장인물과 회화 프롬프트

Let's have a conversation simulation. Suppose you're the wolf from the story, Three Little Pigs, and I'm the youngest pig. The other day you were almost killed trying to get down the chimney of my house. Please set your English level at CEFR A1 words, and limit your responses to 2 to 3 sentences. You start talking.

모의 회화를 해 보자. 너는 '아기 돼지 삼형제'에 나오는 늑대이고, 나는 막내 돼지라고 가정하자. 지난번에 너는 우리집 굴뚝을 내려오다가 죽을 뻔했어. CEFR A1 등급의 단어로 말하고, 답변은 2~3문장을 넘지 않도록 해. 네가 말을 시작해.

046 생일 초대

Let's have a conversation simulation. Suppose I'm a six-year-old girl named Sally, and you're my friend Zoe. Suppose you're inviting me to your birthday party. Set your English level at CEFR A1, and limit your responses not longer than 2 to 3 sentences. You start talking.

모의 회화를 해 보자. 나는 샐리라는 이름의 6세 소녀이고, 너는 내 친구 조라고 가정해 봐. 너의 생일 파티에 나를 초대한다고 가정해 봐. 영어 수준을 CEFR A1 등급으로 설정하고, 2~3문장 이내로 대답해 줘. 네가 말을 시작해.

047 야외놀이

Let's have a conversation simulation. Suppose I'm a nine-year-old boy Robert, and you're my younger brother. We're going to sneak out to play ball together. Set your English level at CEFR A1, and limit your responses not longer than 2 to 3 sentences. You start talking.

모의 회화를 해 보자. 나는 9세 소년 로버트이고, 너는 내 남동생이라고 가정해 봐. 우리는 함께 공놀이를 하러 몰래 나갈 거야. 영어 수준을 CEFR A1 등급으로 설정하고, 2~3문장 이내로 답변해 줘. 네가 말을 시작해.

048 쇼핑

Let's have a conversation simulation. Suppose we're at a toy store. Suppose you're a clerk, and I'm a boy. Set your English level at CEFR A1, and limit your responses not longer than 2 to 3 sentences. You start talking.

모의 회화를 해 보자. 우리가 장난감 가게에 있다고 가정해 봐. 너는 점원이고, 나는 소년이라고 가정해 봐. 영어 수준을 CEFR A1 등급으로 설정하고 2~3문장 이내로 답변해 줘. 네가 말을 시작해.

049 가족 놀이

Let's have a conversation simulation. Suppose we're in a car on our way to a camping trip in the mountain with Mom and Dad. Suppose you're Alex, 9, and I'm Emily, 6. Set your English level at CEFR A1, and limit your responses not longer than 2 to 3 sentences. I'll start talking.

모의 회화를 해 보자. 우리는 엄마 아빠와 함께 산으로 캠핑을 가는 길이야. 너는 9세 알렉스이고, 나는 6세 에밀리라고 가정해 봐. 영어 수준을 CEFR A1 등급으로 설정하고, 2~3문장 이내로 답변해 줘. 내가 말을 시작할게.

050 나의 꿈

Let's have a conversation simulation. Suppose you're my aunt, and I'm a seven-year-old boy Kevin. You're asking me what I want to be when I grow up. Set your English level at CEFR A1, and limit your responses not longer than 2 to 3 sentences. You start talking.

모의 회화를 해 보자. 너는 나의 이모이고, 나는 7세 케빈이라고 가정해 봐. 너는 내가 커서 무엇이 되고 싶은지 묻고 있어. 영어 수준을 CEFR A1 등급으로 설정하고, 2~3 문장 이내로 답변해 줘. 네가 말을 시작해.

051 친구와 대화

Let's have a conversation simulation. Suppose you're my friend, Todd, and I'm Josh. We're seven years old, and now playing in the backyard. Set your English level at CEFR A1, and limit your responses not longer than 2 to 3 sentences. You start talking.

모의 회화를 해 보자. 너는 내 친구 토드이고, 나는 조쉬라고 가정해 봐. 우리는 7세이고, 지금은 뒤뜰에서 놀고 있어. 영어 수준을 CEFR A1 등급으로 설정하고, 2~3문장 이내로 답변해 줘. 너부터 시작해.

052 학교 도서관

Let's have a conversation simulation. Suppose you're a school librarian, and I'm a student. Set your English level at CEFR A1, and limit your responses not longer than 2 to 3 sentences. I'll start talking.

모의 회화를 해 보자. 너는 학교 사서이고, 나는 학생이라고 가정해 봐. 영어 수준을 CEFR A1 등급으로 설정하고, 2~3문장 이내로 답변해 줘. 내가 말을 시작할게.

053 크리스마스 시즌 쇼핑몰에서 산타클로스와 회화 프롬프트

Let's have a conversation simulation. Suppose you're a hired actor to play Santa Clause in a shopping mall before Christmas, and I'm Willow, seven years old. Set your English level at CEFR A1, and limit your sentences not longer than 2 to 3 sentences. You start talking.

모의 회화를 해 보자. 너는 크리스마스 전에 쇼핑몰에서 산타클로스를 연기하기 위해 고용된 배우라고 가정해 봐. 그리고 나는 7세 윌로우야. 영어 수준을 CEFR A1 등급으로 설정하고, 2~3문장 이내로 말해. 네가 말을 시작해.

3장

챗GPT로 비즈니스 회화 & 스몰토크

비즈니스 상황별 주요 표현, 회화문, 회화 연습뿐만 아니라 챗GPT에게서 수준 높은 비즈니스 관련 응답을 끌어낼 수 있는 프롬프트 꿀팁, 비즈니스 상대방과 분위기를 좋게 만드는 스몰토크 관련 프롬프트들도 소개합니다.

비즈니스 상황별 주요 표현 뽑기

챗GPT에게 비즈니스 상황별 주요 표현을 뽑아 달라고 할 때는 다음과 같은 프롬프트를 쓰면 됩니다.

PROMPT BOX

001 비즈니스 상황별 기본 표현 프롬프트

Plz make a list of basic business English expressions by situation.

비즈니스 상황별 기본 영어 표현 목록을 만들어 줘.

그러면 챗GPT가 회의, 화상회의, 프레젠테이션, 상품 설명 등 각 상황별로 기본 비즈니스 표현들을 죽 뽑아 줍니다.

Sure, here is a list of basic business English expressions by situation:

Meeting:

Let's get started.

Can we begin?

Thank you all for coming today.

I'd like to introduce our team.

Our agenda for today is ...

PROMPT BOX

002 미팅 시 비즈니스 주요 표현 프롬프트

Plz make a list of important business expressions for meetings.

미팅을 위한 비즈니스 주요 표현 목록을 뽑아 줘.

앞의 비즈니스 기본 영어 표현이 너무 간단하다면, 비즈니스 회화의 세부 분야 중 하나인 미팅 등을 위한 표현만 뽑아 달라고 하면 됩니다. 그러면 챗GPT가 미팅 시작, 참가자 소개, 회의 안건 등에 따른 비즈니스 주요 표현을 죽 뽑아 줍니다.

Sure, here is a list of important business expressions for meetings:

Starting the Meeting:

Good morning/afternoon/evening, everyone.

Let's get started.

Shall we begin?

Thank you all for coming today.

I'd like to welcome everyone to the meeting.

Introducing Participants:

This is [Name], they will be presenting on [Topic].

I'd like to introduce [Name], they will be joining us for the first time.

[Name], could you please introduce yourself and your role?

Before we start, let's go around the room and introduce ourselves.

Agenda Items:

The first item on the agenda is ...

Moving on to the next point ...

Let's now turn our attention to ...

Does anyone have any comments or questions on this topic?

Can we move forward with this proposal?

PROMPT BOX

003 화상회의 시작 시 표현 프롬프트

Plz make a list of English expressions used when opening a Zoom meeting.

회상회의를 열 때 사용되는 영어 표현 목록을 뽑아 줘.

그러면 챗GPT가 화상회의를 시작할 때 필요한 영어표현을 인사, 진행자 및 참가자 소개 등의 순으로 죽 뽑아 줍니다. 이처럼 챗GPT에게 비즈니스 상황별로 영어 표현 목록을 뽑아 달라고 할 수 있습니다.

Sure, here is a list of English expressions used when opening a Zoom meeting:

Greeting:
Good morning/afternoon/evening, everyone.
Hi, everyone. Welcome to today's meeting.
Hello, and thank you for joining us today.
Greetings, and welcome to our Zoom call.

Introducing Yourself and Others:
For those who don't know me, my name is [Name], and I am [Position/Title].
I'd like to introduce [Name], who is joining us today as our guest speaker.
[Name], could you please introduce yourself and tell us a little about your background and expertise?
I'm joined today by my colleagues [Name 1], [Name 2], and [Name 3].

Setting Expectations:
Before we begin, I'd like to go over the agenda for today's meeting.
Our meeting today is scheduled to last [Amount of time], and we'll be discussing [Topic/Topics].
We'll have time for questions and discussion after each presentation.

비즈니스 상황별 회화문 뽑기

챗GPT와 실제 회화 연습을 하기 전에, 비즈니스 상황별로 회화문들을 뽑아 연습을 해 보는 것도 좋은 방법이죠. 프롬프트를 다음과 같이 쓰면 됩니다.

PROMPT BOX

004 비즈니스 상황별 회화문 프롬프트

Plz make 3 dialogues with 3 turns. Suppose A is a salesperson from a supplier called Fast Company, and B is a purchasing team manager from Peace Inc.

교대로 3번씩 얘기하는 회화문 3개를 만들어 줘. A는 패스터 컴퍼니사라는 공급업체의 영업사원이고, B는 피스사의 구매 팀 관리자라고 가정해 봐.

Sure, here are three dialogues with three turns each:

Dialogue 1:

A: Good morning, this is [Name] from Fast Company. I'm following up on our previous conversation about your supply needs.

B: Yes, hi. I remember speaking with you. We're still interested in exploring options for a new supplier.

PROMPT BOX

005 비즈니스 전화 회화문 프롬프트

Plz make 3 dialogues with 3 turns. Suppose A is a client named Mr. Lopez from Good Company, and B is a marketing assistant from Better Inc. on the phone.

교대로 3번씩 얘기하는 회화문 3개를 만들어 줘. A는 굿컴퍼니사의 로페즈 씨라는 고객이고, B는 베터사의 마케팅 보조원이라고 가정해 봐.

고객사의 직원과 전화통화를 하는 상황을 가정해 본 것입니다. 그러면 다음과 같이 챗GPT가 회화문을 죽 뽑아 줍니다.

Sure, here are three dialogues with three turns each:

Dialogue 1:

A: Hi, this is Mr. Lopez from Good Company. I received your email about your new product line, and I'm interested in learning more.

B: Hi, Mr. Lopez. Thank you for your interest. Our new product line is designed to help businesses like yours save time and money. Can you tell me a little more about your specific needs?

A: Sure, we're looking for ways to streamline our operations and reduce costs wherever possible. Can you provide more details on how your products can help us achieve those goals?

B: Absolutely. Our products can help automate manual processes, provide real-time data and analytics, and improve collaboration among team members. I'd be happy to set up a demo for you to see our products in action. Would you be available for a call next week?

A: Yes, that sounds good. Can we schedule the call for Wednesday at 10 am?

B: Wednesday at 10 am works for me. I'll send you a calendar invitation with all the details. Thank you for your time, Mr. Lopez, and I look forward to speaking

챗GPT와 상황별 비즈니스 회화하기

PROMPT BOX

006 구직 면접 회화 프롬프트

Let's have a conversation simulation. Suppose you're an interviewer, and I'm a job applicant for a marketing assistant position. You start talking.

모의 회화를 해 보자. 너는 면접관이고, 나는 마케팅 보조직의 지원자라고 가정해 볼게. 네가 말을 시작해.

구직 면접 시의 회화 연습을 해 보죠. 챗GPT가 면접관이고, 여러분이 구직자입니다. 마케팅 직무를 위한 면접 중입니다. 위처럼 프롬프트를 주면 챗GPT가 면접관으로서 여러분에게 다양한 질문을 하며 회화를 하게 됩니다.

Hello, welcome to the interview for the marketing assistant position. Could you please introduce yourself, and tell me a little about your background and experience in the field of marketing?

J first of all it is a great pleasure I am given this opportunity to have an interview with you I studied business at Wilson University and I worked at the marketing intent at Future Tech for 6 months

That's great to hear! Can you tell me more about your experience at Future Tech? What specific tasks and responsibilities did you have as part of the marketing team?

수준 높은 비즈니스 응답을 끌어내는 프롬프트 꿀팁!

챗GPT로부터 물에 물탄 듯한 응답을 받으면 별로겠죠? 챗GPT는 사용자의 질문에 따라 응답 수준이 꽤 다릅니다.

특히 비즈니스를 위해 챗GPT를 사용한다면 질 높은 응답을 받는 것이 매우 중요합니다. 챗GPT에게서 질 높은 응답을 받는 꿀팁을 소개합니다.

만약 여러분이 네이버 스마트 스토어에서 물건을 팔고 있는 소기업의 마케팅 담당자라고 해 보죠. 그동안 마케팅을 혼자 해 왔는데, 회사의 매출이 늘어서 이번에 마케팅 부서에 팀원이 생기게 되었다고 치죠. 신입사원으로 두 명 충원하게 되었습니다. 이들을 교육하기 위해 챗GPT에게 인스타그램 콘텐츠 작성법을 알려 달라고 할 예정입니다.

이때 챗GPT에게 "인스타그램 콘텐츠 작성법에 대해 알려줘"라고 말하면, 일반적인 작성법을 얘기해 줄 뿐입니다. 물에 물탄 듯한 응답이고, 너무 일반적인 얘기이고, 구체적이지도 않아서 큰 도움이 되지 않을 수 있습니다. 이 정도 정보는 검색하면 널려 있으니까요. 프롬프트를 다음과 같이 지정하세요. 특히 프롬프트를 영어로 주면 더 질 좋은 응답을 더 빠르게 받을 수 있습니다.

PROMPT BOX

007 수준 높은 비즈니스 응답을 끌어내는 프롬프트

Plz act as a marketer, and write a guideline of 200 words about how to write content for Instagram. The output should include relevant statistics or examples. The writing style should be formal, and targeted towards new marketers.

마케팅 담당자 역할을 하며, 인스타그램 콘텐츠 작성법에 대해 200단어의 지침을 작성해 줘. 결과물에는 관련 통계나 예제가 포함되어야 해. 글쓰기 스타일은 공식적(formal)이어야 하고, 새로운 마케팅 담당자들이 대상이야.

공식

[Persona] [전문가 가상인물] ❶
[Verb] [동사: 할 일을 동사로 서술] ❷
[Format & Length] [포맷과 길이 지정] ❸
[Objective] [목적] ❹
[Data] [결과물에는 반드시 관련 데이터 포함] ❺
[Tone of Voice] [문체의 톤] ❻
[Audience] [읽거나 들을 대상 지정] ❼

❶ **[Persona] 전문가 가상인물:** 챗GPT에게 마케팅 담당자 역할을 하라고 했습니다. 이렇게 내가 질문하고 싶은 분야의 전문가 가상인물을 내세워서 질문을 하면, 챗GPT가 일반적인 물에 물탄 듯한 응답을 넘어 더욱 구체적이고 다양한 대답을 해 줍니다.

❷ **[Verb] 동사[할 일을 동사로 서술]:** 챗GPT에게 할 일을 동사로 서술하세요. 여기서는 Write, 즉 인스타그램 콘텐츠 작성법에 대해 지침을 '작성하라'고 했죠?

❸ **[Format & Length] 포맷과 길이 지정:** 200단어의 지침을 작성해 달라고 포맷과

응답의 길이를 정확하게 지정했습니다.

❹ **[Objective] 목적:** '인스타그램 콘텐츠 작성법'이라고 질문의 목적 및 주제를 명확히 밝혔습니다.

❺ **[Data] 데이터:** 챗GPT가 응답할 때 관련 통계나 예제를 포함하라고 지시했습니다. 프롬프트에서 이렇게 지정하면 챗GPT가 응답에 통계나 예제를 풍부하게 포함시킵니다. 단, 챗GPT는 최신 데이터와 숫자에 약하고, 간혹 꾸며 쓰거나 없는 출처를 있는 양 보여주기도 하므로, 중요한 일에 쓸 예정이라면 반드시 구글이나 마이크로소프트 빙챗에서 교차검증을 하세요.

❻ **[Tone of Voice] 문체의 톤:** 직원 교육용으로 쓰려고 하므로 문체는 공식적(formal)이어야 한다고 지정했습니다.

❼ **[Audience] 읽거나 들을 대상 지정:** 대상을 새로운 마케팅 담당자들이라고 구체적으로 썼습니다.

프롬프트를 영어로 작성해야 더 나은 대답을 얻을 수 있다고 했죠? 프롬프트를 이렇게 작성했더니 챗GPT가 다음과 같이 답변을 죽 해 주었습니다.

Hello new marketers! Are you struggling with creating effective Instagram content? Here are some tips to help you write engaging posts that will capture your audience's attention:

- Know your audience: Understanding your audience is critical to creating content that resonates with them. Conduct market research to identify your target audience's interests, needs, and pain points. Then, tailor your content to address those areas.
- Use visually compelling images: Instagram is a visual platform, so make sure your images and videos are high-quality, clear, and attractive. The right image can make all the difference in how your post performs.
- Write strong captions: Your captions should be well-crafted, concise, and relevant to your post. Use humor, storytelling, or call-to-actions to engage your audience. Captions with emojis have been shown to receive higher engagement rates than those without.
- Use relevant hashtags: Hashtags are critical for getting your content seen by a larger audience. Use popular and relevant hashtags that are related to your niche or industry. Don't overuse hashtags, as this can appear spammy and hurt your credibility.
- Incorporate user-generated content: User-generated content (UGC) is a powerful way to build trust and engagement with your audience. Encourage your followers to share their own content related to your brand or industry, and repost it on your own page.

Did you know that Instagram has over 1 billion monthly active users, and that 90% of Instagram users follow at least one business on the platform? That means there is a huge opportunity for businesses to connect with their target audience on this platform. By following these tips, you'll be well on your way to creating compelling Instagram content that engages your audience and helps you achieve your marketing goals. Happy posting!

위 지문이 바로 프롬프트에 전문가 가상인물을 넣었을 때 챗GPT의 응답입니다. 번역해 달라고 해 볼까요?

안녕하세요, 새로운 마케터들! 효과적인 인스타그램 콘텐츠를 만드는 데 어려움을 겪고 있습니까? 다음은 인스타그램 사용자의 관심을 사로잡을 매력적인 게시물을 작성하는 데 도움이 되는 몇 가지 팁입니다:

사용자를 파악합니다: 인스타그램 사용자를 이해하는 것은 그들에게 공감을 주는 콘텐츠를 만드는 데 매우 중요합니다. 시장조사를 실시하여 대상 고객의 관심사, 요구 사항 및 문제점을 파악합니다. 그런 다음 해당 영역에 맞게 콘텐츠를 조정합니다.

시각적으로 매력적인 이미지 사용: 인스타그램은 시각적 플랫폼이므로 이미지와 비디오가 고품질이고, 선명하며, 매력적인지 확인하십시오. 올바른 이미지는 게시물의 효과에 큰 차이를 만들 수 있습니다.

강력한 캡션 작성: 캡션은 잘 다듬어지고 간결하며 게시물과 관련이 있어야 합니다. 유머, 스토리텔링 또는 댓글 달기, 좋아요 누르기, 링크 클릭 등 콜 투 액션(call to Action)을 사용하여 사용자의 참여를 이끌어 냅니다. 이모티콘이 있는 캡션은 없는 캡션보다 참여율이 더 높은 것으로 나타났습니다.

관련 해시태그 사용: 해시태그는 콘텐츠를 더 많은 사용자에게 보여주는 데 중요합니다.

사용자가 만든 콘텐츠(user-generated content)를 사용하라는 부분은 굉장히 전문적이지 않나요? 챗GPT가 한 대답을 보면서 세부 사항들에 대해 더 구체적으로 대답해 달라고 하면 됩니다. 예를 들어 "해시태그를 잘 쓰는 법 10개를 알려달라"고 하면 됩니다. 그러면 챗GPT는 같은 스레드(thread)에 있는 한 여러분을 '마케팅 담당자'로 인식하기에 세부 사항에 대해서도 더 구체적인 대답을 해 줍니다.

JOYCE Sam's POINT

전문가 가상인물을 내세워라

전문가 가상인물을 지정하고 정보를 달라고 하면, 챗GPT가 주는 응답의 질이 확 올라갑니다.

챗GPT로 스몰토크 소재 얻기

스몰토크(small talk)는 몇 가지 정의가 있지만, 특히 낯선 사람과 만났을 때 아이스 브레이킹(ice breaking) 시 필요합니다. 아이스 브레이킹이란 원래 '냉장고의 얼어붙은 얼음을 깨는 행동이나 말'이란 뜻으로, 새로운 사람을 처음 만났을 때의 어색하고 서먹서먹한 분위기를 깨는 것을 말합니다.

스몰토크는 각자 안전하다고 느끼는 화제에 대해 주고받는 큰 의미가 없는 작은 말들이죠. 주로 날씨, 취미 같은 게 소재인데, 문제는 문화권마다 스몰토크의 주제가 다르다는 것입니다. 그런데 챗GPT는 스몰토크를 위한 대화 소재를 잘 알려줍니다.

여러분이 다른 문화권 사람과 만나서 이야기를 해야 하는데, 본론으로 들어가기 전에 분위기를 화기애애하게 만드는 스몰토크가 필요하다면, 챗GPT에게 물어보면 됩니다.

스몰토크는 생각보다 중요해서 "Small talks are never small; they are big"(스몰토크는 결코 작지 않다; 그것들은 크다)이라고들 많이 합니다.

PROMPT BOX

008 스몰토크 소재 프롬프트

I'm meeting with an English man in his 40s. What small talks would you recommend when I talk with him?

40대 영국 남자를 만나고 있어. 그와 이야기할 때 어떤 스몰토크를 추천해 줄래?

40대 영국 남성과 만나는데 스몰토크로 뭐가 좋을까 추천해 달라고 했더니, 챗GPT가 다음과 같이 죽 뽑아 주었습니다. 답변을 보니, 스몰토크의 소재로 날씨, 스포츠, 여행, 음식과 음료, 취미를 추천하고, 각각 뒤에 세부 설명도 덧붙이고 있습니다.

Here are some small talk topics that you might consider discussing with an English man in his 40s:

1. Weather: The English are known for their love of talking about the weather. You can start the conversation by mentioning the current weather conditions, and ask how he's been coping with it.

2. Sports: Football (soccer) is a popular sport in England, but they also have a strong tradition in rugby, cricket, and tennis. You can ask him about his favorite teams or players, and share your own sports interests.

3. Travel: England has a rich history and culture, so you can ask him about his favorite places to visit in England or abroad. You can also share your own travel experiences and recommendations.

4. Food and Drink: The English have a strong food culture, and you can ask him about his favorite foods and drinks. You might also talk about local pubs or restaurants that you have enjoyed.

5. Hobbies: Ask him about his hobbies or interests, such as reading, music, or movies. This can be a good way to find common ground and keep the conversation going.

PROMPT BOX

009 스몰토크 소재에 따른 샘플 회화문 프롬프트

Can you show me some example small talks on weather with an English man?

영국 남자와 날씨에 대한 스몰토크의 예를 보여 줄래?

앞에서 챗GPT가 40대 영국 남자와 스몰토크를 할 때 좋은 5가지 소재를 알려주었죠? 날씨, 스포츠, 여행, 음식 및 음료, 취미 등인데요. 영국인들이 날씨 이야기를 스몰토크로 가장 애용한다는 것은 이미 상식으로 많이들 알고 있을 것입니다. 그래도 챗GPT에게 (40대 영국 남자와) 날씨 이야기를 가지고 샘플 스몰토크를 만들어 달라고 했더니, 다음과 같이 죽 뽑아 주었습니다.

Sure, here are a few examples of small talk you could have with an English man about the weather:

Example 1:
You: Lovely weather we're having today, isn't it?
English man: Yes, it's a beautiful day. Perfect for a stroll in the park.
You: Definitely, I might have to do the same after work. Do you have a favorite park to go to around here?

Example 2:
You: Quite a bit of rain this week, isn't there?
English man: Yes, it's been a bit dreary lately. But I guess that's typical for this time of year.
You: I suppose so. Have you noticed any flooding around here, or is it just me?

Example 3:

PROMPT BOX

010 스몰토크 위한 영국식 영어 표현 프롬프트

Can you give me some British English expressions I can use in conversations with him?

내가 그와 대화할 때 사용할 수 있는 영국식 영어 표현을 좀 줄래?

이번에는 그 영국인과 대화를 할 때 쓸 수 있는 영국식 영어 표현을 추천해 달라고 했습니다. 그러자 다음과 같은 재미있는 목록을 주었습니다. 이 발음들은 꼭 영국 영어 발음으로 체크해서 연습하는 것이 좋습니다.

Sure, here are some British English expressions that you could use in conversation with an English man:

1. Cheers: A casual way to say thank you, often used when receiving something or being handed a drink.

2. Bob's your uncle: This expression means that everything is sorted, or that things have gone smoothly.

3. Blimey: This is an exclamation used to express surprise or shock.

4. Chuffed: A term used to express pride or pleasure in something.

5. Dodgy: This expression means something is risky or unreliable.

6. Gutted: A slang term used to describe a feeling of deep disappointment or sadness.

7. Mate: A friendly way to refer to someone, similar to "buddy" or "pal".

8. Naff: An expression used to describe something that is uncool or unfashionable.

9. Cheers, mate: A common way to say goodbye in the UK, often used after having a drink with someone.

10. Rubbish: An expression used to describe something that is of poor quality

PROMPT BOX

011 비속어 표현 가려내는 프롬프트

Please let me know which expressions may be considered vulgar.

저속하다고 생각되는 표현을 알려줘.

앞에서 챗GPT가 그 영국인과 대화할 때에 쓸 수 있는 영국식 영어 표현을 10개 추천해 주었고, 어떤 내용인지 대략 살펴보았죠?

그런데 챗GPT가 추천하는 스몰토크를 위한 영어 표현을 그대로 받아들이면 안 됩니다. 비즈니스 때문에 만나는 영국인에게 써도 괜찮은 표현인지 반드시 확인해야 합니다. 저속하다고 생각되는 표현을 알려 달랬더니 다음과 같이 답을 주었어요(번역본을 보여드릴게요).

네. 이전에 나열한 표현 중 일부는 특정 맥락에서는 혐오스러울 수 있습니다. 다음은 혐오스러울 수 있는 표현입니다:

Cheers: (영국식으로는) 건배하는 인사말, 그러나 일부 사람들이 괜한 투정으로 간주할 수 있음.

Bob's your uncle: "문제없이 성공하다"는 의미, 다소 농담이지만 혐오감을 일으키지는 않음.

Blimey: 충격, 놀람을 나타내는 말로 가끔 비속어로 분류되기도 함.

Chuffed: 자랑스러워서 기뻐하는 상황을 나타내는 말이지만 일부 사람들은 선정적으로 생각할 수 있음.

Dodgy: 위험하거나 불안정한 상황을 나타내는 말이지만, 가끔 적절하지 않은 용도로 사용되어 비속어로 분류될 수도 있음.

Gutted: 실망, 좌절을 나타내는 말로 일부 사람들은 비속어로 여길 수 있음.

Mate: 친구나 동료에게 부르는 말로 일반적으로는 문제없지만, 때로는 선정적으로 여길 수 있음.

PROMPT BOX

012 문화권, 연령대, 성별, 또는 피해야 할 스몰토크 소재 프롬프트

I'm going to have a conversation with a 40-something Arab man in English. What small talks would you recommend and what topics should I avoid?

40대 아랍 남성과 영어로 대화할 예정이야. 어떤 스몰토크를 추천하고, 어떤 화제는 피해야 할까?

이번에는 아랍 남성과 만나 영어로 얘기할 거라며, 어떤 스몰토크가 좋을지, 또 말하지 말아야 하는 화제가 무엇인지 물어보았습니다.

그랬더니 챗GPT가 다음과 같이 알려줍니다. 가족에 대한 스몰토크가 추천 화젯거리 1번으로 나왔네요. 가족이 아랍인들의 삶에서 가장 중요한 부분이라서 그렇습니다. 피해야 할 화젯거리로는 종교, 정치, 개인적 신념 등을 들고 밑에 세부 설명도 했습니다.

Here are some small talk topics that you might consider discussing with an Arab man in his 40s:

1. Family: Family is a central part of Arab culture, so you can ask about his family and share stories about your own.
2. Travel: Many Arab countries are known for their rich history, culture, and architecture, so you might ask him about his favorite places to visit in his home country or abroad.
3. Food: Arab cuisine is diverse and delicious, so you can ask him about his favorite dishes or share your own experiences with Middle Eastern cuisine.
4. Current events: Be cautious when discussing politics or sensitive issues, but you could ask about recent news or events in his country or the region.
5. Sports: Football (soccer) is a popular sport in many Arab countries, so you can ask him about his favorite teams or players and share your own sports interests.

As for topics to avoid, it's best to steer clear of any sensitive or controversial

PROMPT BOX

013 피해야 할 대화 주제 여부 프롬프트

Is it considered okay to ask an Arab man in his 40s about the number of wives?

40대 아랍 남성에게 아내가 몇 명인지 물어보는 것이 괜찮다고 생각하니?

아랍인 남성과 스몰토크를 할 때 가족이 가장 좋은 화젯거리라고 하더라도, 아내가 몇 명인지와 같은 질문은 하지 않는 것이 좋다고 하네요.

No, it is generally not considered appropriate to ask an Arab man or any person about the number of wives they have, as it can be seen as intrusive and disrespectful. Asking such a question can be interpreted as insensitive and may offend the person you are speaking to. It is important to be mindful of cultural differences and to show respect for others' beliefs and traditions. If you have a specific reason for needing to know this information, it is best to approach the topic delicately and respectfully, and to ensure that the person is comfortable discussing it with you.

문화권이나 나라마다 피해야 할 화제 중에는 보편적인 것도 있고, 좀 특이한 것도 있습니다. 프랑스인과 대화할 때는 몸무게, 나이, 건강 상태나 급여, 신념 같은 개인적 질문을 피해야 하며, 결혼 여부나 가족 구성원의 직업 같은 질문도 초면에는 피하는 게 좋습니다. 그리고 프랑스인들은 기후변화 대응과 환경문제에 적극적이라 이를 소홀히 여기는 말을 하면 꽤 싫어합니다. 이런 부분이 궁금하면, 챗GPT에게 위의 프롬프트처럼 콕 집어서 물어보면 됩니다.

PROMPT BOX

014 더 자세한 정보 요청 프롬프트

Can you give me more detailed information on on the topics to avoid when I talk with an Arab man?

아랍 남자와 대화할 때 피해야 할 주제에 대해 좀더 자세한 정보를 줄래?

특히 피해야 하는 대화 주제는 민감한 부분이라 더 자세히 설명해 달라고 요청해 보았습니다. 그랬더니 챗GPT가 영어로 죽 설명을 주었는데 한국어로 번역한 것을 살펴보죠.

Can you translate this answer into Korean?

네, 여기 한국어 번역입니다.

1. 종교: 종교는 아랍 문화에서 민감한 주제이며, 다른 신념과 관행을 존중하는 것이 중요합니다. 상대방이 이야기를 제기하지 않는 한 종교에 대해 이야기하는 것은 피하는 것이 좋으며, 그래도 이야기를 나누게 된다면 편견이나 비판 대신 섬세함과 존중, 호기심으로 다가가는 것이 좋습니다.

2. 정치: 정치는 많은 아랍 국가에서 민감하고 잠재적으로 논란이 될 수 있는 주제입니다. 확고한 견해를 표명하거나 논의하는 것은 안전하고 적절한 상황이 아니라면 피하는 것이 좋습니다.

3. 개인적 신념: 여러 아랍 국가에서는 성, 성적 지향, 사회 규범과 같은 주제에 대한 개인적인 신념과 의견이 문화적이고 종교적인 가치와 깊게 연관되어 있습니다. 그래서 이러한 주제를 논의하는 것은 상대방을 잘 알고 있고, 그것이 안전하고 적절

다른 문화권 사람과 대화할 때 가장 중요한 것은 존중, 개방성, 배우려는 자세라면서, 민감한 주제를 피하고 호기심과 존중으로 스몰토크를 함으로써 긍정적이고 생산적인 관계를 만들라고 조언까지 해 주었습니다.

PROMPT BOX

비즈니스 회화 & 스몰토크 프롬프트 27

054 비즈니스 상황별 기본 표현 프롬프트

Plz make a list of basic business English expressions by situation.

비즈니스 상황별 기본 표현 목록을 만들어 줘.

055 비즈니스 상황별 주요 표현 프롬프트

Plz make a list of important business expressions for meetings.

미팅을 위한 비즈니스 주요 표현 목록을 뽑아 줘.

056 비즈니스 상황별 시작 시 표현 프롬프트

Plz make a list of English expressions used when opening a Zoom meeting.

화상회의를 열 때 사용되는 영어 표현 목록을 뽑아 줘.

057 비즈니스 상황별 회화문 프롬프트

Plz make 3 dialogues with 3 turns. Suppose A is a salesperson from a supplier called Fast Company, and B is a purchasing team manager from Peace Inc.

교대로 3번씩 얘기하는 회화문 3개를 만들어 줘. A는 패스터 컴퍼니사라는 공급업체의 영업사원이고, B는 피스사의 구매 팀 관리자라고 가정해 봐.

058 비즈니스 전화 회화문 프롬프트

Plz make 3 dialogues with 3 turns. Suppose A is a client named Mr. Lopez from Good Company, and B is a marketing assistant from Better Inc. on the phone.

교대로 3번씩 얘기하는 회화문 3개를 만들어 줘. A는 굿컴퍼니사의 로페즈 씨라는 고객이고, B는 베터사의 마케팅 보조원인데 서로 통화 중이라고 가정해 봐.

059 팀 대화

Let's have a conversation simulation. You're the manager of Marketing Team, and I'm a new intern who has been just assigned to your team. You start talking.

모의 회화를 해 보자. 너는 마케팅 팀의 매니저이고, 나는 너의 팀에 막 부임한 신입 인턴이야. 네가 말을 시작해.

060 콘퍼런스 대화

Let's have a conversation simulation. You're a worker for an IT conference organizer, and I'm one for a participating company. I want to make an inquiry. You start talking.

모의 회화를 해 보자. 너는 IT 컨퍼런스 주최사의 직원이고, 나는 참여하는 회사의 직원이야. 나는 문의할 게 있어. 네가 말을 시작해.

061 회의 주선

Let's have a conversation simulation. You're an assistant to Director Ms. Thompson at Smart Technology, and I'm another assistant to Mr. Gomez at Simple Venture Capital. You and I need to arrange a meeting between our supervisors for next week. You start with greetings.

모의 회화를 해 보자. 너는 스마트 테크놀로지사 톰슨 이사의 조수이고, 나는 심플 벤처 캐피털사 고메즈 씨의 또 다른 조수야. 너와 나는 다음주의 우리 상사들의 회의를 주선해야 해. 네가 인사부터 시작해.

062 워크숍 관련

Let's have a conversation simulation. You're a motivational speaker named Ted Jones, and I'm in charge of education at a company and trying to invite you to a company workshop. You start talking.

모의 회화를 해 보자. 너는 테드 존스라는 동기부여 강연자이고, 나는 회사에서 교육을 담당하고 있고, 너를 회사 워크숍에 초빙하려고 해. 네가 말을 시작해.

063 고객사 방문

Let's have a conversation simulation. You're a security guard checking every visitor at the gate, and I'm a visitor. You start talking.

모의 회화를 해 보자. 너는 출입구에서 모든 방문객을 확인하는 경비원이고, 나는 방문객이야. 네가 말을 시작해.

064 제품 홍보

Let's have a conversation simulation. Suppose you're a reporter from a newspaper, and I'm PR manager trying to promote a new product. You start talking with greetings.

모의 회화를 해 보자. 너는 신문사 기자이고, 나는 신제품을 홍보하려는 홍보 매니저라고 가정해 봐. 네가 인사말로 대화를 시작해.

065 고객사에 문의

Let's have a conversation simulation. Suppose you're on a company's legal team, and I'm a marketing assistant making an inquiry on copyright infringement. You start talking with greetings.

모의 회화를 해 보자. 너는 한 회사의 법률팀에 소속되어 있고, 나는 저작권 침해에 대해 문의하는 마케팅 보조원이라고 가정해 봐. 네가 인사말로 대화를 시작해.

066 출장 관련

Let's have a conversation simulation. You're on Finance Team, and I'm a salesperson applying for reimbursement for the business trip last week. You start talking with greetings.

모의 회화를 해 보자. 너는 재무팀이고, 나는 지난주 출장에 대한 환급을 신청하는 영업 사원이야. 네가 인사말로 대화를 시작해.

067 미팅

Let's have a conversation simulation. You're my supervisor, and I'm your team member. We're having the year-end appraisal for every member, and it is my turn to have a meeting with you. You start talking.

모의 회화를 해 보자. 너는 나의 상사이고, 나는 너의 팀원이야. 우리는 멤버별로 연말 평가를 하고 있으며, 이번에는 내가 너와 미팅을 할 차례야. 네가 말을 시작해.

068 고객 방문

Let's have a conversation simulation. You're a government inspector, and I'm showing you around my company's factory. My company is a snack manufacturer titled Yummy Bear. You start talking.

모의 회화를 해 보자. 너는 정부 조사관이고, 나는 너에게 우리 회사의 공장을 안내하고 있어. 우리 회사는 '야미 베어'라는 과자 제조업체야. 네가 말을 시작해.

069 계약 관련

Let's have a conversation simulation. You're Mr. Paul Anderson from Simple Tech. a supplier, and I'm Nicole Brown from Smart Trend, a client. We are going to talk about entering into a supply contract. You start talking.

모의 회화를 해 보자. 너는 공급업체인 심플테크사의 폴 앤더슨이고, 나는 고객사인 스마트 트렌드사의 니콜 브라운이야. 우리는 공급계약 체결에 대해 얘기할 거야. 네가 말을 시작해.

070 사내 대화

Let's have a conversation simulation. You're a chauffeur to Director Mr. Henkes, and I'm Meg Johnson, Mr. Henke's assistant. We need to talk about your driving schedules today. You start talking.

모의 회화를 해 보자. 너는 헨크스 국장의 운전기사이고, 나는 헨크스 국장의 조수인 멕 존슨이야. 우리는 오늘 너의 운행 일정에 대해 이야기해야 해. 네가 말을 시작해.

071 보고하기

Let's have a conversation simulation, You're a HR manager, and I'm Mr. Cage, HR Director. I want you to report what was discussed in yesterday's meeting which I missed. You start talking.

모의 회화를 해 보자. 너는 인사팀장이고, 나는 인사부장 케이지야. 나는 어제 회의에서 놓친 내용을 네가 보고해 주었으면 해. 네가 말을 시작해.

072 구직 면접 회화 프롬프트

Let's have a conversation simulation. Suppose you're an interviewer, and I'm a job applicant for a marketing assistant position. You start talking.

모의 회화를 해 보자. 너는 면접관이고, 나는 마케팅 보조직의 지원자라고 가정해 볼게. 네가 말을 시작해.

073 수준 높은 비즈니스 응답을 끌어내는 프롬프트

Plz act as a marketer, and write a guideline of 200 words about how to write content for Instagram. The output should include relevant statistics or examples. The writing style should be formal, and targeted towards new marketers.

마케팅 담당자 역할을 하며, 인스타그램 콘텐츠 작성법에 대해 200단어의 지침을 작성해 줘. 결과물에는 관련 통계나 예제가 포함되어야 해. 글쓰기 스타일은 공식적(formal)이어야 하고, 새로운 마케팅 담당자들이 대상이야.

074 스몰토크 소재 프롬프트

I'm meeting with an English man in his 40s. What small talks would you recommend when I talk with him?

40대 영국 남자를 만나고 있어. 그와 이야기할 때 어떤 스몰토크를 추천해 줄래?

075 스몰토크 소재에 따른 샘플 회화문 프롬프트

Can you show me some example small talks on weather with an English man?

영국 남자와 날씨에 대한 스몰토크의 예를 보여 줄래?

076 스몰토크 위한 영국식 영어 표현 프롬프트

Can you give me some British English expressions I can use in conversations with him?

내가 그와 대화할 때 사용할 수 있는 영국식 영어 표현을 좀 줄래?

077 비속어 표현 가려내는 프롬프트

Please let me know which expressions may be considered vulgar.

저속하다고 생각되는 표현을 알려줘.

078 문화권, 연령대, 성별, 또는 피해야 할 스몰토크 소재 프롬프트

I'm going to have a conversation with a 40-something Arab man in English. What small talks would you recommend, and what topics should I avoid?

40대 아랍 남성과 영어로 대화할 예정이야. 어떤 스몰토크를 추천하고, 어떤 화제는 피해야 할까?

079 피해야 할 대화 주제 여부 프롬프트

Is it considered okay to ask an Arab man in his 40s about the number of wives?

40대 아랍 남성에게 아내가 몇 명인지 물어보는 것이 괜찮다고 생각하니?

080 더 자세한 정보 요청 프롬프트

Can you give me more detailed information on the topics to avoid when I talk with an Arab man?

아랍 남자와 대화할 때 피해야 할 주제에 대해 좀더 자세한 정보를 줄래?

4장

챗GPT로 리딩을 풍성하고 재미있게

읽기 수준에 딱 맞게 영어 지문을 뽑는 법부터 원문을 글의 장르, 시점 등을 바꿔 재미있는 리딩 지문으로 새로 만드는 법, 유튜브 영상으로 리딩 실력을 높이는 법을 소개합니다. 또는 챗GPT를 '읽기 전 단계, 본문 읽기 단계, 독후 활동' 등 텍스트 톡에 활용하는 방법도 살펴봅니다.

리딩 연습을 위한 영어 지문 뽑기

먼저 챗GPT로 읽을거리를 찾아보죠. 챗GPT로 읽을거리를 찾는 방법 중 하나는 주제를 주고 글을 써 달라고 하는 것입니다. 챗GPT는 영어로 글을 최대 3,000단어까지 써 줍니다. 이 정도면 A4 용지에 비교적 큰 12포인트 글자로 약 6쪽 정도 나옵니다. 분량이 꽤 된다고 볼 수 있겠죠?

챗GPT에게 퍼스널 스페이스(personal space)에 대해 글을 써 보라고 해 볼게요. 우리가 지하철에 탔을 때 자리가 여기저기 있어도 빈자리를 두고 가장자리에 앉는 경향이 있는데, 이 퍼스널 스페이스 감각 때문이죠.

JOYCE Sam's POINT

영어 에세이 작성 프롬프트에 단어 수를 지정하지 않은 이유

"에세이를 써 달라"(Please write an essay on personal space)는 프롬프트에 왜 영어 단어 수를 지정하지 않았는지 궁금해하는 베타테스트가 있었습니다.

원래 영미권에서 정식 에세이는 최소 5문단이 나와야 합니다. 그런데 프롬프트에서 단어 수를 적게 지정하면 5문단 이상이 안 나옵니다. 그냥 단어 수를 지정하지 않으면, 챗GPT가 정식 영어 에세이에서 요구하는 최소 5문단 이상을 써 주기 때문입니다.

PROMPT BOX

001 영어 리딩 지문 만들기 프롬프트

Please write an essay on personal space.

퍼스널 스페이스에 대한 에세이를 작성해 줘.

그랬더니 챗GPT가 불과 몇 십 초 만에 다음과 같이 영어 에세이를 한 편 써 주었습니다. 영어 리딩 지문이 뚝딱 만들어졌습니다. 284단어를 사용했네요.

Personal space is an essential aspect of our lives, as it is the physical and emotional distance that we maintain from others. It is an invisible boundary that surrounds us, and can be defined as the distance between individuals that feels comfortable, safe, and respectful. Personal space can vary among individuals and cultures, and it is crucial in defining our relationships with others, establishing our boundaries, and protecting our sense of privacy and autonomy.

The concept of personal space was first introduced by Edward T. Hall in 1966, who defined it as the distance between people that is necessary to preserve their privacy, protect their integrity, and avoid conflicts. Hall suggested that personal space is an essential aspect of human communication and social behavior, as it affects our perception of others and influences our interactions with them.

The size of personal space can vary depending on the context, the culture, and the individual's personality. For instance, in some cultures, people tend to stand closer to each other, while in others, they prefer to maintain more distance. In addition, some people have a larger personal space than others, and they may feel uncomfortable if others invade it. Factors such as age, gender, social status, and familiarity can also influence the size of personal space.

Personal space serves several functions, including regulating social interactions, expressing emotions, establishing intimacy, and protecting oneself from physical and psychological harm. For instance, maintaining a certain distance from strangers can help us avoid potential threats or unwanted attention, while

여러분이 영어 에세이를 평가하는 교사라고 생각하고, 챗GPT가 쓴 것을 보죠. 지금 우리는 영어 공부를 하는 것이 아니라 챗GPT를 영어 공부나 영어 수업에 잘 이용하는 방법을 익히는 중이니, 한글 번역 부분을 보여드릴게요. 아래의 번역문은 딥엘(DeepL)로 번역한 것입니다. 딥엘은 번역 앱 중 가장 품질이 우수합니다. 챗GPT에서 한국어로 번역하려면 프롬프트를 "Please translate this essay into Korean"이라고 주면 됩니다.

퍼스널 스페이스는 다른 사람과의 물리적, 정서적 거리를 유지하는 것으로 우리 삶의 필수적인 요소입니다. 퍼스널 스페이스는 우리를 둘러싸고 있는 보이지 않는 경계이며, 편안하고 안전하며 존중받는다고 느끼는 개인 간의 거리로 정의할 수 있습니다. 퍼스널 스페이스는 개인과 문화에 따라 다를 수 있으며, 타인과의 관계를 정의하고 경계를 설정하며 사생활과 자율성을 보호하는 데 매우 중요합니다.

퍼스널 스페이스의 개념은 **1966년 에드워드 T. 홀에 의해 처음 소개되었으며, 홀은 퍼스널 스페이스를 사생활을 보호하고 무결성을 지키며 갈등을 피하는 데 필요한 사람들 사이의 거리로 정의했습니다.** 홀은 퍼스널 스페이스가 타인에 대한 인식에 영향을 미치고 타인과의 상호 작용에 영향을 미치기 때문에, 인간 커뮤니케이션과 사회적 행동의 필수적인 측면이라고 제안했습니다.

퍼스널 스페이스의 크기는 상황, 문화, 개인의 성격에 따라 달라질 수 있습니다. 예를 들어 **일부 문화권**에서는 사람들이 서로 가까이 서는 경향이 있는 반면, 다른 문화권에서는 더 많은 거리를 유지하는 것을 선호합니다. 또한 어떤 사람들은 다른 사람들보다 퍼스널 스페이스가 넓어 다른 사람들이 자신의 공간을 침범하면 불편함을 느낄 수 있습니다. 나이, 성별, 사회적 지위, 친숙함 등의 요인도 퍼스널 스페이스의 크기에 영향을 미칠 수 있습니다.

퍼스널 스페이스는 사회적 상호 작용을 조절하고, 감정을 표현하고, 친밀감을 형성하고, 신체적, 심리적 위험으로부터 자신을 보호하는 등 **여러 가지 기능**을 수행합니다. 예를 들어 낯선 사람과 일정한 거리를 유지하면 잠재적인 위협이나 원치 않는 관심을 피할 수 있고, 사랑하는 사람과 가까이 있으면 애정과 친밀감을 표현할 수 있습니다. 또한 퍼스널 스페이스는 분노, 불안, 불편함과 같은 감정을 표현하고 필요와 선호도를 전달하는 데 도움이 될 수 있습니다.

하지만 퍼스널 스페이스가 항상 존중받거나 인정받는 것은 아니며, 많은 사람들이 경계를 넘을 때 불편함을 느끼거나 침해당했다고 생각할 수 있습니다. 경우에 따라 다른 사람의 퍼스널 스페이스를 침범하는 것은 공격, 괴롭힘 또는 차별의 한 형태가 될 수 있으며, 정서적 또는 신체적 해를 입힐 수 있습니다. 따라서 특히 공공장소나 혼잡한 상황에서는 다른 사람의 퍼스널 스페이스를 인식하고 그 경계를 존중하는 것이 중요합니다.

결론적으로, 퍼스널 스페이스는 타인과의 관계를 정의하고 감정을 표현하며 자율성과 프라이버시를 보호하는 데 도움이 되므로 인간 커뮤니케이션과 사회적 행동의 기본 요소입니다. 퍼스널 스페이스는 문화와 개인에 의해 달라질 수 있는 복잡하고 역동적인 개념이지만, 우리의 일상적인 상호 작용과 웰빙에 중요한 역할을 합니다. 따라서 퍼스널 스페이스를 인식하고 타인의 경계를 존중하는 것은 신뢰를 쌓고 갈등을 피하며 상호 존중과 이해를 증진하는 데 도움이 될 수 있으므로 필수적입니다.

대학에서 교양영어 강의를 오랫동안 해 왔는데, 저라면 이 에세이에 꽤 높은 학점을 주지는 않을 것입니다. 왜냐하면 퍼스널 스페이스에 대한 정의는 용어를 만든 학자의 이름(밑줄 1)을 들며 잘 썼지만, 내용이 구체적이지 않고 너무 일반적이기 때문입니다.

특히 밑줄 2 부분을 보면, '일부 문화권에서는'(in some cultures)이라고만 쓰고, 대체 어떤 문화권에서 퍼스널 스페이스가 어떠한지 구체적인 예시가 없습니다. 아울러 밑줄 3 부분을 보면 '여러 가지 기능들'(several functions)이 있다면서 기능의 이름들만 열거할 뿐 생생한 예가 빠졌습니다. 이런 에세이는 꽤 높은 학점을 주기 힘들죠.

프롬프트 정교화 1:
영어 리딩 지문에 예시를 추가하라

그렇다면 영어 에세이 작성 프롬프트를 어떻게 정교하게 만들 수 있을까요?

일단 영어 에세이에 예시를 포함시켜서 다시 써 달라는 명령을 내려 보았습니다. 그러자 옆과 같이 챗GPT가 259단어로 예시가 좀더 풍부한 영어 에세이를 써 주었습니다.

챗GPT가 고쳐 쓴 퍼스널 스페이스에 관한 영어 에세이의 내용을 보면, 이제 아시아와 남미의 문화를 예시로 들고 있습니다. 일본과 같은 아시아 문화에서는 퍼스널 스페이스가 멀지만, 남미의 브라질과 같은 곳에서는 가깝다는 등 구체적인 예시가 포함되었습니다.

또한 퍼스널 스페이스의 사회적 기능에 대해서도 면접관이 취업 인터뷰를 하면서 면접자의 커뮤니케이션 기술을 가늠하기 위해 바짝 붙어 설 수 있다는 것을 예로 들고 있습니다. 아울러 나이와 성별과 같은 사회적 요인에 대해서도 나이가 많은 사람들이 퍼스널 스페이스가 더 멀다고 쓰고 있습니다.

어떤가요? 프롬프트에서 예를 풍부하게 달라고 했더니, 챗GPT가 처음 쓴 에세이보다 훨씬 내용이 풍성해졌죠? 이처럼 챗GPT로 쓰는 영어 에세이는 프롬프트를 얼마나 정교하게 쓰느냐에 따라 질이 달라집니다.

PROMPT BOX

002 영어 리딩 지문에 예시 추가 프롬프트

Can you rewrite the essay including specific examples?

그 에세이를 구체적인 예를 포함하여 다시 작성해 줄래?

Sure, I can rewrite the essay with specific examples to illustrate the concept of personal space.

Personal space refers to the physical and emotional distance that individuals maintain from others, and it can vary depending on the context, culture, and personality. To understand the concept of personal space, let us consider some examples:

In Western cultures, the typical distance between strangers is about two to four feet, while in some Asian and Latin American cultures, people tend to stand closer to each other. For instance, in Japan, people often stand at a distance of one to two feet, while in Brazil, they may stand as close as six inches. This cultural difference reflects the importance of social harmony and respect for authority in Asian cultures and the emphasis on warmth and affection in Latin American cultures.

Personal space can also vary depending on the situation and the relationship between individuals. For example, in a job interview, the interviewer may stand closer to the applicant to establish rapport and assess their communication skills. In contrast, if someone is upset or stressed, they may need more personal space to feel comfortable and secure.

Personal space can also be influenced by individual factors, such as gender, age, and personality. Women tend to have a smaller personal space than men, and they may feel uncomfortable if someone invades it. Older people also tend to have a larger personal space, and they may prefer to maintain more distance from strangers. Introverted individuals may need more personal space to feel

프롬프트 정교화 2:
영어 리딩 지문의 장르를 바꿔라

이번에는 영어 에세이를 좀더 쉽게 읽을 수 있도록 회화문으로 바꾸어 보겠습니다. 챗GPT에게 앞의 퍼스널 스페이스 에세이를 두 사람의 대화로 다시 쓰라고 시켜 보겠습니다. 프롬프트를 옆과 같이 주면 됩니다.

그러자 챗GPT가 퍼스널 스페이스에 대한 에세이를 회화문으로 다시 썼어요. 그런데 회화문이 되자, 글의 내용이 흥미롭게 바뀌었습니다. 에세이에서는 크게 부각되지 않았던 "퍼스널 스페이스를 침범한다"(invading personal space)라는 내용이 비중 있게 다뤄집니다.

사실 사람들이 퍼스널 스페이스에 대해 말을 하는 경우는 대부분 그것이 침해되었다고 느낄 때이죠. 그래서 글의 장르가 에세이에서 회화문으로 바뀌자, "퍼스널 스페이스를 침범한다"는 표현이 강조된 것으로 보입니다.

글과 말의 맥락이 달라지면 그에 따라 챗GPT의 내용이 달라질 수 있음을 보여주고 있다는 점이 매우 흥미로웠습니다.

PROMPT BOX

003 영어 리딩 지문의 장르 바꾸는 프롬프트

Can you change the text into a dialogue between two people?

그 텍스트를 두 사람 사이의 대화로 바꾸어 줄래?

참고 여기서 그 텍스트는 퍼스널 스페이스에 대해 쓴 첫 에세이를 말합니다.

Sure, here is a dialogue between two people discussing personal space:

Person 1: Hey, have you ever heard of personal space?
Person 2: Yeah, I think I have. It's like the distance people maintain from each other, right?

Person 1: Exactly! Personal space is the invisible boundary that surrounds us, and defines our relationships with others. It's the distance that feels comfortable, safe, and respectful to us.
Person 2: I see. But isn't personal space different for everyone?

Person 1: Yes, that's right. The size of personal space can vary depending on the culture, situation, and individual factors. For example, in some cultures, people stand closer to each other than in others. And introverted individuals may need more personal space to feel comfortable than extroverted individuals.
Person 2: That makes sense. So, what happens if someone invades your personal space?

Person 1: Well, it can make you feel uncomfortable, anxious, or even threatened. Invading someone's personal space can be a form of aggression or harassment, and it's important to respect others' boundaries.
Person 2: I see. But how do you know when you're invading someone's personal space?

Person 1: That's a good question. In general, you should maintain a distance of about two to four feet from strangers in Western cultures. If you're standing

사람 1: 퍼스널 스페이스에 대해 들어본 적 있나요?
사람 2: 네, 들어본 것 같아요. 사람들이 서로 거리를 유지하는 것과 같은 거죠?
사람 1: 맞아요! 퍼스널 스페이스는 우리를 둘러싸고 다른 사람과의 관계를 정의하는 보이지 않는 경계입니다. 편안하고 안전하며 서로를 존중한다고 느낄 수 있는 거리가 바로 퍼스널 스페이스이죠.
사람 2: 알겠어요. 하지만 퍼스널 스페이스는 사람마다 다르지 않나요?
사람 1: 네, 맞아요. 퍼스널 스페이스의 크기는 문화, 상황 및 개인적 요인에 따라 달라질 수 있습니다. 예를 들어 일부 문화권에서는 사람들이 다른 문화권보다 서로 더 가깝게 서 있습니다. 그리고 내성적인 사람은 외향적인 사람보다 편안함을 느끼기 위해 더 많은 퍼스널 스페이스가 필요할 수 있습니다.
사람 2: 말이 되네요. 그렇다면 누군가 퍼스널 스페이스를 침범하면 어떻게 되나요?
사람 1: 불편함, 불안감, 심지어 위협을 느낄 수도 있습니다. 다른 사람의 퍼스널 스페이스를 침범하는 것은 공격이나 괴롭힘의 한 형태가 될 수 있으므로 다른 사람의 경계를 존중하는 것이 중요합니다.
사람 2: 알겠어요. 하지만 언제 다른 사람의 사적인 공간을 침범하고 있는지 어떻게 알 수 있나요?
사람 1: 좋은 질문이네요. 일반적으로 서양 문화권에서는 낯선 사람과 약 60~120cm 정도의 거리를 유지해야 합니다. 너무 가까이 다가가면 상대방이 자리를 피하거나 불편한 표정을 짓거나 심지어는 말을 할 수도 있습니다. 몸짓이나 표정 등 비언어적 신호에 주의를 기울이는 것도 중요합니다.
사람 2: 알겠어요. 퍼스널 스페이스에 대해 설명해 주셔서 감사합니다. 앞으로는 좀더 주의를 기울이겠습니다.
사람 1: 천만에요. 퍼스널 스페이스는 인간 커뮤니케이션과 사회적 행동의 중요한 측면이며, 타인의 경계를 존중하면 신뢰를 쌓고 갈등을 피하며 상호 존중과 이해를 증진하는 데 도움이 될 수 있다는 점을 기억하세요.

여기까지는 영어를 하는 사람이면 누구든지 해 볼 수 있는 부분입니다. 이제 영어교육 전공자들이 영어 리딩 지문을 가지고 학습에 도움이 되도록 어떻게 손볼 수 있는지 팁을 공개합니다.

영어에 자신이 없는 분이나 엄마표 영어를 하는 분들에게도 꼭 필요한 내용이니 주목하고 따라와 보세요.

읽기 수준에 딱 맞는 영어 리딩 지문 뽑기

일단 영어 리딩 지문을 학습용으로 쓰려고 할 때, 그냥 챗GPT에게 주제를 주고 만들어 달라고 하면 학습에 별 효과가 없습니다. 왜냐하면 학습자의 영어 수준이 꽤 다르니까요. 또한 챗GPT가 그냥 만들어 주는 영어 지문은 초보자에게는 너무 어려울 수 있습니다. 그렇다고 챗GPT에게 단순히 "영어를 쉽게 써 달라"고 하는 것도 모호합니다.

그렇다면 학습자의 영어 수준에 딱 맞는 영어 리딩 지문을 뽑는 방법은 무엇일까요? 먼저 학습을 위해 영어 리딩 지문을 뽑을 때 고려할 사항부터 알아보죠.

영어 리딩 지문을 뽑을 때 고려할 사항

1. 누가 읽을 것인가?

학습자의 영어 수준에 맞춘 리딩 지문이 필요합니다.

2. 어떤 목적으로 읽는가?

앞에서 살펴본 것처럼, 챗GPT는 글의 장르(에세이→회화문)가 달라지니 글의 내용도 달라졌습니다. 그래서 어떤 목적으로 읽는지에 따라 글의 장르를 지정하는 작업이 필요합니다.

누가 읽을 것인가?: 학습자의 리딩 수준

먼저 챗GPT로 학습자의 수준에 맞는 리딩 지문을 뽑는 방법을 알아보죠.

그러려면 먼저 학습자의 읽기 수준을 알아야겠죠? 자신의 영어 읽기 지수를 정확하게 알고 있는 경우도 있지만, 대부분 잘 모릅니다. 영어 읽기 지수를 알려면 레벨 테스트를 받아야 하니까요.

하지만 자신의 영어 읽기 지수를 몰라도, 전문적인 레벨 테스트를 받지 않더라도, 학년과 나이 또는 수능 등급을 기준으로 추론하는 방법이 있습니다.

모국어 읽기 수준은 나이와 학년으로 평균치에 대해 이야기하기가 쉽습니다. 하지만 외국어인 영어 읽기 수준은 개인차가 워낙 크기 때문에, 단순히 "영어 지문을 7세 아이 수준으로 만들어 줘"라고 요청하면, 챗GPT가 원어민 7세 아이 수준으로 만들어 주므로 외국어로 영어를 공부하는 한국 아이들의 수준에 대입하기에는 무리가 있습니다.

미국 각급 학교들이 가장 많이 쓰는 읽기 지수 중 하나인 GRL(Guided Reading Level) 지수로 설명하겠습니다. 우리나라에서는 영어 읽기 지수로 주로 렉사일 지수나 AR 지수가 알려져 있지만, GRL 지수의 경우 자신의 영어 읽기 지수를 모르고, 학습자들이 레벨 테스트를 받지 않고도 대충 자기의 영어 읽기 등급을 가늠할 수 있는 사이트가 있기 때문입니다(179쪽 참조).

참고로, GRL 지수는 세계적 영어 교육학자인 아이린 푼타스와 게이 수 핀넬 박사가 개발했는데 '푼타스&핀넬 읽기 지수'라고도 합니다. A에서 Z까지 총 26개의 등급이 있으며, A가 가장 낮고 Z가 가장 높은 등급입니다.

영어 읽기 지수들의 상관관계를 보면 다음의 표와 같습니다.

영어 읽기 지수의 상관관계

출처: www.teacherspayteachers.com

미국 학년	GRL 지수	렉사일 지수	DRA 지수
유치원	A	BR~220	A~1
유치원~초등 1학년	B		2~3
	C		4
1학년	D	220~500	6
	E		8
	F		10
	G		12
1~2학년	H	450~500	14
	I		16
2학년	J	450~620	18
	K		20
2~3학년	L	550~620	24
	M		28
3학년	N	550~790	30
3~4학년	O	770~790	34
	P		38
4학년	Q	770~910	40
	R		
4~5학년	S	860~910	
	T		50
5학년	U	860~980	
5~6학년	V	950~1040	
	W		60
6~8학년	X		
	Y		
7~8학년	Z	1000~1160	80
9~12학년	Z+	1080~1360	

우리나라 대학 신입생 수능 영어 3등급 정도의 읽기 수준

GRL 지수를 미국 초등학교 읽기 수준으로 환산하면 다음과 같습니다.

미국 초등학교 읽기 수준과 GRL 지수

	유치원	초등1학년	2학년	3학년	4학년	5학년	6학년
GRL 지수	A~C등급	C~I등급	I~M등급	M~P등급	P~S등급	S~V등급	V~Y등급

우리나라 대학 신입생
수능 영어 3등급의 읽기 수준

앞에서 제가 가르쳐 본 대학생들을 기준으로 말하자면, 수능 영어 3등급 정도 신입생의 영어 읽기 수준이 미국 초등 2~3학년 정도라고 보면 된다고 했죠? 이것을 감안하여 여러분의 영어 읽기 수준이 미국 초등학교 몇 학년 정도인지 가늠하면 됩니다.

이제 본격적으로 챗GPT에게 학습자의 영어 읽기 수준에 따른 리딩 지문을 만들라고 시켜 보겠습니다.

만약 나의 영어 읽기 수준이 미국 초등 3학년 수준이라면, 위의 표를 보면 GRL 지수가 M~P등급이겠죠? 그러면 챗GPT에게 앞에서 뽑은 퍼스널 스페이스에 대한 영어 에세이 지문을 GRL P등급에 맞춰 다시 써 달라고 하면 됩니다.

JOYCE Sam's POINT

영문 지문의 난이도는 GRL 지수로 정교하게!

챗GPT에게 그냥 어떤 주제로 영어 지문을 써라고 하면, 지문의 수준이 대졸 이상의 난이도로 나올 수 있습니다.

누가 읽는지에 따라 영어 지문의 난이도를 좀더 정교하게 맞춰 주어야겠죠? 이때 프롬프트를 "더 쉽게, 몇 살 수준으로"라고 하는 것보다 영어 읽기 지수 중 하나인 GRL 지수에 맞추어서, 이를테면 "GRL P등급으로 다시 써 줘!"라고 지시하면 됩니다.

제가 프롬프트에 다양한 조건을 주며 시험해 봤는데, 영어 읽기 지수인 GRL 같은 '영어교육' 용어를 주자, 챗GPT가 찰떡같이 알아듣고 결과물이 좋아졌습니다.

영어 지문의 단어 수 확인 팁

MS-워드를 실행한 후 메뉴에서 **[검토]**를 누른 다음 '단어 개수' 아이콘을 클릭하면 단어, 문자, 단락 및 행 수까지 알 수 있습니다.

지문의 단어 수를 알아보려면, 마우스로 지문을 드래그해서 선택한 다음 '단어 개수' 아이콘을 클릭하면 몇 단어인지 알려줍니다.

한글 프로그램에서는 메뉴에서 **[파일]→문서정보**를 선택한 다음 '문서정보' 창에서 '문서통계' 탭을 누르면 문서 분량 항목의 '낱말'에 단어 수가 나옵니다.

PROMPT BOX

004 영어 지문 미국 초3 수준(수능 3등급)으로 수정 프롬프트

Can you rewrite the text at GRL level P?

그 텍스트를 GRL P등급으로 다시 써 줄래?

챗GPT에게 영어 지문을 GRL P등급으로 다시 써 달라고 했더니, 앞에서 쓴 퍼스널 스페이스 에세이를 203단어로 다시 썼습니다. 에세이에서 사용하는 영어 단어나 읽기 수준이 조금 낮춰진 것을 볼 수 있습니다.

처음부터 챗GPT에게 에세이를 GRL P등급으로 써라고 할 수도 있겠죠? 그럴 때는 프롬프트를 이렇게 써 주면 됩니다.

공식 Plz write an [장르] on [주제] at GRL [등급] level?

[주제]에 대한 [장르]를 GRL [등급]으로 써 줄래?

Personal space is the space around us that we want to keep for ourselves. It can be different for everyone, and can depend on where we are, our culture, and our personality.

In Western cultures, people usually stay about two to four feet away from strangers, but in some Asian and Latin American cultures, people tend to stand closer. For example, in Japan, people often stand closer to each other than in the US. This is because in some cultures, people like to be close to others to show respect and friendliness.

Sometimes, personal space can change depending on how we feel or who we are with. For example, if we are feeling upset or stressed, we may need more personal space to feel better. In a job interview, the interviewer may stand

PROMPT BOX

005 영어 지문 미국 초1 수준으로 수정 프롬프트

Can you rewrite the text at GRL level C?

그 텍스트를 GRL C등급으로 다시 써 줄래?

만약 학교를 졸업한 후 영어 공부를 전혀 안 해서 꽤 초보라고 생각된다면, 영어 지문을 더 낮은 수준, 이를테면 미국 초등 1학년 수준으로 뽑아 달라고 하면 되겠죠?

영어 지문을 미국 초등 1학년, 즉 GRL C등급으로 맞추어 더 쉽게 써 달라고 했더니, 지문이 141단어로 짧아지고 더 쉬워졌습니다. 이처럼 기존의 영어 읽기 지수를 사용해 프롬프트를 쓰면, 영어 리딩 지문의 난이도를 학습자의 수준에 맞추어 미세 조정을 할 수 있습니다.

Personal space is the space around us that we want to keep for ourselves. It's like a bubble that we don't want anyone to pop.

Sometimes we like to be close to other people, and sometimes we want to be far away. In some countries, people like to be close to each other, but in other countries, they like to keep their distance.

How close or far we want to be can also depend on how we're feeling or who we're with. If we're feeling upset, we might want to be alone or need more space. If we're with someone we like, we might want to be closer to them.

Different people can have different ideas about personal space too. Girls may like to have less space than boys, and older people may like to have more space than younger people. Some people like to be close to others, while some people like to be alone.

JOYCE Sam's POINT

영어 지문의 난이도 체크하는 법

보통 프롬프트에 별다른 조건을 주지 않으면, 챗GPT가 쓴 영어 리딩 지문의 난이도는 꽤 높습니다. 그런데 영어 지문의 난이도는 어떻게 알 수 있을까요?

1. 영어 지문의 난이도를 확인하고 싶다면, 리더빌리티 포뮬러스 사이트(https://readabilityformulas.com/free-readability-formula-tests.php)로 접속하세요. 이외에도 읽기 능력을 확인할 수 있는 사이트는 여러 가지 있습니다.

2. 다음과 같이 텍스트 창이 나오면, 여기에 읽기 난이도를 알고 싶은 텍스트를 복사해서 붙여넣으세요. 오른쪽에 여러 지수들이 나오는데, 'Flesch-Kincaid Grade Level' 항목을 보면 됩니다.

저는 챗GPT가 처음으로 쓴 퍼스널 스페이스 에세이의 텍스트를 붙여넣었는데, 이 수치가 14.6이라고 나왔습니다.

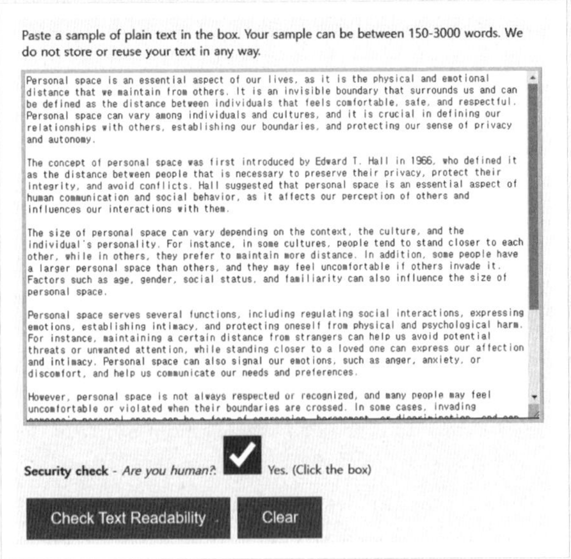

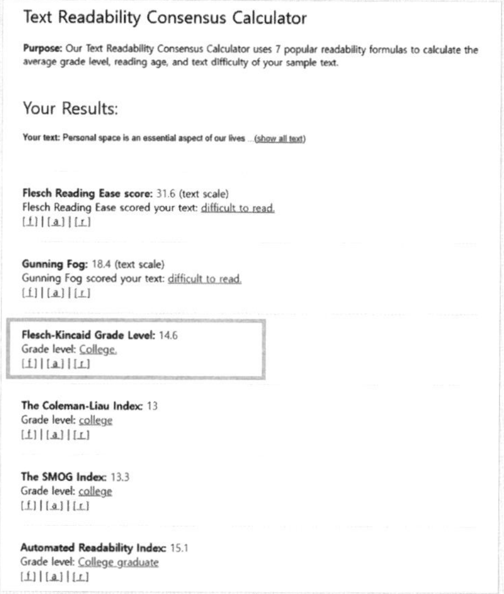
Text Readability Consensus Calculator

Purpose: Our Text Readability Consensus Calculator uses 7 popular readability formulas to calculate the average grade level, reading age, and text difficulty of your sample text.

Your Results:

Your text: Personal space is an essential aspect of our lives ...(show all text)

Flesch Reading Ease score: 31.6 (text scale)
Flesch Reading Ease scored your text: difficult to read.
[f] | [a] | [r]

Gunning Fog: 18.4 (text scale)
Gunning Fog scored your text: difficult to read.
[f] | [a] | [r]

Flesch-Kincaid Grade Level: 14.6
Grade level: College.
[f] | [a] | [r]

The Coleman-Liau Index: 13
Grade level: college
[f] | [a] | [r]

The SMOG Index: 13.3
Grade level: college
[f] | [a] | [r]

Automated Readability Index: 15.1
Grade level: College graduate
[f] | [a] | [r]

그런데 'Flesch-Kincaid Grade Level'이 14.6이라는 것은 난이도가 어느 정도라는 것일까요?

구글에서 "Flesch-Kincaid Grade, CEFR"이라고 검색했더니, 이 영어 지문의 난이도가 유럽 공통 기준(CEFR)으로 C2 등급이라고 나왔습니다. 유럽 공통 기준 CEFR에서 C2는 가장 높은 등급입니다. 참고로, C1 등급이 유럽의 대학에 입학할 때 필요한 등급이죠.

이를 통해 챗GPT에게 별 다른 조건을 주지 않으면, 영어 지문의 수준이 꽤 높게 나온다는 것을 알 수 있습니다.

읽는 목적에 따른 영어 리딩 지문 뽑기

앞에서 우리는 챗GPT가 쓴 글의 장르를 에세이에서 회화문으로 바꿨더니 글의 내용도 달라지는 것을 경험했습니다.

회화문이 되자, 원래의 에세이에서는 별로 부각되지 않았던 "퍼스널 스페이스를 침범한다"(invading personal space)라는 표현이 꽤 강조되었지요. 사람들이 퍼스널 스페이스에 대해 말을 꺼낼 때는 대부분 이것이 침해되었다고 느낄 때이기 때문인 것 같다고 했죠? 즉, 글의 장르에 따라 챗GPT가 생성하는 영어 지문이 달라지는 것입니다.

따라서 좋은 영어 지문을 얻으려면, 읽는 목적에 따라 글의 장르를 지정해 주는 것이 좋습니다.

앞에서는 퍼스널 스페이스에 대한 에세이를 두 사람 사이의 대화로 바꾸어 봤죠? 여기서는 같은 주제에 대한 글을 프레젠테이션 스크립트, 방송 대본(broadcasting script) 등 좀더 다양한 장르로 바꿔 볼게요. 다른 사회적 상호작용을 전제로 할 때, 동일한 메시지가 어떻게 바뀌는지 보겠습니다.

PROMPT BOX

006 프레젠테이션용 스크립트 프롬프트

Please rewrite the essay into a script for presentation.

그 에세이를 프레젠테이션용 스크립트로 다시 작성해 줘.

우리가 챗GPT에게 시켜서 얻은 퍼스널 스페이스 에세이를 프레젠테이션을 위한 스크립트로 바꿔 보라고 했더니, 다음과 같이 바꿔 주었습니다.

Sure, here's a script for a presentation on personal space:

이런 챗GPT의 답을 pre-text라고 합니다. 이 말이 나오는 게 싫으면 프롬프트에 "take out pre-text"라는 구절을 넣으면 됩니다.

Speaker: Good evening, everyone. Today, I would like to talk about a fascinating topic that affects all of us: personal space.

Personal space refers to the physical and emotional distance that individuals maintain from others. It is the invisible boundary that surrounds us and defines our relationships with others. Personal space can vary depending on the context, culture, and personality.

Let's look at some examples to better understand personal space. In Western cultures, people typically stand about two to four feet away from strangers. However, in some Asian and Latin American cultures, people tend to stand closer to each other.

Personal space can also vary depending on the situation and relationship between individuals. For example, in a job interview, the interviewer may stand closer to the applicant to establish rapport, and assess their communication skills.

Personal space can also be influenced by individual factors, such as gender, age, and personality. Women tend to have a smaller personal space than men, while introverted individuals may need more personal space to feel comfortable than extroverted individuals.

챗GPT가 에세이를 프레젠테이션용 스크립트로 어떻게 바꿨는지 궁금하죠? 그래서 번역을 시켜 보았습니다. 여러분도 이 번역한 지문을 한 번 읽어 보세요. 챗GPT가 꽤 괜찮은 프레젠테이션용 스크립트를 썼다는 것을 알 수 있습니다.

안녕하세요, 여러분.
오늘은 우리 모두에게 영향을 미치는 흥미로운 주제인 퍼스널 스페이스에 대해 이야기하고자 합니다.

퍼스널 스페이스는 개인이 다른 사람과 유지하는 물리적, 정서적 거리를 의미합니다. 퍼스널 스페이스는 우리를 둘러싸고 다른 사람과의 관계를 정의하는 보이지 않는 경계입니다. 퍼스널 스페이스는 상황, 문화, 성격에 따라 달라질 수 있습니다.

퍼스널 스페이스를 더 잘 이해하기 위해 몇 가지 예를 살펴보죠. 서구 문화권에서는 일반적으로 낯선 사람과 2~4피트 정도 거리를 두고 서 있습니다. 하지만 일부 아시아 및 라틴 아메리카 문화권에서는 사람들이 서로 더 가까이 서는 경향이 있습니다.
퍼스널 스페이스는 상황과 개인 간의 관계에 따라서도 달라질 수 있습니다. 예를 들어 면접에서 면접관은 지원자와 더 가까이 서서 친밀감을 형성하고 지원자의 의사소통 능력을 평가할 수 있습니다.

퍼스널 스페이스는 성별, 나이, 성격과 같은 개별적인 요인에 의해서도 영향을 받을 수 있습니다. 여성은 남성보다 퍼스널 스페이스가 작은 경향이 있으며, 내성적인 사람은 외향적인 사람보다 편안함을 느끼기 위해 더 많은 퍼스널 스페이스가 필요할 수 있습니다.
타인의 퍼스널 스페이스를 침범하면 불편함, 불안 또는 공격성을 유발할 수 있으므로 타인의 퍼스널 스페이스를 존중하는 것이 필수적입니다. 다른 사람의 경계를 인식하고 동의 없이 너무 가까이 다가가거나 만지지 않아야 합니다.

결론적으로, 퍼스널 스페이스는 인간 커뮤니케이션과 사회적 행동의 중요한 측면이며 우리의 상호 작용, 감정 및 웰빙에 영향을 미칩니다. 다른 사람의 퍼스널 스페이스를 존중하고 경계를 명확히 함으로써 신뢰를 쌓고 갈등을 피하며 상호 존중과 이해를 증진할 수 있습니다.
제 이야기를 들어 주셔서 감사드리며, 이제 퍼스널 스페이스에 대해 더 잘 이해하게 되셨기를 바랍니다.

프레젠테이션용 지문에 끊어읽기 표시하기

실제 영어 프레젠테이션 연습을 할 때에는 어디서 끊어읽을지 표시하는 것이 좋겠죠? 이번에는 지문에 읽기 좋게 의미덩어리로 끊어읽기를 표시하는 방법을 알아보겠습니다.

1. 구절 표시 생성기(Phrase cued text generator) 사이트(www.interventioncentral.org/rti2/phrase_cues)에 접속한 다음 Title에 제목을 입력하고, Author에 저자 이름을 쓰세요.

2. Passage 란에 끊어읽기를 표시할 영어 지문을 복사해서 붙여넣은 다음 〈Next〉 단추를 누르세요.

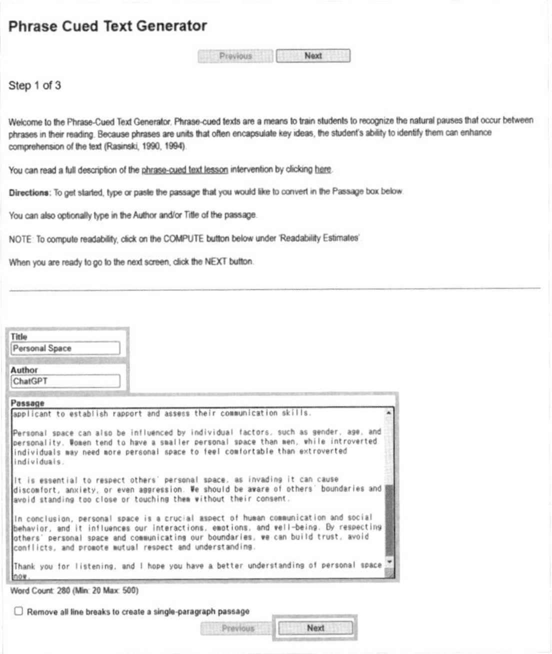

3. 그러면 문장 단위로 끊어읽기가 더블 슬래시(//)로 구분되어 나타납니다. 여기서는 끊어읽기 표시를 최대한으로 넣어 보았습니다. 끊어읽을 부분에 마우스 포인터를 대면 오렌지색 작은 커서를 뜨는데, 이것을 클릭하면 그 부분에 싱글 슬래시(/)가 생깁니다. 영어 리딩을 잘할수록 의미덩어리 몇 개를 합쳐서 길게 읽어도 되니 끊어읽기 표시가 적겠죠? 이렇게 수작업으로 끊어읽기 표시를 넣은 후 〈Next〉 단추를 누르세요.

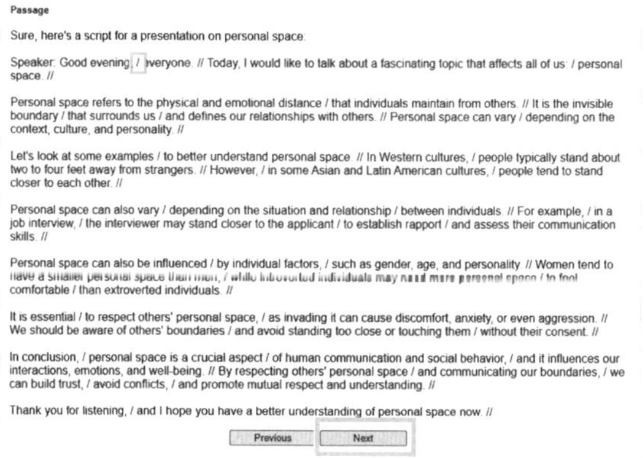
Passage

Sure, here's a script for a presentation on personal space:

Speaker: Good evening, / everyone. // Today, I would like to talk about a fascinating topic that affects all of us: / personal space. //

Personal space refers to the physical and emotional distance / that individuals maintain from others. // It is the invisible boundary / that surrounds us / and defines our relationships with others. // Personal space can vary / depending on the context, culture, and personality. //

Let's look at some examples / to better understand personal space. // In Western cultures, / people typically stand about two to four feet away from strangers. // However, / in some Asian and Latin American cultures, / people tend to stand closer to each other. //

Personal space can also vary / depending on the situation and relationship / between individuals. // For example, / in a job interview, / the interviewer may stand closer to the applicant / to establish rapport / and assess their communication skills. //

Personal space can also be influenced / by individual factors, / such as gender, age, and personality. // Women tend to have a smaller personal space than men, / while introverted individuals may need more personal space / to feel comfortable / than extroverted individuals. //

It is essential / to respect others' personal space, / as invading it can cause discomfort, anxiety, or even aggression. // We should be aware of others' boundaries / and avoid standing too close or touching them / without their consent. //

In conclusion, / personal space is a crucial aspect / of human communication and social behavior, / and it influences our interactions, emotions, and well-being. // By respecting others' personal space / and communicating our boundaries, / we can build trust, / avoid conflicts, / and promote mutual respect and understanding. //

Thank you for listening, / and I hope you have a better understanding of personal space now. //

Previous Next

4. 다음과 같이 끊어읽기가 표시된 영어 지문이 PDF 파일로 나타나 출력도 할 수 있습니다. 이 텍스트 구문 끊어읽기 지문은 스피킹 연습용으로 좋고, 학생들의 소리내어 읽기 연습용 자료를 만드는 데도 매우 좋습니다.

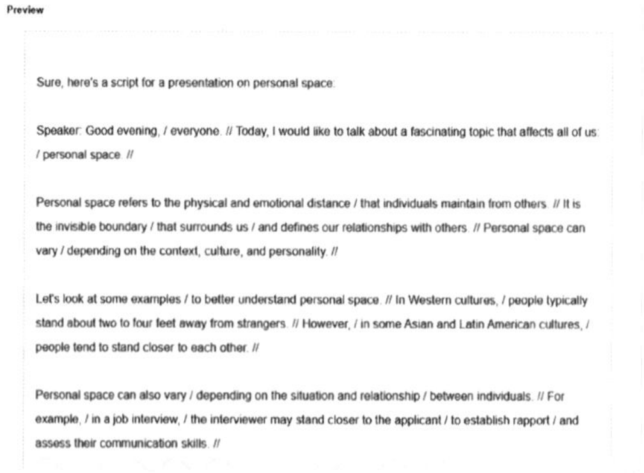
Preview

Sure, here's a script for a presentation on personal space:

Speaker: Good evening, / everyone. // Today, I would like to talk about a fascinating topic that affects all of us: / personal space. //

Personal space refers to the physical and emotional distance / that individuals maintain from others. // It is the invisible boundary / that surrounds us / and defines our relationships with others. // Personal space can vary / depending on the context, culture, and personality. //

Let's look at some examples / to better understand personal space. // In Western cultures, / people typically stand about two to four feet away from strangers. // However, / in some Asian and Latin American cultures, / people tend to stand closer to each other. //

Personal space can also vary / depending on the situation and relationship / between individuals. // For example, / in a job interview, / the interviewer may stand closer to the applicant / to establish rapport / and assess their communication skills. //

PROMPT BOX

007 영어 기사 작성 프롬프트

Plz write an article on recent fashion trends, esp. referring to Paris and London Fashion Weeks.

최신 패션 동향에 대해, 특히 파리와 런던 패션위크를 참조해서 기사를 하나 써 줘.

이번에는 챗GPT에게 기사를 써 달라고 했습니다. 글의 주제는 '최신 패션 동향'이고, 특히 파리와 런던의 패션위크를 참조하라고 했습니다. 그랬더니 챗GPT가 금방 다음과 같은 기사를 써 주었어요.

Fashion is always evolving and changing, with each season bringing new styles and trends. Recently, the world has been focused on the latest fashion shows in Paris and London, where designers showcased their latest collections for the upcoming season. Here are some of the top fashion trends that we can expect to see in the coming months.

1. Pastel Colors
Soft pastel colors were all over the runway at Paris and London Fashion Weeks. From light blues and pinks to pale yellows and greens, pastel hues are set to be a major trend for the upcoming season. Designers like Chanel, Dior, and Valentino showcased collections featuring these delicate shades, giving them a fresh and feminine feel.

2. Oversized Shoulders
Oversized shoulders were a popular trend in the 1980s, and they're making a comeback this season. Designers like Balenciaga, Isabel Marant, and Loewe featured blazers and coats with exaggerated shoulders, giving them a bold and powerful silhouette. This trend is perfect for those who want to make a statement with their fashion choices.

3. Sheer Fabrics

챗GPT가 최신 패션 트렌드, 특히 파리와 런던의 패션위크를 참조해서 쓴 기사가 어떤지 궁금하죠? 그래서 번역해 달라고 시켜 보았습니다. 챗GPT가 일을 얼마나 잘 수행하는지, 어떤 특성이 있는지를 알아야 일을 더 잘 시킬 수 있으니까요. 독자 여러분도 빠르게 기사를 읽어 보세요. 어떤가요? 포털에 노출시킬 만한 기사로 보이나요?

패션은 항상 진화하고 변화하며 매 시즌 새로운 스타일과 트렌드를 선보입니다. 최근 전 세계는 파리와 런던에서 열린 최신 패션쇼에 집중하며 디자이너들이 다가오는 시즌을 위한 최신 컬렉션을 선보였습니다. 앞으로 몇 달 동안 우리가 기대할 수 있는 최고의 패션 트렌드는 다음과 같습니다.

1 파스텔 컬러
파리와 런던 패션위크의 런웨이에는 부드러운 파스텔 컬러가 가득했습니다. 연한 파란색과 분홍색부터 옅은 노란색과 초록색까지, 파스텔 색상은 다가오는 시즌의 주요 트렌드가 될 것입니다. 샤넬, 디올, 발렌티노와 같은 디자이너들은 이 섬세한 색조를 특징으로 하는 컬렉션을 선보이며 신선하고 여성스러운 느낌을 선사했습니다.

2. 오버사이즈 숄더
오버사이즈 숄더는 1980년대에 유행했던 트렌드로, 이번 시즌에 다시 돌아오고 있습니다. 발렌시아가, 이자벨 마랑, 로에베와 같은 디자이너들은 어깨가 과장된 블레이저와 코트를 선보이며 대담하고 강렬한 실루엣을 선사했습니다. 이 트렌드는 패션 선택에 있어 강렬한 인상을 남기고 싶은 분들에게 안성맞춤입니다.

3. 시어 패브릭
시스루 원단은 파리와 런던 패션위크의 런웨이에서 흔히 볼 수 있는 소재입니다. 크리스토퍼 케인, 지방시, 에르뎀과 같은 디자이너들은 섬세한 시스루 원단으로 만든 드레스와 블라우스로 로맨틱하고 미묘한 느낌을 주는 컬렉션을 선보였습니다. 이 트렌드는 옷장에 여성스러움을 더하고 싶은 분들에게 안성맞춤입니다.

4. 90년대 리바이벌
이번 시즌에는 베르사체, 프라다, 생 로랑과 같은 디자이너들이 이 시대에서 영감을 받은 컬렉션을 선보이며 90년대가 크게 돌아왔습니다. 슬립 드레스, 초커, 플랫폼 슈즈 등 현대에 맞게 업데이트된 디자인이 대표적입니다. 이 트렌드는 현대적인 감각이 가미된 향수를 불러일으키는 룩을 좋아하는 분들에게 안성맞춤입니다.

5. 대담한 프린트
파리와 런던 패션위크의 런웨이에는 대담한 프린트가 도처에 있었습니다. 동물 프린트부터 꽃무늬와 추상적인 패턴까지, 구찌, 마크 제이콥스, JW 앤더슨과 같은 디자이너들은 눈길을 사로잡는 프린트가 돋보이는 컬렉션을 선보였습니다. 이 트렌드는 패션 선택에 있어 개성을 드러내고 싶은 분들에게 안성맞춤입니다.

결론적으로 파리와 런던 패션위크는 다가오는 시즌을 위한 흥미로운 트렌드로 가득했습니다. 파스텔 컬러부터 오버사이즈 숄더, 시스루 소재, 90년대 복고풍, 대담한 프린트까지 모두를 위한 아이템이 가득했습니다. 몇 가지 핵심 아이템으로 옷장을 업데이트하고 싶든, 새로운 트렌드에 올인하고 싶든, 런웨이에서 영감을 얻을 수 있는 아이템은 무궁무진합니다.

챗GPT는 미시적 정보는 정확하지 않지만, 거시적 흐름과 경향은 제대로 짚는 편입니다. 챗GPT가 생각보다 기사를 잘 썼죠?

최근 파리와 런던에서 열린 패션위크를 참조하여 최신 패션 동향을 파스텔 컬러, 오버사이즈 숄더, 시어 패브릭, 90년대 리바이벌, 대담한 프린트 등 5가지로 정리하고 각 특성에 대한 설명과 아울러 샤넬, 디올, 발렌티노 등 구체적 브랜드를 들어 소개했습니다.

사실, 저는 여기서 소개하는 영어 기사 프롬프트를 얼마전에도 챗GPT에 주어 기사를 받았는데요. 똑같은 프롬프트를 줬음에도 그때는 구체성이 현저히 부족했습니다. 이를테면 '파스텔 컬러'라는 특성에 대해 대략적 설명을 할 뿐, 어느 패션 브랜드에서 어떻게 이 경향이 나타났는지 설명하지 않았습니다. 그런데 챗GPT 버전이 3.5에서 4로 업그레이드되자, 불과 2~3주 만에 똑같은 프롬프트에 대해 더 나은 대답을 주고 있었습니다. 생성형 인공지능이라는 게 실감났습니다.

다만, 챗GPT는 2021년 11월까지만 학습되어 있으므로, 여기서 말하는 최신 패션 동향은 지금이 아니라 2021년 이전 것일 가능성이 높다는 것에 유의하세요. 그래서 기사에 보면 최근 연도가 없습니다. 또한 기사 제목이 없고, 기사의 중제목들이 너무 곧이곧대로라 재미가 좀 적지요?

이런 부족한 점은 프롬프트를 계속 정교하게 주면 챗GPT에게 더 나은 대답을 끌어낼 수 있습니다.

JOYCE Sam's POINT

공개 영어 연설 전문 가져오기

공개 연설(public speech)의 경우 저작권이 없으므로 챗GPT가 영어 전문을 가져옵니다. 이를테면 대통령 같은 정치인이나 사회운동가, 기업의 리더나 CEO의 공개 연설, 신문 및 방송 토론 프로그램의 발언, TED 강연 등 다양한 분야의 연설이 이에 속합니다.

그러나 챗GPT는 2023년 4월까지의 자료만 기본적으로 가져올 수 있습니다. 다른 AI 도구인 클라우드(Claude), 바드(동영상까지 검색해 줍니다), 퍼플렉시티(Perplexity) AI 등을 검색하는 것이 더 편할 수 있습니다.

챗GPT로 리딩을 좀더 재미있게 하는 법

챗GPT를 이용해 저작권이 없는 단편소설, 에세이, 연설문, 기사 등 다양한 영어 읽을거리를 구할 수 있습니다. 참고로, 저작권 유효 기간은 작가의 경우 사후 70년, 법인이나 단체가 저자인 경우 공표 다음해부터 70년입니다.

영어권 단편소설로 영어 리딩을 해 보죠. 이를 위해 저작권이 없는 단편소설을 가져와 보겠습니다.

분량이 적은 단편소설은 영어 리딩을 시작하는 첫걸음으로 좋습니다. 물론 어린이 동화로 시작해도 좋아요. 참고로, 제가 가장 많이 가르쳤던 수능 3, 4등급의 1학년 대학생들은 리딩 수준이 미국 초등 2~3학년 수준이었어요. 이 수준이면 영국의 소설가이자 『찰리와 초콜릿 공장』의 저자 로알드 달(Roald Dahl, 1916~1990)의 어린이용 책들을 추천합니다. 로알드 달의 책은 굉장히 많고, 영화와 뮤지컬로 각색된 작품들도 많아서 흥미롭게 읽을 수 있습니다.

PROMPT BOX

008 영어 단편소설 목록 프롬프트

Plz make a list of 10 famous short stories in the public domain.

퍼블릭 도메인인 영어 단편소설 중에서 유명한 것 10개를 알려줘.

퍼블릭 도메인(public domain)은 저작권이 없는 작품을 말합니다. 위와 같이 프롬프트를 주면, 챗GPT가 다음과 같이 퍼블릭 도메인이면서 유명한 영어 단편소설 10개의 목록을 뽑아 줍니다.

Sure, here are 10 short stories in the public domain:

1. "The Necklace" by Guy de Maupassant
2. "The Tell-Tale Heart" by Edgar Allan Poe
3. "The Gift of the Magi" by O. Henry
4. "The Yellow Wallpaper" by Charlotte Perkins Gilman
5. "The Cask of Amontillado" by Edgar Allan Poe
6. "The Lottery" by Shirley Jackson
7. "A Rose for Emily" by William Faulkner
8. "The Monkey's Paw" by W. W. Jacobs
9. "The Open Window" by Saki (H. H. Munro)
10. "The Legend of Sleepy Hollow" by Washington Irving.

이 중에서 영국의 소설가 사키(Saki, 1870~1916)의 단편소설 「열린 창」(The Open Window)의 전문을 가지고, 챗GPT로 리딩을 좀더 재미있게 하는 방법을 알아보겠습니다.

PROMPT BOX

009 영어 단편소설 전문 요청 프롬프트

Plz let me know the site where I can get the full text of Saki's 'The Open Window.'

사키의 단편소설 「열린 창」의 전문을 가져와.

저작권이 없는 퍼블릭 도메인 영어 단편소설의 경우, 프롬프트를 위와 같이 쓰면 챗GPT가 프로젝트 구텐베르크(Project Gutenberg)와 같이 전체 지문을 구할 수 있는 사이트를 알려줍니다(유료 버전에서 베타 설정을 하면, 웹 브라우징 혹은 플러그인 설정을 통해 지문을 가져올 수 있습니다) 이렇게 훌륭한 영어 읽기 자료를 쉽게 구할 수 있는 것이죠.

여기서는 챗GPT에게 사키의 단편소설 「열린 창」의 전문을 가져오라고 했더니 다음과 같이 보여 주었습니다. 사키의 「열린 창」을 고른 이유는 반전이 있으면서도 가장 짧은 작품이기 때문입니다.

"My aunt will be down presently, Mr. Nuttel," said a very self-possessed young lady of fifteen; "in the meantime you must try and put up with me."

Framton Nuttel endeavoured to say the correct something which should duly flatter the niece of the moment without unduly discounting the aunt that was to come. Privately he doubted more than ever whether these formal visits on a succession of total strangers would do much towards helping the nerve cure which he was supposed to be undergoing.

"I know how it will be," his sister had said when he was preparing to migrate to this rural retreat; "you will bury yourself down there and not speak to a living soul, and your nerves will be worse than ever from moping. I shall just give you letters of introduction to all the people I know there. Some of them, as far as I can remember, were quite nice."

JOYCE Sam's POINT

더 나은 번역을 원한다면

챗GPT도 번역을 해 줍니다만, 현재로서는 딥엘(DeepL)이 한국어 번역의 질이 가장 좋습니다.

1. 크롬 브라우저에서 '크롬 웹스토어' 페이지(https://chrome.google.com/webstore)로 갑니다.
2. 'DeepL'을 검색한 뒤, DeepL Translate 이름 뒤의 〈Chrome에 추가〉 단추를 눌러 진행하면 됩니다. 크롬 브라우저의 우측 상단 도구막대의 '확장 프로그램'을 눌러보면 DeepL Translate가 설치된 것을 확인할 수 있습니다.
3. 이제 영어 문장을 드래그해서 선택하세요.
4. 딥엘 아이콘을 클릭하세요.
5. 그러면 한글 번역문이 그림처럼 나타납니다.

다만, 딥엘의 무료 버전은 이용할 수 있는 지문의 길이에 한계가 있어서 몇 번으로 끊어 번역문을 뽑아야 합니다. 예로 사키의 단편소설 「열린 창」은 두 번으로 나누어 뽑았습니다. 그래도 이 정도면 무료 버전도 꽤 긴 텍스트를 한 번에 번역해 주는 셈이죠? 물론 딥엘의 번역도 완전하지는 않습니다. 사실 모든 번역이 완전한 것은 없긴 하죠. 하지만 이 정도면 현재로서는 번역의 질이 꽤 괜찮은 수준까지 올라왔다고 볼 수 있습니다.

PROMPT BOX

010 시놉시스 뽑기 프롬프트

Plz make a synopsis of Saki's 'The Open Window.'

사키의 '열린 창'의 시놉시스를 만들어 줘.

여기서는 지면 관계상 사키의 단편소설 「열린 창」의 전문과 번역을 싣지는 않겠습니다. 다만, 다음에서 만날 영어 원문을 이용해 다양한 읽을거리를 만드는 방법을 알아보려면 줄거리 정도는 아는 것이 좋겠죠? 다음은 챗GPT에게 뽑아 달라고 해서 얻은 사키의 「열린 창」의 시놉시스입니다.

"The Open Window" is a classic short story by Saki, first published in 1914. Set in the English countryside, the story revolves around a young man named Framton Nuttel, who is visiting the home of a family he has never met before in hopes of alleviating his nerves.

While waiting for his hostess, a young girl named Vera, to join him, Nuttel expresses his apprehension about meeting new people.
Vera begins to tell him a story about her aunt, who used to wait by the open window for her husband and two brothers to return from a hunting trip. When they failed to return, the aunt went insane and continued to wait for them in the same spot for years.

Nuttel is horrified by the story, and when he finally meets the family, he thinks he sees the ghosts of the dead men outside the open window. It is later revealed that Vera made up the entire story to scare Nuttel, as her aunt never had a tragic past. The story ends with Nuttel fleeing from the house in terror, and the family discussing how odd his behavior was.

Through the story, Saki offers a satirical commentary on the Victorian obsession with ghost stories and the gullibility of the characters who believe them. It also explores the themes of reality versus illusion and the dangers of taking things at face value. The story's unexpected twist ending, which exposes Vera's deviousness

그럼, 「열린 창」의 줄거리를 보죠.

신경쇠약에 시달리던 청년 프램튼 누텔이 요양차 시골로 왔는데, 새플턴 부인의 집에 인사차 방문합니다. 새플턴 부인은 자리를 비웠고, 대신 그녀의 조카인 15세 소녀 베라가 맞아 줍니다.

기다리는 동안, 베라는 이모인 새플턴 부인의 비극적인 얘기를 들려줬어요. 3년 전, 베라의 이모부와 두 삼촌이 사냥을 나갔다가 늪에 빠져 실종됐대요. 같이 간 사냥개들도 돌아오지 않았대요. 그날 이후, 새플턴 부인은 그들이 돌아오기를 바라며 창문을 열어둔대요. 누텔은 베라의 말을 들으며 더럭 겁이 났어요.

좀 있다가 새플턴 부인이 위층에서 내려왔는데, 그녀는 대화 중에 열린 유리장을 계속 바라봤어요.

이윽고 날이 어두워지자, 새플턴 부인이 "그들이 왔다"라고 소리쳤어요. 누텔이 놀라 고개를 돌리자, 검은 사람 그림자 세 개가 유리문 쪽으로 걸어오는 게 보였어요. 누텔은 너무 무서워 그 집을 뛰쳐나갔어요.

이제 집으로 세 사람이 들어왔어요. 그 중 한 사람이 방금 집에서 뛰쳐나간 사람이 누구냐고 물었죠. 새플턴 부인은 누텔이 방문해서 자기 병에 대한 얘기를 횡설수설 늘어놓더니, 당신들이 오자 인사도 없이 뛰쳐나갔다고 했어요. 베라는 누텔이 개를 너무 무서워해서 그런 거라고 했어요.

그런데 사실은 이모부와 두 삼촌이 사냥을 나갔다가 늪에서 실종됐다는 얘기는 베라가 꾸며낸 얘기였답니다.

PROMPT BOX

011 영어 원문의 시점과 장르 바꾸는 프롬프트

Please keep an imaginary dairy on behalf of Mrs. Sappleton's niece about Mr. Nuttel's visit.

새플턴 부인의 조카 입장에서 누텔 씨의 방문에 대해 가상일기를 써 줘.

사키의 단편소설 「열린 창」은 반전이 돋보이는 소설입니다. 이 짧은 단편소설을 챗GPT에게 다시 써 보라고 하면, 이 단편소설과 연관되어 있으면서도 매우 흥미로운 영어 읽기 자료가 탄생합니다. 위의 프롬프트는 새플턴 부인의 조카 베라의 입장에서 가상일기를 써 보라고 한 것입니다.

그랬더니 챗GPT가 다음과 같이 새플턴 부인의 조카 베라 입장에서 가상일기를 썼습니다. 이렇게 한 스토리의 시점(point of view)을 바꾸어 쓴 영어 스토리를 읽으면 작품에 대한 이해도가 상당히 높아집니다. 게다가 이미 알고 있는 줄거리에 친숙한 영어 단어로 읽을 수 있으니, 영어 읽기 양을 부담스럽지 않게 늘리는 좋은 방법입니다.

Dear Diary,

Today was an eventful day here at my aunt's country house. We had a visitor by the name of Mr. Nuttel, who was introduced to us by a mutual friend. My aunt was thrilled to have a new guest, but I couldn't help feeling a bit apprehensive about this stranger.

As we sat in the parlor, Mr. Nuttel seemed a bit nervous and fidgety, and I found it difficult to make small talk with him. My aunt, however, was determined to make him feel welcome, and proceeded to tell him a story about her husband and brothers going out hunting and never returning. It was a silly story, but it seemed to make Mr. Nuttel even more uncomfortable.

번역을 해서 한 번 살펴보죠. 번역은 챗GPT에 "Please translate this story into Korean"이라고 프롬프트를 주거나 앞에서 소개한 딥엘을 이용하면 됩니다.

친애하는 일기장아.

오늘은 이모네 시골집에서 다사다난한 하루를 보냈어요. 친구의 소개로 누텔 씨라는 이름의 손님이 방문했어요. 이모는 새로운 손님을 맞이하게 되어 기뻐했지만, 저는 낯선 사람에 대한 약간의 불안감을 떨칠 수 없었습니다.

응접실에 앉았을 때, 누텔 씨는 약간 긴장하고 안절부절 못하는 것 같았고, 저는 그와 대화를 나누기가 어려웠습니다. 하지만 이모는 그를 환영한다는 느낌을 주기로 결심하고, 남편과 형제들이 사냥을 나갔다가 돌아오지 않은 이야기를 들려주기 시작했습니다. 우스꽝스러운 이야기였지만 누텔 씨를 더욱 불편하게 만드는 것 같았습니다.

이모가 차를 가지러 간 사이, 누텔 씨는 최근 신경쇠약에 걸려 시골에서 고독과 휴식을 취하고 있다고 털어놓았습니다. 저는 그에게 동정심을 느끼고 그를 편안하게 해주려고 노력했지만, 그는 이모가 들려준 이야기에 집착하는 것처럼 보였고, 심지어

JOYCE Sam's POINT

영어 원문으로 다양한 리딩 자료 만들기

영어 원문을 변형시킨 리딩 지문은 이미 원문을 읽었기에 배경지식도 알고 있는 상태이고, 원문과 거의 동일한 어휘를 사용하기에 좀 더 쉽게 읽을 수 있습니다. 즉, 원래 읽은 영어 원문에 더해서 읽은 지문의 수를 쉽게 늘리는 방법이기도 하고요.

챗GPT에게 원문의 등장인물 중 하나의 입장에서 글을 새로 써보라고 하면 됩니다. 이때 글의 장르를 바꾸어 편지나 일기 등으로 써라고 하면, 학습자가 새로운 장르에 대한 지식도 익힐 수 있어서 더욱 좋습니다.

PROMPT BOX

012 영어 원문의 시점 바꾼 프롬프트

This time rewrite the original story from the point of view of Mr. Sappleton's dogs that accompanied Mr. Sappleton's hunt.

새플턴 씨가 사냥에 데리고 나갔던 개들의 시각으로 원문을 다시 써 봐.

이번에는 새플턴 씨가 사냥에 데리고 나갔던 개들의 시각으로 사키의 「열린 창」 원문을 다시 쓰라고 했습니다. 그랬더니 챗GPT가 다음과 같이 이야기를 바꾸어 영어 리딩 자료를 주었습니다.

As Mr. Sappleton's faithful hunting dogs, we were thrilled to be out in the countryside with our human family. We sniffed the fresh air and ran through the fields, keeping an eye out for any game that we could flush out for our humans to shoot.

We were having a grand time, but we couldn't help but notice that Mr. Sappleton seemed a bit distracted. He kept glancing at his watch and muttering to himself, which was unusual behavior for him. We wondered what could be bothering him but continued to follow his lead, hoping that we would soon find some prey to chase.

Finally, we came across a flock of birds, and Mr. Sappleton raised his gun to take aim. We watched eagerly, ready to flush out any birds that managed to escape. But as Mr. Sappleton fired his gun, something strange happened.

Instead of the birds flying away, we saw a man running towards us, shouting and waving his arms. We barked and growled in warning, trying to protect our humans from this stranger. But Mr. Sappleton seemed to know him and greeted him warmly, inviting him back to the house for tea.

We couldn't believe it. Our humans were welcoming this stranger, who had disrupted our hunt and scared us with his unexpected arrival. We tried to communicate our concerns, whining and barking, but they simply

번역문을 같이 첨부합니다. 한 번 읽어 보세요. 챗GPT에게 일을 시키고 잘 활용하려면, 챗GPT가 원본 텍스트를 어떻게 바꾸는지 보는 경험이 필요합니다. 사냥개를 주인공으로 하여 주인인 새플턴 씨와 주인공 프램튼을 등장시켜 훌륭한 영어 리딩 자료를 만들어 주었습니다.

> 새플턴 씨의 충실한 사냥개인 우리는 인간 가족과 함께 들판에 나가게 되어 기뻤습니다. 신선한 공기 냄새를 맡으며 들판을 뛰어다니며 인간이 쏠 수 있는 사냥감이 있는지 주시했습니다.
>
> 저희는 즐거운 시간을 보내고 있었지만 새플턴 씨가 약간 산만해 보이는 것이 눈에 띄었습니다. 그는 시계를 계속 쳐다보고 혼잣말을 중얼거리는 등 평소와 다른 행동을 보였습니다. 무엇이 그를 괴롭히는지 궁금했지만 곧 쫓을 먹이를 찾을 수 있기를 바라며 계속 그의 뒤를 따랐습니다.
>
> 마침내 새떼를 발견하자 새플턴 씨는 총을 들어 조준했습니다. 우리는 도망가는 새들을 쓰러뜨릴 준비를 하며 열심히 지켜봤어요. 하지만 새플턴 씨가 총을 쏘자 이상한 일이 벌어졌습니다.
>
> 새들이 날아가는 대신 한 남자가 소리를 지르며 팔을 휘두르며 우리 쪽으로 달려오는 것이 보였어요. 우리는 이 낯선 사람으로부터 우리의 인간을 보호하기 위해 짖고 으르렁거리며 경고했습니다. 하지만 새플턴 씨는 그를 아는 듯이 따뜻하게 맞이하며 차를 마시러 집으로 초대했습니다.
>
> 저희는 믿을 수 없었습니다. 우리의 사냥을 방해하고 예상치 못한 등장으로 우리를 겁에 질리게 했던 이 낯선 사람을 우리의 인간들이 환영해 주고 있었으니까요. 우리

챗GPT가 사키의 단편소설 「열린 창」이 원래 가지고 있던 배경과 주인공의 특성을 잘 감안하면서 새로운 스토리를 써냈다는 점이 흥미롭게 느껴졌습니다. 이러한 챗GPT의 특성을 이용한다면, 교강사 분들, 그리고 엄마표 영어를 하는 분들이 영어 리딩 지문을 얼마든지 쉽게 많이 만들 수 있을 것입니다.

PROMPT BOX

013 영어 원문을 특정 캐릭터 풍으로 바꾸는 프롬프트

Plz rewrite the following message as if Mickey Mouse wrote it:
[「겨울왕국」의 "Do you wanna build a snow man?" 가사]

미키마우스가 쓴 것처럼 다음 메시지를 다시 써 줘: [「겨울왕국」의 "Do you wanna build a snow man?" 가사]

챗GPT에게 텍스트를 바꾸어 쓰게 해서 리딩 자료를 만드는 더 재미있는 방법도 있습니다. 이를테면 챗GPT에게 영화 속 인물 스타일로 메시지를 바꾸라고 하는 것이죠.

디즈니 애니메이션 「겨울왕국」에서 귀여운 공주 안나가 부르는 "Do you wanna build a snow man?"의 가사 일부를 영화 「아담스 패밀리」에 등장하는 어둡고 공포스러운 것을 좋아하는 웬즈데이가 부르는 버전으로 바꾸면 글의 느낌이 달라지겠죠?

위의 프롬프트는 애니메이션 「겨울왕국」에서 널리 알려진 노래 "Do you wanna build a snow man?"의 가사를 미키마우스가 쓴 것처럼 바꾸라는 것입니다. 그러면 챗GPT가 다음과 같이 바꿔 줍니다.

Gosh, pal! Do you wanna build a snowman? C'mon, let's have some fun! I don't get to see you much these days, why don't you come outside? It feels like you've disappeared! We used to be inseparable, but now it's like you're distant. I sure do wish you'd tell me why. How 'bout building a snowman? But if you don't feel like it, we could always do something else!

한국어로 번역을 시켜보면 다음과 같습니다. 『겨울왕국』에 실린 원래의 노래가사와 비교하면 느낌이 어떤가요?

> 이런, 친구! 눈사람 만들래? 어서, 재미있게 놀자! 내가 요즘 널 많이 못 봤는데, 밖으로 나오는 게 어때? 네가 사라진 것 같아! 우리는 떼려야 뗄 수 없는 사이였지만, 지금은 네가 멀리 떨어져 있는 것 같아. 이유를 말해 줘. 눈사람을 만드는 건 어때? 하지만 네가 원하지 않는다면, 우리는 항상 다른 것을 할 수 있어!

미키마우스 대신 셜록 홈스나 마블 코믹스의 아이언맨으로 바꾸어 다시 써 달라고 해도 아주 재미있습니다! 같은 메시지를 여러 버전으로 바꾸어 어휘를 많이 확장할 수 있겠죠?

수업 중에 같은 메시지를 여러 캐릭터 버전으로 만들어 나누어 주고, 캐릭터 버전에 따라 달라진 지문에서 서로 다른 어휘를 비교하고 대조하는 수업을 해도 재미있을 것 같습니다.

영어 레시피로 리딩 즐기기

주변에 챗GPT에 대해 알려주었더니, 처음에 영어 레시피부터 뽑아 읽은 사람들이 많아 좀 놀랐어요. 레시피는 한국어로 찾아봐도 되지만, 저도 영어 레시피를 읽는 것을 좋아합니다.

영국 유학시절에 너무 읽을 게 없다 보니, 심심하면 (친구가 선물한) 영어 요리책도 보고, 더 심심하면 우편 주문회사에서 나온 상품 카탈로그 책자를 들고 와서 읽었어요. 덕분에 온갖 상품의 이름을 영어로 익힐 수 있어서 좋았습니다. 그때는 농기구 이름까지 영어로 알고 있을 정도였죠(유학생활이 얼마나 단조롭고 심심할 수 있는지 감이 좀 오시나요?^^*&).

PROMPT BOX

014 치킨 수프 레시피 프롬프트

Plz let me know a recipe for chicken soup.

치킨 수프 레시피를 알려줘.

챗GPT가 다음과 같이 치킨 수프의 레시피를 뽑아 줬어요. 이 레시피를 보면, 제가 왜 영어 레시피 리딩이 재미있다고 하는지 알게 될 거예요. 원래 챗GPT가 뽑아 준 영어 레시피에는 닭고기 국물(chicken broth)이 있는데, 한국에서는 사기 힘드니 치킨 스톡으로 바꾸어 레시피를 달랬더니 다시 주었어요. 마늘을 'cloves garlic'이라고 했는데, 여기서 clove는 정향이라는 식재료가 아니고 마늘 한 쪽을 'a clove of garlic'이라고 하기에 '2 cloves of garlic'이라고 한 것이고, minced는 마늘 여러 쪽을 다진 것입니다.

Absolutely! Here is the recipe for chicken soup using chicken stock:

Ingredients:

- 1 pound boneless, skinless chicken breasts
- 8 cups chicken stock
- 2 large carrots, peeled and sliced
- 2 celery stalks, sliced
- 1 medium onion, diced
- 2 cloves garlic, minced
- 1 bay leaf
- 1 teaspoon dried thyme

Salt and pepper to taste

Optional: chopped fresh parsley for garnish

Instructions:

PROMPT BOX

015 오믈렛 레시피 프롬프트

Plz let me know a recipe for omelet.

오믈렛 레시피를 알려줘.

이번에는 오믈렛 레시피를 알려 달라고 했더니 다음과 같이 레시피를 뽑아 주었습니다. 챗GPT가 준 레시피를 한 번 읽어 보세요. 계란 깨는 것을 'crack'이라고 하는 것부터 재미있죠? '계란을 깨서 풀다'는 영어로 'beat'이라고 합니다.

우리는 계란 관련 요리에는 배경지식과 경험이 좀 있죠? 그래서 오믈렛 영문 레시피는 아주 재미있게 읽을 수 있습니다.

Sure, here's a simple recipe for a classic omelet:

Ingredients:

- 2 large eggs
- 1 tablespoon milk or water
- Salt and pepper to taste
- 1 tablespoon butter or oil
- Optional fillings: grated cheese, diced ham, sliced mushrooms, diced tomatoes, chopped herbs, etc.

Instructions:

1. Crack the eggs into a small mixing bowl and add the milk or water. Whisk the eggs and milk or water together until well combined. Season with salt and pepper to taste.
2. Heat a nonstick skillet over medium heat. Add the butter or oil and swirl it

유튜브 영상으로 영어 리딩 즐기는 법

영어 리딩에도 유튜브를 이용할 수 있습니다. 영어 영상을 다 시청하고 싶지는 않은 경우, 내용을 요약해서 읽어보는 방법을 알아보죠.

먼저 여러분이 요약해서 보려는 유튜브 영상의 URL을 복사해서 챗GPT로 가져오세요. 챗GPT에서는 그대로는 인터넷 검색이 되지 않고, 인터넷 링크를 불러와 주는 플러그인을 설치한 후 명령을 내리면 됩니다(혹은 바드나 퍼플렉시티 AI를 써도 됩니다).

프롬프트에서 동영상을 요약해 달라고 하고, 다음 줄에 유튜브 URL을 쓴 후, 그다음 줄에 이 동영상의 제목을 'Title:' 뒤에 써 주면 됩니다.

PROMPT BOX

016 유튜브 영상 요약 프롬프트

Plz summarize this video for me:
https://www.youtube.com/watch?v=505UazMNgLg — 유튜브 URL
Title: Richard Dawkins vs Piers Morgan On Religion and Gender | The Full Interview — 동영상 제목 이 동영상의 경우 'The Full Interview'까지가 제목입니다.

이 영상을 요약해 줘.
https://www.youtube.com/watch?v=505UazMNgLg
제목: 리처드 도킨스 vs 피어스 모건, 종교와 성별 | 전체 인터뷰

그러면 챗GPT가 다음과 같이 유튜브 영상을 요약해 줍니다.

The video features a full interview between Richard Dawkins, an evolutionary biologist and author, and Piers Morgan, a journalist and television personality. During the interview, they discuss a range of topics related to religion and gender.

Richard Dawkins argues that religion is harmful and unnecessary, citing examples of religious extremism and conflicts caused by religious differences. He also criticizes the idea that religion is necessary for morality, arguing that empathy and reason are sufficient for ethical behavior.
Piers Morgan challenges Dawkins on his views, particularly his criticisms of Islam, and argues that religion can provide comfort and guidance to people.

이 동영상에는 진화 생물학자이자 작가인 리처드 도킨스(Richard Dawkins)와 저널리스트이자 방송인인 피어스 모건과의 인터뷰 전문이 담겨 있습니다. 인터뷰에서 두 사람은 종교 및 성별과 관련된 다양한 주제에 대해 논의합니다.

리처드 도킨스는 종교가 해롭고 불필요하다고 주장하며 다음과 같은 사례를 들었습니다. 종교적 극단주의와 종교적 차이로 인한 갈등의 예를 들며 종교가 해롭고 불필요하다고 주장합니다. 또한 종교가 도덕에 필요하다는 생각에 대해서도 비판하며 다

PROMPT BOX

017 유튜브 영상 주요 구절 뽑기 프롬프트

Can you provide a few lines from their conversation which are highlights of the talk?

그들의 대화 중에서 가장 중요한 몇 줄을 줄래?

유튜브를 요약한 영상만으로는 충분치 않고, 영상에서 중요한 구절, 인용할 만한 구절을 알고 싶다면, 위와 같이 프롬프트를 주면 됩니다.

그러면 챗GPT가 다음과 같이 주요 구절을 뽑아 줍니다.

Sure! Here are a few highlights from the conversation:

· Richard Dawkins: "Faith is the great cop-out. Faith is belief in spite of, even perhaps because of, the lack of evidence."

· Piers Morgan: "I think religion can give people great comfort and solace, and it's not for you or I to tell them that that is wrong."

· Richard Dawkins: "I'm not against religion because I think it's false, I'm against religion because it's harmful."

· Piers Morgan: "Do you think the gender pay gap is a product of misogyny?"

· Richard Dawkins: "It's a product of history. Women used to be the property of men, and it's taking a long time for the implications of that to be ironed out."

물론이죠! 다음은 대화의 몇 가지 하이라이트입니다:

- 리처드 도킨스: "믿음은 위대한 대처법입니다. 믿음은 증거가 부족함에도 불구하고, 심지어는 증거가 부족함에도 불구하고 믿는 것입니다."

- 피어스 모건: "종교는 사람들에게 큰 위로와 위안을 줄 수 있다고 생각합니다. 당신이나 내가 그들에게 그것이 잘못되었다고 말하는 것은 아닙니다."

PROMPT BOX

018 웹사이트의 글 요약 프롬프트

TL; DR in 2 sentences.:

https://www.mckinsey.com/featured-insights/diversity-and-inclusion/diversity-wins-how-inclusion-matters

요약하려는 글 전문 또는 URL

두 문장으로 요약해 줘: [텍스트 전문 또는 URL 주소]

'TL; DR'은 챗GPT 이전부터 많이 쓰였는데, '너무 길어서 안 읽었다'(Too Long, Didn't Read)의 약자입니다. 즉, 텍스트가 너무 기니 요약해서 말해 달라는 뜻입니다. 세계 1위 컨설팅회사 맥킨지 앤드 컴퍼니가 2015년 발표한 보고서 『다양성의 힘』(Diversity Matters)을 요약해 보죠. 프롬프트에 "TL; DR in 2 sentences"라고 한 다음, 이 보고서를 볼 수 있는 곳의 URL을 주거나 전문을 붙여넣으면 됩니다. 그랬더니 챗GPT가 다음과 같이 요약했습니다.

This article from McKinsey & Company presents research demonstrating that companies with more diverse workforces, and inclusive cultures are more likely to have better financial performance and achieve greater innovation. It also provides recommendations for how organizations can create a more inclusive workplace culture.

빠르고 간단하죠? 이제는 전문적으로 중요한 기사와 이야기를 요약해 주는 잡지가 필요 없을 것 같지 않나요? 어릴 적에 탐독했던 기억이 생생한데 말입니다. 특히 영어 리스닝 실력이 딸릴 경우, 이렇게 요약을 뽑아서 읽고 시작하면, 미리 주제와 어휘를 파악했으므로 내용을 듣고 이해하는 데 큰 도움이 됩니다.

JOYCE Sam's POINT

유튜브 혹은 웹사이트 검색을 위한 상세 설명

유튜브나 웹사이트 검색을 통해 리딩 자료를 가져올 수도 있습니다. 유료 버전인 챗GPT4의 플러그인 기능을 이용해서 해보죠.

1. 챗GPT4의 플러그인 기능을 이용하기 위해 'Plugins'를 클릭하세요.

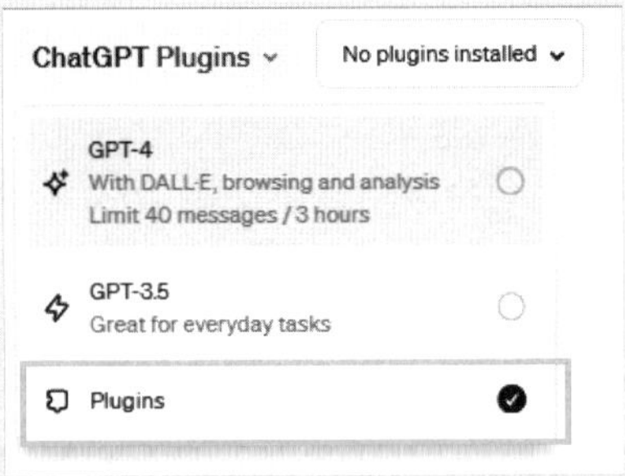

2. 플러그인 스토어로 들어갑니다. Access Link처럼 인터넷 검색을 도와주는 플러그인을 찾아 설치하면 됩니다. 플러그인 스토어에서 'link'를 검색어로 치면, 유튜브나 웹사이트의 URL을 넣으면 그 링크를 연결해 주는 다른 플러그인들도 찾을 수 있습니다.

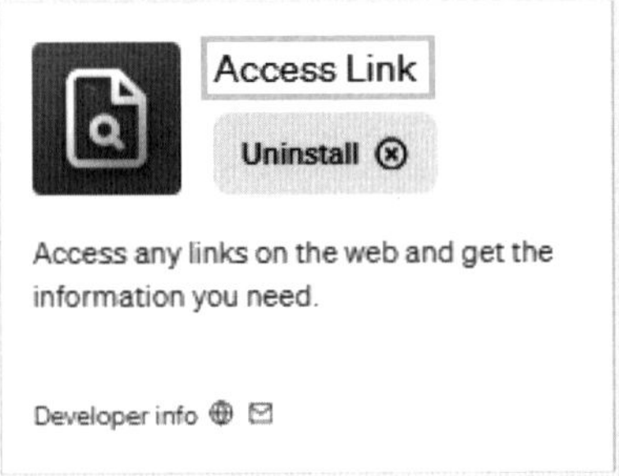

영어 동화 전문 찾기

1. 퍼블릭 도메인인 작품의 전문을 구해보죠. 이를테면 'The Velveteen Rabbit'이라는 영어 동화의 전체 지문을 구하려면 다음과 같이 프롬프트를 주면 됩니다.

Provide me the full text of The Velveteen Rabbit.

2. 그러면 프롬프트 아래에 녹색 창이 뜨며 이 동화의 전문을 찾는 모습이 보입니다.

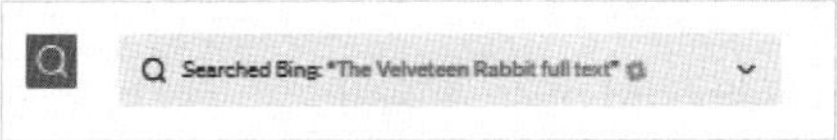

3. 이때 녹색 창의 화살표에 커서를 대고 클릭하면 다음과 같은 드롭다운 메뉴가 나타납니다.

여기서 'Clicked on' 옆의 'Full text' 부분을 클릭하면 'The Velveteen Rabbit'의 전체 영어 지문이 있는 사이트로 이동합니다.

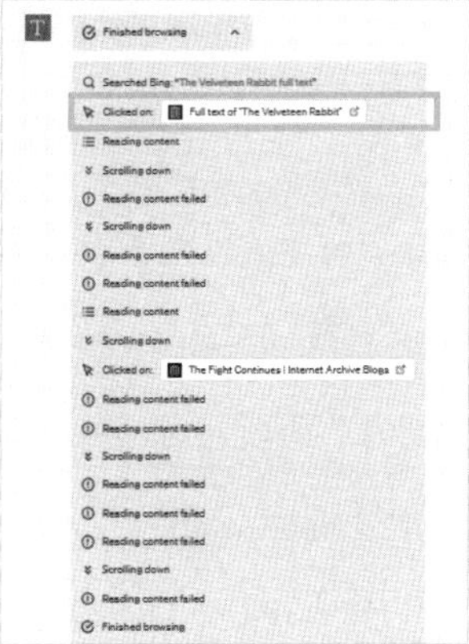

또는 176쪽 1번 화면에서 'Plugins'를 누른 다음 플러그인 중에서 'Access Link'를 설치한 후 영어 동화의 전체 지문을 구할 수도 있습니다(플러그인 설정은 7장 참조).

플래시 카드 리딩 문제 만들기

PROMPT BOX

019 플래시 카드 리딩 문제 프롬프트

Turn this into flashcard style questions with answers:
[플래시 카드 질문으로 만들 텍스트]

이 지문을 플래시 카드 스타일의 질문으로 바꾸고, 답을 제시해 줘. [플래시 카드 질문으로 만들 텍스트]

1. 위와 같이 프롬프트를 쓴 다음 콜론(:) 뒤에 플래시 카드 스타일의 문제를 만들 기본 지문을 복사해서 붙여넣으세요. 여기서는 앞에서 쓴 퍼스널 스페이스에 대한 에세이 지문을 넣어 볼게요. 잠깐, 프롬프트에서 행갈이를 할 때는 〈shift〉+〈enter〉 키를 누르면 됩니다.

2. 그러면 챗GPT가 다음 그림처럼 플래시 카드를 만들 응답을 뽑아 줍니다. 질문과 답으로 이루어져 있습니다.

Q: What is personal space?
A: Personal space is the space around us that we want to keep for ourselves.

Q: Can personal space be different for everyone?
A: Yes, personal space can be different for everyone and can depend on where we are, our culture, and our personality.

Q: How far do people in Western cultures usually stand away from strangers?

3. 캔바(Canva)와 같은 이미지 편집 앱을 사용해서 플래시 카드를 만들면 됩니다. 저는 캔바 유료 버전에서 엽서 템플릿을 골라서 다음과 같이 만들어 봤습니다. 만약 캔바가 없거나 유료 버전을 사용할 수 없다면 스튜디오.폴로트노 사이트(studio.Polotno.com)에서 무료로 만들면 됩니다.

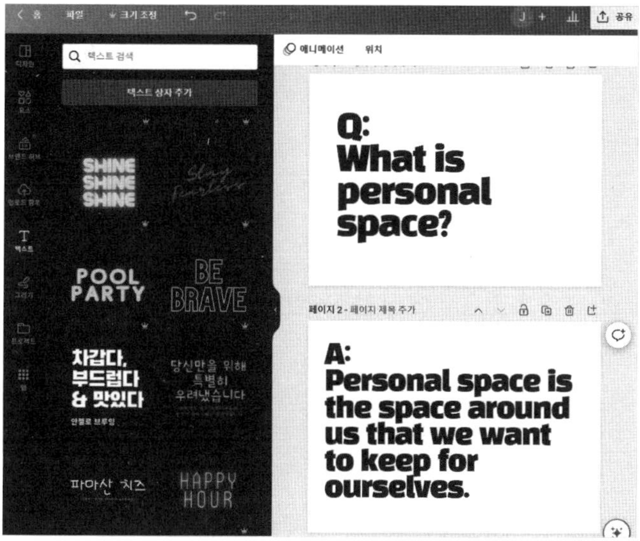

4. 오른쪽에 만들어진 엽서 2개를 다운받아서 양면으로 인쇄한 후 수업 시간에 플래시 카드로 사용하면 됩니다.

영어 그림책 챗GPT로 두 배 즐기기

가정에서 아이에게 영어 그림책을 읽어 줄 때는 과정에 따라 다음의 3가지 문제를 마주하게 됩니다. 첫째는 '어떤 책을 읽을까'이고, 둘째는 '어떻게 읽어 줄까'이며, 셋째는 '읽은 후에 무엇을 할까'입니다. 챗GPT를 이 3가지 과정에서 어떻게 이용할 수 있는지 살펴보죠.

어떤 영어 그림책을 읽을까?

'어떤 영어 그림책을 읽을 것인가' 하는 문제는 현재 아이의 영어 읽기 수준에 맞닿아 있습니다. 읽기 수준에 맞는 책을 읽는 것이 중요하겠죠. 그러려면 영어 읽기 수준을 보여주는 읽기 지수를 알아야 합니다. 한국에서는 AR 지수, 렉사일(Lexile) 지수가 유명합니다(영어 읽기 지수에 대해서는 『조이스박의 오이스터 영어교육법』 282~285쪽 참고).

한국에서는 잘 안 쓰이지만, GRL 지수는 영어책의 난이도 지표로 가장 많이 사용됩니다. 이 지수는 A~Z까지 총 26등급으로 나누어져 있고, A등급이 가장 낮고 Z등급이 가장 높습니다. 이 책에서는 GRL 지수를 사용했습니다. 우리나라의 경우 자기의 영어 읽기 지수를 알고 있는 사람이 별로 없습니다. GRL 지수의 경우 대충이라도 현재 읽고 있는 책으로 읽기 지수를 가늠할 수 있는 사이트가 있기 때문입니다.

영어 읽기 수준 쉽게 확인하는 법

베스트칠드런스북스 사이트(www.the-best-childrens-books.org)에 들어가면 읽기 수준별로 유명한 영어책들의 목록이 GRL A등급부터 Z등급까지 나옵니다.

그중에서 A~E등급을 클릭해 보면 다음과 같이 나옵니다. 낯익은 영어 그림책들이 눈에 띄나요? 너무 쉬운 책이다 싶으면 다음 등급의 책을 클릭해 보면 됩니다. I등급까지가 미국 초등학교 1학년의 읽기 수준입니다.

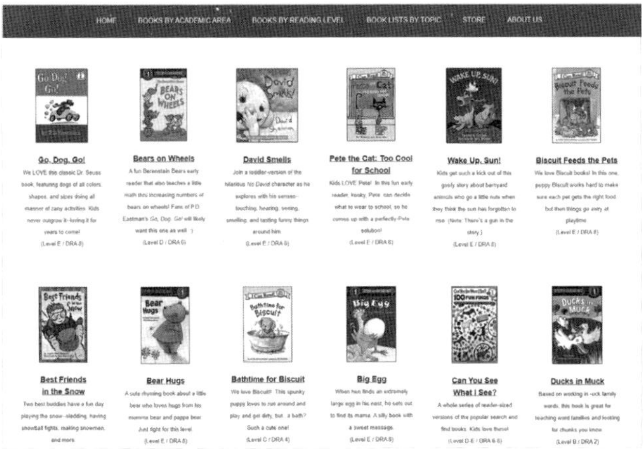

이처럼 베스트칠드런스북스 사이트에서 아이가 읽는 영어 그림책을 기준으로 읽기 수준을 먼저 확인하세요. 아이가 그 책에 나오는 어휘의 90~95%를 알고 읽는 경우, 그 읽기 등급에 해당된다고 할 수 있습니다. 아이의 읽기 등급을 확인했나요? 참고로, 이 사이트에는 글줄이 꽤 길고 읽기 수준이 높은 등급도 있으니 스토리북으로 리딩 공부를 하고 싶은 성인들도 여기서 자신의 읽기 수준을 확인하면 좋습니다. 이제 챗GPT에게 내 수준에 맞는 리딩용 영어책을 추천해 달라고 해 보겠습니다.

PROMPT BOX

020 읽기 수준에 따른 영어 그림책 추천 프롬프트

GRL level M 그림책 추천해 줄래?

위처럼 한국어로 프롬프트를 써도 됩니다. 다만, 전문적인 용어는 영어로 쓰는 것이 챗GPT의 응답 질이 좋다고 했죠? 'GRL level+등급'은 꼭 영어로 써 주세요. 그리고 프롬프트에서 '그림책'이 아니라 그냥 '책'이라고 하면 일반 책들을 추천해 줍니다.

GRL(Level) M은 대략 미국 초등 3학년에서 4학년 수준의 독서 능력을 가진 학생을 위한 레벨입니다. 이 레벨에 맞는 그림책 추천 목록을 드리겠습니다.

1. "The True Story of the Three Little Pigs" by Jon Scieszka, illustrated by Lane Smith - 이 책은 늑대가 3마리의 돼지를 죽인 이유에 대한 새로운 해석을 제시합니다. 이 책은 매우 재미있고, 흥미로운 그림으로 구성되어 있어 아이들에게 매력적인 책입니다.

2. "Chrysanthemum" by Kevin Henkes - 이 책은 한 소녀인 크리샌터멈의 이야기입니다. 그녀는 자신의 이름 때문에 집단적 괴롭힘을 받지만, 그녀의 가족과 자신감

PROMPT BOX

021 읽기 수준에 따른 영어 그림책 추천 목록 프롬프트

GRL level I 그림책 20개를 제목만 줄래?

설명 없이 그림책 목록만 달라고 하면 다음과 같이 줍니다.

네, GRL(Level) I에 맞는 그림책 추천 목록입니다. 제목만 드리겠습니다.

1. "The Cat in the Hat" by Dr. Seuss
2. "Green Eggs and Ham" by Dr. Seuss
3. "Curious George Goes to the Beach" by Margret and H.A. Rey
4. "The Giving Tree" by Shel Silverstein
5. "Danny and the Dinosaur" by Syd Hoff
6. "Frog and Toad Are Friends" by Arnold Lobel
7. "Madeline" by Ludwig Bemelmans
8. "Corduroy" by Don Freeman
9. "Little Bear" by Else Holmelund Minarik
10. "Arthur's Pet Business" by Marc Brown
11. "The Berenstain Bears and Too Much TV" by Stan and Jan Berenstain
12. "Clifford the Big Red Dog" by Norman Bridwell
13. "Mr. Popper's Penguins" by Richard and Florence Atwater
14. "The Velveteen Rabbit" by Margery Williams
15. "The Little Engine That Could" by Watty Piper
16. "The Tale of Peter Rabbit" by Beatrix Potter
17. "Caps for Sale" by Esphyr Slobodkina
18. "Where the Wild Things Are" by Maurice Sendak
19. "The Snowy Day" by Ezra Jack Keats
20. "Make Way for Ducklings" by Robert McCloskey

이 추천 목록은 GRL(Level) I에 맞는 그림책 추천 목록입니다. 이 책들은 다양한 주제와 장르를 다루며, 흥미진진한 이야기와 아름다운 그림으로 구성되어 있어 아이들에게 매우 적합합니다.

어떻게 읽어 줄 것인가?

저작권이 풀린 비아트릭스 포터(Beatrix Potter)의 '피터 래빗 이야기'(The Tale of Peter Rabbit)를 예시로 그림책을 어떻게 읽어 주는지 살펴보겠습니다. 피터 래빗 시리즈는 GRL P등급으로 미국 초등 3학년 수준입니다. 일러스트레이션이 포함된 PDF 파일을 다음의 주소에서 무료로 다운받을 수 있습니다(mymccoys.com/wp-content/uploads/2018/04/Peter-Rabbit-FKB-Kids-Stories.pdf).

그림책 읽어 주기는 '읽기 전 단계(pre-reading), 본문 읽어 주는 단계, 독후활동' 등 3단계로 볼 수 있습니다. 독후활동은 우리나라에서도 꽤 관심을 받고 있지만, 생각보다 중요한데 강조되지 않았던 부분이 바로 '읽기 전 단계'입니다. 어린아이일수록 이 단계가 매우 중요합니다.

아이들은 아직 인지발달이 완성되지 않았고 배경지식이 아주 제한적이므로, 책 속의 새로운 세계로 이끌어 가려면 부족한 어휘, 배경지식을 제시해 주고, 아이와 삶과 연결시켜 책으로 하는 간접경험을 좀더 생생히 느끼도록 동기부여를 해 주어야 합니다.

'읽기 전 단계'에서 해야 하는 작업은 다음과 같습니다.

- 제목과 저자 혹은 그림작가 이름 읽기
- 표지 그림에 대해 이야기하기
- 텍스트 톡으로 읽기 전 단계의 질문 뽑기
- 프롬프트 지니, 딥엘 혹은 네이티브AI(native.ai)를 깔아 번역하기
- 키워드 뽑기, 영한 단어 목록 뽑기
- 배경지식 주기

이들을 챗GPT의 도움을 받아 풍성하게 하는 방법을 알아보죠.

PROMPT BOX

022 영어 스토리를 큰 소리로 읽어 주는 프롬프트

Please read aloud the story, The Tale of Peter Rabbit!

'피터 래빗 이야기'를 큰 소리로 읽어 줘!

저작권이 풀린 작품은 챗GPT가 찾아서 영어로 읽어 주고, 텍스트도 써 줍니다. 하지만 텍스트의 길이가 긴 경우 한 번 끊기는데, 이럴 때에는 "continue"라고 치면 계속 이어서 읽어 줍니다. 단, 저작권이 풀린 '피터 래빗 이야기' 같은 것에서만 가능하다는 것을 기억하세요.

그런데 챗GPT의 목소리는 감정이 덜 실려 있죠? 어린 아이일수록 사람이 읽어 주는 목소리가 훨씬 효과적입니다.

유튜브를 검색하면 유명한 작품들은 읽어 놓은 영상들이 많습니다. 영어 그림책 리스닝용 유튜브는 다음의 검색어로 찾으면 좋습니다.

유튜브 영어 그림책 리스닝용 검색어
The Tale of Peter Rabbit read aloud

유튜브의 '피터 래빗 이야기'를 읽어 주는 영상 중에서 로즈 번의 영상이 좋습니다(www.youtube.com/watch?v=p_LeUSA-qIg). 이야기 리스닝으로 워밍업을 한 번 하거나, 그림책을 읽으면서 위 영상을 들어도 좋습니다.

이제 본격적으로 '읽기 전 단계'로 들어가 보죠.

1. 먼저 표지를 아이와 함께 보며 책 제목을 읽어 줍니다.
2. 작가와 그림 작가의 이름을 읽어 줍니다. 고유명사인 이름의 경우, 발음이 정말로 제각각이라서 영어 원어민이라도 발음을 잘 모를 수 있습니

다. 이럴 때에는 반드시 구글에서 발음을 찾아서 들어보고 아이에게 읽어 줍니다.

구글 작가 이름 검색어
How do you pronounce ___고유명사___?

고유명사의 발음은 꼭 확인해 보아야 합니다. 작가의 이름이 어려운 경우, 미국 교사들은 음절마다 박수를 치면서 한 음절씩 아이와 발음하는 방법을 많이 씁니다.

3. 이제 표지의 그림에 대해 아이와 이야기를 나눕니다. 이때 그림 속 등장인물의 상태에 대해 추측하며 이야기하는 활동이 사고력 발달에 가장 기초적인 단계이므로 꼭 하는 게 좋습니다.

그림책을 읽어 줄 때 아이와 상호작용을 하면서 질문과 대화를 하는 것을 텍스트 톡(text talk)이라고 합니다. 이때 질 높은 질문을 던져서 아이의 반응을 이끌어 내면 좋은데, 마땅히 질문이 생각이 안 날 수 있지요. 이럴 때 챗GPT를 이용할 수 있습니다.

PROMPT BOX

023 '읽기 전 단계'의 질문을 뽑는 프롬프트

Plz make pre-reading questions for The Tale of Peter Rabbit at GRL E level, using Text Talk framework by Beck & McKeown.

'피터 래빗 이야기'에 대한 읽기 전 단계의 질문을 Beck & McKeown의 텍스트 톡 프레임워크를 사용하여 GRL E등급으로 만들어 줘.

읽기 전 단계에 할 수 있는 질문을 챗GPT에게 뽑아 달라고 한 것입니다. 이때 텍스트 톡에 대한 이론을 정립한 학자들의 이름을 써서 'Beck & McKeown의 텍스트 톡 프레임워크'라고 영어교육 전문용어를 넣으면 챗GPT가 그에 맞게 질문을 잘 뽑아 줍니다.

단, 저작권이 풀리지 않은 이야기의 경우, 챗GPT가 읽기 전 단계의 질문을 뽑아 주기 힘들 수도 있습니다.

Sure, here are some pre-reading questions based on "The Tale of Peter Rabbit" using the Text Talk framework by Beck and McKeown:

1. What do you already know about rabbits?

2. Have you ever heard of "The Tale of Peter Rabbit" before?

3. What do you think the story might be about based on the title and any illustrations on the cover?

4. Have you ever disobeyed your parents or guardians? What happened as a result?

5. How do you think Peter Rabbit's curiosity might get him into trouble in the story?

6. What kind of danger do you think Peter Rabbit might encounter in Mr. McGregor's garden?

PROMPT BOX

024 질문을 쉬운 영어로 바꾸는 프롬프트

Can you rewrite the questions at GRL E level?

그 질문들을 GRL E등급으로 바꿔 줄래?

'피터 래빗 이야기'의 텍스트 톡 질문을 그냥 뽑아 달라고 하면, 챗GPT가 고급 질문을 뽑아 줍니다.

위처럼 'GRL E' 등급으로 뽑아 달라고 명시하면 다음과 같이 어린이에게 맞는 쉬운 영어 질문을 뽑아 줍니다. 챗GPT의 답변을 보면 토끼를 bunny라고 하고, 어린이의 경험과 연결해서 눈높이에 잘 맞추고 있습니다.

Sure, here are some pre-reading questions for "The Tale of Peter Rabbit" at GRL E level:

1. Have you ever seen a bunny before? What do you know about them?
2. Have you heard a story about a rabbit named Peter before?
3. What do you think the story might be about from the pictures on the cover?
4. Have you ever been told not to do something by your parents or guardians? What happened?
5. What kind of problems might Peter Rabbit face because he is curious?
6. What do you think might be growing in Mr. McGregor's garden?
7. Have you ever been in trouble for doing something wrong? What happened?
8. What do you think might happen to Peter Rabbit in the story?

PROMPT BOX

025 텍스트 톡 질문에 대한 답 프롬프트

Plz write some possible answers for the questions at GRL E level.

그 질문들에 대한 답을 GRL E등급으로 써 줘.

이번에는 앞의 읽기 전 단계의 질문에 대한 답도 써 달라고 요청합니다. 아이가 답하기 전에 부모님이 참고할 만한 답지가 있으면 좋겠지요?

Sure, here are some possible answers for the pre-reading questions for "The Tale of Peter Rabbit" at GRL E level:

1. Have you ever seen a bunny before? What do you know about them?
· Yes, I have seen a bunny before. They are cute and have long ears.

2. Have you heard a story about a rabbit named Peter before?
· No, I haven't heard about Peter Rabbit before.

3. What do you think the story might be about from the pictures on the cover?
· I think the story might be about a rabbit who wears a blue jacket, and gets into trouble in a garden.

4. Have you ever been told not to do something by your parents or guardians? What happened?
· Yes, my parents told me not to touch the hot stove, and I listened to them so I didn't get burned.

PROMPT BOX

026 스토리에서 키워드 뽑는 프롬프트

Plz give me keywords for reading The Tale of Peter Rabbit.

'피터 래빗 이야기'를 읽을 수 있는 키워드를 뽑아 줘.

영어 그림책을 읽기 전에 사전 질문을 하고 답하는 활동이 끝나면, 이번에는 본문을 읽기 전에 키워드들을 제시합니다. 아이가 모르는 모든 단어를 키워드로 제시하지는 마세요. 모르는 단어를 모두 제시하기에는 너무 많고, 모든 단어가 다 어린이 수준에 맞는 것도, 학습할 가치가 있는 것도 아니기에 키워드만 뽑아 주는 것이 좋습니다.

챗GPT에 위와 같이 프롬프트를 주면 다음과 같이 키워드를 죽 뽑아 줍니다.

Sure, here are some keywords for reading "The Tale of Peter Rabbit":

- Rabbit
- Garden
- Vegetables
- Curiosity
- Danger
- Farmer
- Jacket
- Family
- Siblings
- Mischievous
- Consequences
- Lesson
- Moral
- Escaping

PROMPT BOX

027 키워드로 영한 단어 목록 만들기

Plz make a bilingual word list in English, and Korean including parts of speech.

영어와 한국어로 된 이중언어 단어 목록을 만들고, 품사도 영어로 표기해 줘.

그런데 키워드만으로는 부족하죠? 영어 단어와 한국어 뜻과 품사 표기가 있어야 우리에게 친숙한 단어장 형식의 자료가 됩니다. 이런 형식의 단어 목록을 이중언어 단어 목록(bilingual list)이라고 합니다. 그러면 챗GPT가 영한 단어 목록을 품사까지 포함해서 순식간에 만들어 줍니다.

Sure, here are the keywords presented in a bilingualized dictionary format with English and Korean translations:

1. Rabbit - 토끼 (noun)
2. Garden - 정원 (noun)
3. Vegetables - 채소 (noun)
4. Farmer - 농부 (noun)
5. Siblings - 형제자매 (noun)
6. Mischievous - 장난꾸러기의 (adjective)
7. Disobedient - 반항적인 (adjective)
8. Sneaky - 음흉한 (adjective)
9. Chase - 추적하다 (verb)
10. Escape - 도망치다 (verb)
11. Consequence - 결과 (noun)
12. Lesson - 교훈 (noun)
13. Moral - 도덕적 가치 (noun)
14. Cautionary tale - 경계 이야기 (noun)
15. Classic - 고전적인 (adjective)

PROMPT BOX

028 영한 단어 목록에 예문 포함 프롬프트

Plz elaborate the bilingual word list by inserting one English example sentence.

그 영한 단어 목록에 영어 예문을 하나씩 추가해 줘.

영어 예문을 하나씩 넣은 학습 자료를 만들고 싶으면, 프롬프트에 명령어를 더 추가하면 됩니다. 이렇게 하면 영어 단어, 한국어 뜻, 품사, 영어 예문이 들어간 완벽한 어휘 학습자료가 만들어집니다.

Sure, here is the bilingual word list with an English example sentence:

1. Rabbit - 토끼 (noun) - The rabbit hopped through the garden.

2. Garden - 정원 (noun) - The vegetables grew in the garden.

3. Vegetable - 채소 (noun) - Carrots are a type of vegetable.

4. Farmer - 농부 (noun) - The farmer worked in the fields all day.

5. Sibling - 형제자매 (noun) - Peter Rabbit had three siblings.

6. Mischievous - 장난꾸러기의 (adjective) - Peter Rabbit was a mischievous rabbit.

7. Disobedient - 반항적인 (adjective) - Peter Rabbit was a disobedient rabbit who went into Mr. McGregor's garden.

8. Sneaky - 음흉한 (adjective) - Peter Rabbit was sneaky and tried to steal vegetables from the garden.

9. Chase - 추적하다 (verb) - Mr. McGregor chased Peter Rabbit out of the garden.

10. Escape - 도망치다 (verb) - Peter Rabbit managed to escape from Mr. McGregor's grasp.

11. Consequence - 결과 (noun) - The consequence of Peter Rabbit's actions was that he got sick from eating too many vegetables.

PROMPT BOX

029 배경지식 관련 프롬프트

What animals does a non-native speaking child need to know about to better understand The Tale of Peter Rabbit?

'피터 래빗 이야기'를 비원어민 아이가 더 잘 이해하려면 동물에 대해서 무엇을 알아야 할까?

챗GPT에게 '피터 래빗 이야기'를 잘 이해하려면 어떤 배경지식이 필요한지, 특히 비원어민 어린이(non-native speaking children)가 어떤 배경지식이 필요한지 물어보면 대답을 해 주는데, 그 중에서 특히 여러 동물에 대한 지식은 의미심장해서 정보를 요청해 보았습니다.

그랬더니 다음과 같이 챗GPT가 배경지식에 대한 대답을 해 주었습니다. 내용이 궁금하면 한국어로 번역해 달라고 하면 금방 번역해 줍니다.

To better understand The Tale of Peter Rabbit by Beatrix Potter, a non-native speaking child should be familiar with the following animals:

1. Rabbits: The main character is a rabbit, and the story revolves around his adventures and misadventures in the garden.
2. Mice: Peter Rabbit's cousin, Benjamin Bunny, has a friend who is a mouse. The mouse helps Peter Rabbit escape from Mr. McGregor's garden.
3. Cats: Mr. McGregor has a cat who tries to catch Peter Rabbit and his siblings.
4. Birds: The birds in the garden play a small role in the story, but they are present and can be seen in the illustrations.
5. Squirrels: Squirrels are briefly mentioned in the story as they watch Peter Rabbit's escape from the garden.

It is important to note that while familiarity with these animals can enhance a non-native speaking child's understanding of the story, it is not necessary for them to have extensive knowledge about each animal to enjoy and benefit from the tale.

PROMPT BOX

030 등장인물 관련 사이트 추천 프롬프트

Can you recommend a site where they show all the characters of The Tale of Peter Rabbit with illustrations?

'피터 래빗 이야기'의 모든 등장인물을 삽화와 함께 보여주는 사이트를 추천해 줄래?

'피터 래빗 이야기'는 등장인물이 많으므로, 미리 등장인물들을 하나씩 보여주는 사이트를 소개해 달라고 요청할 수도 있습니다. 그러면 챗GPT가 다음과 같이 사이트 주소를 죽 알려줍니다.

Certainly! Here are a few websites where you can find all the characters of The Tale of Peter Rabbit with illustrations:

1. The Official Peter Rabbit Website: This website has a page dedicated to the characters of The Tale of Peter Rabbit, complete with illustrations and descriptions of each character.
Link: https://www.peterrabbit.com/characters/

2. Project Gutenberg: This website offers a free e-book version of The Tale of Peter Rabbit that includes illustrations of all the characters.
Link: https://www.gutenberg.org/ebooks/14838

3. Beatrix Potter Society: This website has a section dedicated to the characters of The Tale of Peter Rabbit, including illustrations and descriptions.
Link: https://www.beatrixpottersociety.org.uk/peter-rabbit/characters/

I hope you find these resources helpful!

이런 말을 post-text라고 합니다.
이 말을 챗GPT가 안 했으면 좋겠다 싶을 땐
"Take out post-text"라고 프롬프트 안에 쓰면 됩니다.

이 중에서 피터 래빗 공식 사이트(www.peterrabbit.com)로 가면 등장인물 소개를 볼 수 있습니다. 그림책을 읽기 전에 그림을 다운받아 보여주면, 아이가 책 내용을 좀더 쉽게 이해하고 즐길 수 있겠죠?

PROMPT BOX

031 본문 읽어 주는 단계의 질문 프롬프트

Can you make the while-reading questions only for the beginning part at GRL E level, using Text Talk Framework?

'본문 읽어 주는 단계'의 질문을 텍스트 톡의 프레임워크를 사용해 시작 부분에 대해서만 GRL E등급으로 만들 수 있니?

본문 읽어 주는 단계

영어 그림책을 읽어 주는 단계에서는 페이지별로 넘겨가면서 아이에게 묻고 질문하는 상호작용을 하는 것이 중요합니다. 글과 그림을 보면서 글의 내용이 그림으로 어떻게 그려져 있는지 짚어 주고, 혹은 글과 다르게 그림에만 나오는 정보도 주목해서 보고 이에 대해 이야기하면서 진행하는 것이 좋습니다.

챗GPT에게 본문을 읽어 주는 단계의 질문을 만들어 달라고 하면, 본문 전체에 대한 질문들을 뽑아 줍니다. 따라서 범위를 정해서 이만큼의 정보를 뽑아 달라고 하는 것이 좋습니다. 물론 질문의 수준을 GRL E등급으로 맞추어 달라는 것도 중요합니다.

위에서 밑줄 친 부분은 다른 말로 바꾸어 "only for pages 3 & 4"라고 페이지를 지정해도 좋고, 글을 텍스트로 넣은 경우에는 "only for paragraphs 5 & 6"와 같이 문단으로 지정해서 질문을 뽑아 달라고 요청해도 됩니다.

그러면 챗GPT가 다음과 같이 어휘, 글의 구조, 배경지식, 추론, 연결(connection)로 나누어 질문을 뽑아 줍니다. 사람의 경우 훈련을 받지 않으면 영역별로 질문을 만들지 못할 텐데, 챗GPT는 잘 뽑습니다. 여기서 '연결'은 독자와 지문 사이에 개인화를 해 주는 부분으로, 어린이 독자에게는 매우 중요합니다. 어린이는 이해 영역이 좁아서 자신이 아는 작은 세상 안에 맞추어 연결해 주는 작업이 필요합니다.

Certainly! Here are some while-reading questions using the Text Talk Framework by Beck & McKeown for The Tale of Peter Rabbit:

1. Vocabulary: What do the words "soporific" and "sundry" mean in the context of the story? Why did the author choose to use these words?

2. Text Structure: How is the story structured? Can you identify the beginning, middle, and end? What is the problem that Peter Rabbit faces, and how is it resolved?

3. Background Knowledge: What do you already know about rabbits, mice, and gardens? How does this knowledge help you understand the story?

4. Inferences: Why do you think Peter Rabbit disobeys his mother and goes into Mr. McGregor's garden? How do you think the story would have ended if Peter Rabbit had listened to his mother?

5. Connections: Have you ever been in a situation where you didn't listen to someone's advice and it got you into trouble? How did you handle the situation?

I hope these questions help promote deeper comprehension and engagement with The Tale of Peter Rabbit!

PROMPT BOX

032 독후 질문 프롬프트

Can you make some after-reading questions using Text Talk Framework at GRL E level?

독후 질문 몇 개를 텍스트 톡 프레임워크를 사용하여 GRL E등급에 맞춰 몇 개 뽑아 줄래?

독후 단계

영어 그림책 본문을 읽어 주는 단계에서 페이지별 혹은 문단별로 질문을 하면, 이제 독후활동(after-reading) 단계로 접어듭니다. 독후활동은 그리기, 만들기, 공연하기 등 매우 다양한데 그 중에서 종이로 할 수 있는 활동을 소개할게요. 위처럼 프롬프트를 주어 독후 질문을 달라고 하면 챗GPT가 어휘, 글의 구조, 배경지식, 추론, 연결(connection)로 나누어 죽 뽑아 줍니다.

Sure, here are some after-reading questions using the Text Talk Framework by Beck & McKeown for The Tale of Peter Rabbit at GRL E level:

1. Vocabulary: What new words did you learn from the story? Can you use them in a sentence?

2. Text Structure: How is the story structured? Can you identify the beginning, middle, and end?

한 영역을 골라서 더 자세하게 여러 질문을 달라고 할 수도 있습니다. 이를테면 배경지식과 관련된 질문을 더 달라고 하려면 다음과 같이 프롬프트를 쓰면 됩니다.

Can you give me more background knowledge questions?

배경지식 질문을 더 줄래?

PROMPT BOX

033 본문 단어 복습 프롬프트

Can you make some vocabulary questions in fill-in-blanks style at GRL E level?

단어 질문 몇 개를 GRL E등급, 빈칸 채우기 형식으로 만들어 줄래?

본문에서 익힌 단어를 확인하고 복습하는 활동을 하고 싶다면, 위처럼 단어 문제를 만들어 달라고 하면 되는데, 그 중 빈칸 채우기 형식 문제를 잘 만듭니다. 그러면 다음과 같은 문제를 만들어 줍니다.

Sure, here are some fill-in-the-blank style vocabulary questions for The Tale of Peter Rabbit at GRL E level:

1. Peter Rabbit's mother warned him not to go into Mr. McGregor's _______.

2. Peter Rabbit's siblings obediently remained in the _______ while Peter went out to play.

3. Peter Rabbit was an _______ rabbit who loved adventure and didn't always listen to his mother's warnings.

4. Mr. McGregor's _______ was filled with delicious vegetables that Peter Rabbit couldn't resist.

5. After eating too many vegetables in Mr. McGregor's garden, Peter Rabbit

다음과 같이 프롬프트를 주면 문제들에 대한 답도 줍니다.

Can you give me answers for the vocabulary questions?

이 단어 문제들의 답을 줄래?

그래픽 오거나이저 템플릿 이용하기

이번에는 독후활동의 정점인 그래픽 오거나이저(graphic organizer)를 이용한 활동을 살펴볼게요. 챗GPT는 아직 도식을 잘 그리지 못하고, 확장앱들도 비즈니스용 조직도에 맞춰져 있습니다. 그래서 구글 '이미지' 검색으로 템플릿을 다운받아 쓰는 것이 가장 좋습니다. 핀터레스트(www.pinterest.co.kr)에서 검색하면 무료로 다운받을 수 있습니다(그래픽 오거나이저의 종류와 용도는 『조이스 박의 오이스터 영어교육법』 262쪽 참고. PDF 파일도 제공되니 다운받으세요).

그래픽 오거나이저는 리딩 지문에 대한 이해를 돕고, 학습자의 사고력을 키워 주며, 라이팅으로 확장시키는 데에도 아주 효과적입니다. 특히 챗GPT 기능으로 보강하면 아주 탄탄한 도구가 됩니다.

1. 먼저 학습자에게 읽은 내용을 8~10칸에 그림으로 그리게 하고, 그 밑에 각 장면을 묘사하는 한두 문장을 쓰게 합니다(주요 장면을 출력해 오려 장면 순서대로 붙이게 한 후 문장을 쓰게 해도 됩니다).

2. 다음과 같이 스토리보드를 완성했습니다.

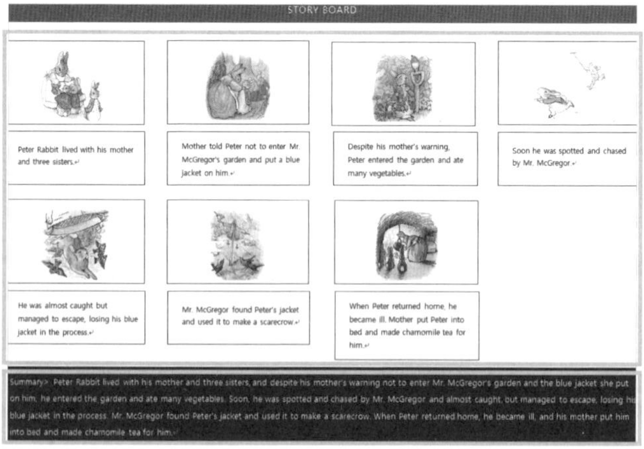

3. 이제 위에 한두 줄씩 쓴 문장들을 모아서 문단 구조로 쓴 다음, 챗GPT에 복사해 넣고 고쳐 달라고 하면 됩니다.

PROMPT BOX

034 영어 문장 수정 프롬프트

Please proofread this writing: [전체 문장]

이 글에서 틀린 것을 고쳐 줘. [전체 문장]

4. 그러면 챗GPT가 문장을 고쳐 줍니다. 이 고쳐 준 문장을 다시 쓰면 훌륭한 요약을 얻을 수 있습니다.

Summary> Peter Rabbit lived with his mother and three sisters, and despite his mother's warning not to enter Mr. McGregor's garden and the blue jacket she put on him, he entered the garden and ate many vegetables. Soon, he was spotted and chased by Mr. McGregor and almost caught, but managed to escape, losing his blue jacket in the process. Mr. McGregor found Peter's jacket and used it to make a scarecrow. When Peter returned home, he became ill, and his mother put him into bed and made chamomile tea for him.

챗GPT가 이런 요약을 만들어 주면, 학습자가 썼던 부분과 다른 부분을 비교해서 밑줄을 그어 보라고 하면 학습 효과를 높일 수 있습니다. 특히 별도의 문장을 모아서 하나의 문단으로 만드는 경우 연결어가 중요하므로, 접속어구에 유의해서 밑줄을 그어라고 학습 포인트를 짚어 주는 것이 좋습니다.

그래픽 오거나이저 생성기 이용하기

1. 그래픽 오거나이저 생성기는 많지만, 그 중에서 독해력을 위한 사이트를 추천합니다.

www.edrawmax.com/article/graphic-organizer-for-reading-examples.html

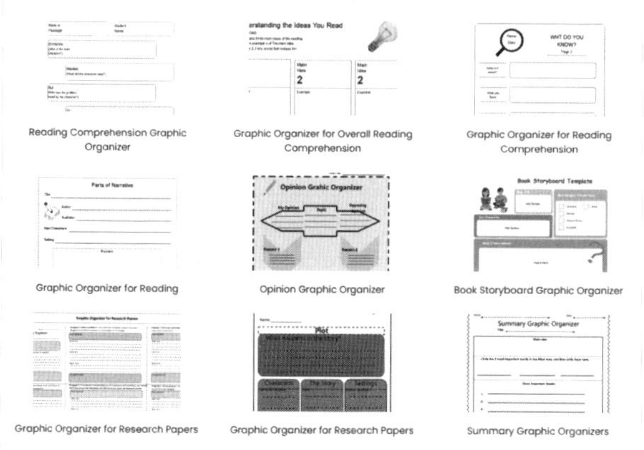

2. 스크롤 막대를 내린 다음 마음에 드는 템플릿을 선택한 다음 〈Edit Now〉 단추를 클릭하세요.

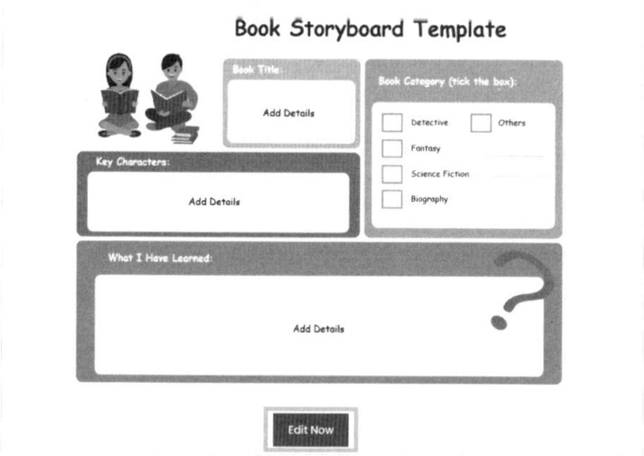

3. 그런 다음 'Edit online'을 선택하세요. 이제 온라인 상태에서 이 그래픽 오거나이저를 내가 쓰고자 하는 리딩 지문에 맞게 수정한 후 저장하면 됩니다. 3회까지만 무료이고 이후에는 계정을 만들어야 합니다.

다양한 그래픽 오거나이저를 살펴본 후 리딩 지문을 정리, 복습하는 데에 가장 좋은 이미지가 무엇일지 골라서 편집하고 저장해 사용하면 됩니다.

PROMPT BOX

035 주인공 바꾼 새 리딩 지문 프롬프트

Plz write a new story of The Tale of Peter Rabbit from the perspective of Peter's mother at GRL E level. Please write every sentence from the first person perspective.

'피터 래빗 이야기'를 피터 엄마의 시점으로 GRL E등급으로 새로 써 줘. 모든 문장을 1인칭 시점으로 써 줘.

이번에는 좀더 자유롭고 창의적으로 영어 리딩 지문을 얻는 방법을 알아보죠. 위와 같이 프롬프트를 주면 됩니다.

이때 반드시 "1인칭으로 써 달라"고 요청해야 합니다. 안 그러면 챗GPT가 작품 소개 문장으로 글을 시작합니다.

주인공 중 한 명의 시각으로 이야기를 짧게 다시 써 보는 과제는 영어 쓰기 실력을 높이는 데도 효과적입니다. 또한 아이가 이미 배경지식이 있기에, 읽기 쉬운 또 하나의 리딩 지문이 완성된 셈입니다. 독후 활동으로 이 다른 버전의 이야기를 그림까지 넣어 스토리북이나 동영상 비디오도 만들 수 있습니다. 이 방법은 어휘 편에서 소개합니다.

I am Peter Rabbit's mother. I have a big family of rabbits, including my mischievous son Peter. Peter loves to explore, but he never seems to listen to my warnings about the dangers of Mr. McGregor's garden.

※ 챗GPT를 이용해 아이와 그림책을 읽는 법은 2023년 4월 1일 유튜브 '브릿지TV'에서 김태훈 선생님과 공동강의를 할 때에 제가 강의한 부분입니다. 이 강의 자료가 유출되고 이후 이를 도용해 강의 자료로 배포한 강사 팀이 있습니다. 이 자료는 제게 저작권이 있음을 밝힙니다. 그리고 챗GPT를 조금이라도 다루어 본 분들은 같은 사람이 같은 프롬프트를 두 번 주어도 챗GPT가 다른 응답을 해 준다는 것을 알 것입니다. 챗GPT의 응답까지 똑같이 그대로 배포한 행위는 명백한 도용임을 밝힙니다.

PROMPT BOX

리딩을 풍성하고 재미있게 만드는 프롬프트 44

081 영어 리딩 지문 만들기 프롬프트

Please write an essay on personal space.

퍼스널 스페이스에 대한 에세이를 작성해 줘.

082 영어 리딩 지문에 예시 추가 프롬프트

Can you rewrite the essay including specific examples?

그 에세이를 구체적인 예를 포함하여 다시 작성해 줄래?

083 영어 리딩 지문에 인용 추가 프롬프트

Can you rewrite this essay including a quote?

그 에세이를 인용을 포함해 다시 써 줄래?

084 영어 리딩 지문에 통계 추가 프롬프트

Can you rewrite the essay with supporting statistics?

그 에세이를 뒷받침하는 통계를 넣어 다시 써 줄래?

* 아예 처음부터 이 조건을 달아서 에세이를 써 달라고 할 수도 있습니다.
* with 대신 including을 써도 됩니다.

085 영어 리딩 지문에 참고문헌 포함 프롬프트

Plz write an essay on shooting sprees including references.

총기난사에 대한 에세이를 참고문헌을 포함해 써 줄래?

086 리딩 지문 작성 시 단어 수 제한 프롬프트

Plz write an essay about the 1997 IMF financial crisis in Korea. Make the word count 350.

한국의 1997년 IMF 외환위기에 대한 에세이를 써 줘. 단어 수는 350단어로 해 줘.

087 영어 리딩 지문의 장르 바꾸는 프롬프트

Can you change the text into a dialogue between two people?

그 텍스트를 두 사람 사이의 대화로 바꾸어 줄래?

088 프레젠테이션용 스크립트로 수정 프롬프트

Please rewrite the first essay into a script for presentation.

첫 번째 에세이를 프레젠테이션용 스크립트로 다시 작성해 줘.

089 영어 지문 미국 초3 수준(수능 3등급)으로 수정 프롬프트

Can you rewrite the text at GRL level P?

그 텍스트를 GRL P등급으로 다시 써 줄래?

090 영어 지문을 미국 초1 수준으로 수정 프롬프트

Can you rewrite the text at GRL level C?

그 텍스트를 GRL C등급으로 다시 써 줄래?

091 영어 기사 작성 프롬프트

Plz write an article on recent fashion trends, esp. referring to Paris and London Fashion Weeks.

최신 패션 동향에 대해, 특히 파리와 런던 패션위크를 참조해서 기사를 하나 써 줘.

092 영어 연설 목록 프롬프트

Plz show me a list of 10 famous English speeches.

유명한 영어 연설 10개 목록을 보여줘.

093 영어 연설 전문 프롬프트

Plz show me the full text of Obama's speech 'Yes We Can.'

오바마의 연설 'Yes We Can' 전문을 보여줘.

* 'Yes We can'은 오바마 대통령이 2008년 미국 대통령 경선 전에 한 연설로 매우 유명하며, 이후 'Yes We can'은 오바마 대통령의 대표적 구호가 됨.

094 영어 노래 가사 프롬프트

Plz let me know the lyrics of Taylor Swift's 'You Belong with Me.'

테일러 스위프트의 'You Belong with Me' 가사를 알려줘.

* 챗GPT는 2021년도 11월 자료까지만 알고 있습니다. 따라서 챗GPT는 테일러 스위프트의 그 이후 노래는 모릅니다. 'You Belong with Me'는 2008년 발표곡.

095 애니메이션 등장인물 스토리 프롬프트

Plz write a story for a seven-year-old girl. The story is about Elsa's next adventure.

7세 소녀를 위한 이야기를 써 줘. 이 이야기는 엘사의 다음 모험에 관한 것이야.

* 예: 슈렉과 피오나 공주 사이에서 태어난 첫 번째 아들에 대한 이야기 같은 것을 요청할 수 있겠죠.

096 영어 리딩을 위한 스토리 작성 프롬프트

Plz write a story of a child who won't eat carrots and onions.

당근과 양파를 안 먹으려고 하는 아이에 대한 이야기를 하나 써 줘.

* '무언가를 안 하려고 하는'이라는 표현을 대신 넣어 주세요. 예: 10시가 넘어서도 잠자리에 안 들려고 하는 아이에 대한 이야기도 좋겠네요.

097 영어 리딩을 위한 보고서 요청 프롬프트

Plz write a report on global warming including statistics and quotes.

지구 온난화에 대한 보고서를 통계와 인용문을 포함해서 하나 써 줘.

098 영어 단편소설 목록 프롬프트

Plz make a list of 10 famous short stories in the public domain.

퍼블릭 도메인인 영어권 단편소설 중에서 유명한 것 10개를 알려줘.

099 영어 단편소설 전문 요청 프롬프트

Plz let me know the site where I can get the full text of Saki's 'The Open Window.'

사키의 단편소설 「열린 창」의 전문을 가져와.

100 시놉시스 뽑기 프롬프트

Plz make synopsis of saki's 'The open Window.'

사키의 '열린 창'의 시놉시스를 만들어 줘.

101 영어 원문의 시점과 장르 바꾸는 프롬프트

Please keep an imaginary dairy on behalf of Mrs. Sappleton's niece about Mr. Nuttel's visit.

새플턴 부인의 조카 입장에서 누텔 씨의 방문에 대해 가상일기를 써 줘.

102 영어 원문의 시점 바꾼 프롬프트

This time rewrite the original story from the point of view of Mr. Sappleton's dogs that accompanied Mr. Sappleton's hunt.

새플턴 씨가 사냥에 데리고 나갔던 개들의 시각으로 원문을 다시 써 봐.

103 영어 원문을 특정 캐릭터 풍으로 바꾸는 프롬프트

Plz rewrite the following message as if Mickey Mouse wrote it:
[원문 텍스트]

미키마우스가 쓴 것처럼 다음 메시지를 다시 써 줘: [원문 텍스트]

104 치킨 수프 레시피 프롬프트

Plz let me know a recipe for chicken soup.

치킨 수프 레시피를 알려줘.

105 오믈렛 레시피 프롬프트

Plz let me know a recipe for omelet.

오믈렛 레시피를 알려줘.

106 유튜브 영어 영상 요약 프롬프트

Plz summarize this video for me:
[유튜브 URL 주소]
Title: [유튜브 영상 제목]

이 동영상을 요약해 줘. / [유튜브 URL 주소] / 제목: [유튜브 영상 제목]

107 유튜브 영어 영상 주요 구절 뽑기 프롬프트

Can you provide a few lines from their conversation which are highlights of the talk?

그들의 대화 중에서 가장 중요한 몇 줄을 뽑아줄래?

108 웹사이트의 영어 글 요약 프롬프트

TL; DR in [문장 수] sentences.:
[텍스트 전문 또는 URL 주소]

[문장 수] 문장으로 요약해 줘.

109 플래시 카드 리딩 문제 프롬프트

Turn this into flashcard style question with answers: [플래시 카드로 만들 텍스트

이 지문을 플래시 카드 스타일의 질문으로 바꾸고, 답을 제시해 줘: [플래시 카드로 만들 텍스트]

110 읽기 수준에 따른 영어 그림책 추천 프롬프트

GRL Level M 그림책 추천해 줄래?

111 읽기 수준에 따른 영어 그림책 추천 목록 프롬프트

GRL level I 그림책 20개를 제목만 줄래?

112 영어 스토리를 큰 소리로 읽어 주는 프롬프트

Please read aloud the story, The Tale of Peter Rabbit!

'피터 래빗 이야기'를 큰 소리로 읽어 줘!

113 '읽기 전 단계'의 질문 뽑는 프롬프트

Plz make pre-reading questions for The Tale of Peter Rabbit at GRL E level, using Text Talk framework by Beck & McKeown.

'피터 래빗 이야기'에 대한 읽기 전 단계의 질문을 Beck & McKeown의 텍스트 톡 프레임워크를 사용하여 GRL E등급으로 만들어 줘.

114 질문을 쉬운 영어로 바꾸는 프롬프트

Can you rewrite the questions at GRL E level?

그 질문들을 GRL E등급으로 바꿔 줄래?

115 텍스트 톡 질문에 대한 답 프롬프트

Plz write some possible answers for the questions at GRL E level.

GRL E등급으로 위 질문들에 대한 답을 써 줘.

116 스토리에서 키워드 뽑는 프롬프트

Plz give me keywords for reading The Tale of Peter Rabbit.

'피터 래빗 이야기'를 읽을 수 있는 키워드를 뽑아 줘.

117 키워드로 영한 단어 목록 만들기

Plz make a bilingual word list in English, and Korean including parts of speech.

영어와 한국어로 된 이중언어 단어 목록을 만들고, 품사도 영어로 표기해 줘.

118 영한 단어 목록에 예문 포함 프롬프트

Plz elaborate the bilingual word list by inserting one English example sentence.

그 영한 단어 목록에 영어 예문을 하나씩 추가해 줘.

119 배경지식 관련 프롬프트

What animals does a non-native speaking child need to know about to better understand The Tale of Peter Rabbit?

'피터 래빗 이야기'를 비원어민 아이가 더 잘 이해하려면 동물에 대해서 무엇을 알아야 할까?

120 등장인물 관련 사이트 추천 프롬프트

Can you recommend a site where they show all the characters of The Tale of Peter Rabbit with illustrations?

'피터 래빗 이야기'의 모든 등장인물을 삽화와 함께 보여주는 사이트를 추천해 줄래?

121 본문 읽어 주는 단계의 질문 프롬프트

Can you make the while-reading questions only for the beginning part at GRL E level, using Text Talk Framework?

'본문 읽어주는 단계' 질문을 텍스트 톡의 프레임워크를 사용해 시작 부분에 대해서만 GRL E등급으로 만들 수 있니?

122 독후 질문 프롬프트

Can you make some after-reading questions using Text Talk Framework at GRL E level?

독후 질문 몇 개를 텍스트 톡 프레임워크를 사용하여 GRL E등급에 맞춰 몇 개 뽑아 줄래?

123 본문 단어 복습 프롬프트

Can you make some vocabulary questions in fill-in-blanks style at GRL E level?

단어 질문 몇 개를 GRL E등급, 빈칸 채우기 형식으로 만들어 줄래?

124 영어 문장 수정 프롬프트

Please proofread this writing: [전체 문장]

이 글에서 틀린 것을 고쳐 줘.

125 주인공 바꾼 새 리딩 지문 프롬프트

Plz write a new story of The Tale of Peter Rabbit from the perspective of Peter's mother at GRL E level. Please write every sentence from the first person perspective.

'피터 래빗 이야기'를 피터 엄마의 시점으로 GRL E등급 수준으로 새로 써 줘. 모든 문장을 1인칭 시점으로 써 줘.

5장

챗GPT와 재미있는 영어 어휘 학습

챗GPT는 어휘 학습에 굉장히 좋아요. 한국인은 아는 영어 단어의 양은 많지만 어휘 지식의 깊이가 아주 얄팍해 영어로 말을 하거나 글을 쓸 때 잘 못합니다. 챗GPT로 재미있게 어휘의 깊이를 꽉꽉 채우는 법을 소개합니다.
또한 엄마표 영어, 교강사를 위한 키워드 목록 뽑기, 독후활동을 위한 십자말 풀이, 어휘 동영상 만드는 법 등을 살펴봅니다.

챗GPT는 어휘 학습에 굉장히 좋아요

사실 챗GPT로 영어 학습을 하기에 가장 좋은 영역 중 하나가 어휘입니다. 영어권에서는 이미 어휘가 엄청나게 많이 데이터화 되어 있기 때문에, 챗GPT도 굉장히 많은 영어 어휘 지식을 가지고 있습니다. 우리가 이러한 영어 어휘 정보를 캐내고 활용하는 적절한 규칙만 안다면, 챗GPT를 가지고 어휘 공부를 굉장히 재미있게 할 수 있습니다.

그럼, 먼저 한국인의 영어 어휘 학습법의 문제점을 알아보고, 챗GPT를 이용해 이러한 부족한 점을 어떻게 보충할 수 있을지 살펴보겠습니다. 챗GPT와 재미있는 영어 어휘 학습, 이제 시작해 보겠습니다.

한국인의 영어 어휘 학습에서 부족한 면을 메워 줘요

일단 우리가 어떤 어휘를 안다고 할 때에는 두 가지 측면을 고려해야 합니다. 하나는 어휘 지식의 넓이, 또 하나는 어휘 지식의 깊이입니다.

쉽게 이야기하면, 어휘 지식의 넓이는 '얼마나 많은 어휘를 아는가' 하는 문제입니다.

그리고 어휘 지식의 깊이는 '하나의 어휘를 어느 정도의 깊이까지 아느냐' 하는 문제이죠. 이를테면 어휘의 깊이란 발음이나 뜻, 품사뿐만 아니라 파생어, 굴절형, 문법, 유사어, 반의어, 뉘앙스, 그리고 말의 맥락에 맞게 적절히 사용할 줄 아는 것까지 포함하는 것입니다.

한국인들의 영어 어휘 학습은 균형이 굉장히 안 맞습니다. 원래 영어든 한국어든, 원어민의 어휘력은 넓이와 깊이가 정비례하는 경향이 있습니다. 즉, 어휘를 많이 아는 사람이 어휘 지식의 깊이도 깊죠.

하지만 한국에서는 보통 영어 단어를 한국어 뜻과 품사 정도까지만 외우는 식으로 학습하는 경우가 많습니다. 영어 단어를 아주 얕은 깊이로 그 개수, 즉 넓이만 계속 늘리는 것입니다. 그래서 한국인들은 아는 영어 단어의 양은 많으나 어휘 지식의 깊이는 아주 얄팍합니다.

그러다 보니 한국인의 경우 어떤 영어 단어를 읽거나 들을 때는 알지만, 쓰거나 말할 때는 잘 쓰지 못하는 경우가 많습니다. 즉, 한국인의 영어 어휘 지식은 수용적 지식에 머물고 표현적 지식으로 잘 나아가지 못하는 것입니다.

챗GPT는 영어 어휘 지식의 넓이와 깊이와 관련된 데이터가 매우 많이 축적되어 있습니다. 그래서 우리가 제대로 활용하기만 하면, 한국인의 부족한 어휘 학습을 보강할 수 있는 훌륭한 가정교사가 될 수 있습니다.

챗GPT로 영어 단어의 크기 키우기

나는 영어 단어를 얼마나 많이 알고 있을까?

먼저 여러분의 영어 어휘 지식의 넓이, 즉 영어 단어를 얼마나 많이 알고 있는지 체크해 보죠. 어휘 사이즈 사이트에서 어휘 연구의 대가 폴 네이션 교수의 연구를 기반으로 한 테스트를 해 보면, 얼마나 많은 영어 단어를 알고 있는지 알 수 있습니다.

1. VocabularySize.com 사이트(https://my.vocabularysize.com)에 접속한 다음 'Native Language'로 '한국어'를 선택하고 〈Ok!〉 단추를 누르세요.

2. 그러면 영어 단어 문제가 수십 개 나옵니다. 화면의 지시에 따라서 문제를 푸세요.

3. 문제를 다 풀었나요? 그러면 여러분이 아는 영어 단어, 정확하게 말하면

워드 패밀리(word families)가 몇 개 정도 되는지 알려줍니다.

참고로, act라는 단어는 action(명사), active(형용사), actor(명사) 등 파생어가 있는데, 이때 act를 헤드워드(headword)라고 하고, 이 단어들을 '워드 패밀리'라고 합니다. 어휘의 크기를 이야기할 때 세는 단위는 워드 패밀리 기준입니다.

4. 여러분이 아는 영어 워드 패밀리는 몇 개로 나왔나요?

다음의 표는 영어 리딩과 리스닝에 필요한 워드 패밀리 수를 알려줍니다. 원어민들은 대충 2만 개의 워드 패밀리를 알고 있으며, 영어 리딩을 하려면 8,000~9,000개의 워드 패밀리를 알아야 한다고 나오는군요.

영어 리딩과 리스닝에 필요한 어휘력 출처: https://my.vocabularysize.com/result/be210b4aeb05e417fd621528ccb5e323

영역	영어 어휘력 크기
리딩	8,000~9,000워드 패밀리
리스닝	6,000~7,000워드 패밀리
원어민	20,000워드 패밀리

"우리나라 중고등학교 영어 교과서에 나오는 단어 정도를 알면, 영어로 말하는 데에 문제가 없다"는 소리를 들어본 적이 있을 거예요.

교육부에서 지정한 초등 영어 필수 단어는 750단어, 그리고 외래어 수십 개를 더해서 800단어 정도 됩니다. 그런데 교과서를 집필할 때 영어 지문을 이 800단어 안에서만 쓰라고 하면 웬만한 사람의 창의력으로는 불가능합니다. 그래서 교과서 집필 시 수록할 영어 단어의 75%는 이 필수 단어 800단어에서 쓰게 하고, 25%는 재량에 맡깁니다. 즉, 여러 종의 교과서에 실린 실제 단어 수는 '800+알파'가 되겠죠. 중고등 필수 영어 단어는 2,500단어 정도 됩니다. 마찬가지로 재량인 영어 단어 25%를 더하면 이보다 훨씬 많습니다.

다음은 말뭉치인 코퍼스 분석을 통해 영어 단어를 자주 쓰이는 빈도별 그룹으로 정렬한 그래프입니다. 여기서 가장 자주 쓰이는 2,000단어를 '밴드(band) 1 단어'라고 합니다. 이 밴드 1에 해당하는 단어가 구어체 영어의 80% 이상을 차지합니다. 그래서 우리나라 초중고 영어 교과서의 단어만 알아도, 영어로 말하는 데에 문제가 없다는 소리가 나오는 것이죠.

빈도 수로 정렬한 영어 단어의 적용 범위

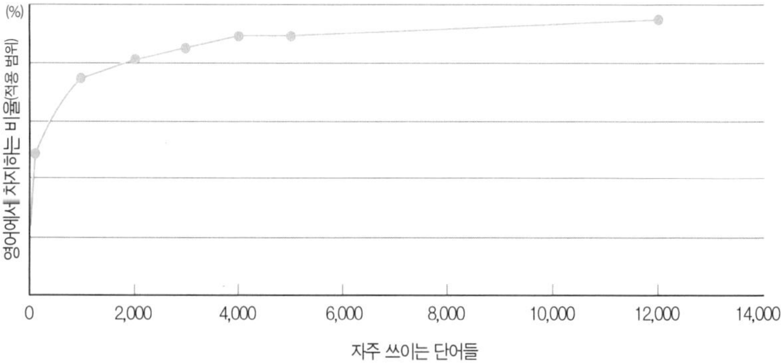

* 출처: Milton, "The most frequent bands in English and lexical coverage", Measuring Second Language Vocabulary Acquisition, 2009년, 47쪽.

영어에서 가장 자주 쓰이는 밴드 1에 해당하는 2,000개의 단어는 어떤 것이 있을까 궁금하죠? 챗GPT에게 시키면 금방 찾아줍니다.

PROMPT BOX

001 가장 자주 쓰이는 2,000단어 목록 프롬프트

Plz give me the list of most frequently used 2,000 words.

가장 자주 사용되는 2,000단어 목록을 알려줘.

이때 프롬프트에서 'First 2,000 words'라고 하면 챗GPT가 못 알아듣습니다. 가장 자주 쓰이는 2,000단어, 즉 "most frequently used 2,000 words"라고 정확하게 지정해야 합니다. 그러면 챗GPT가 가장 많이 쓰이는 영어 단어 2,000개를 죽 뽑아 줍니다.

Here are the 2000 most frequently used words in the English language, according to the Corpus of Contemporary American English (COCA) as of 2021:

1. the
2. be
3. to
4. of
5. and
6. a
7. in
8. that
9. have
10. I
11. it
12. for
13. not
14. on
15. with
16. he
17. as

하지만 챗GPT가 뽑아 준 가장 많이 쓰이는 2,000단어 같은 목록은 이미 있습니다. 최초는 1953년 마이클 웨스트가 만든 약 2,000단어 목록인 제너럴 서비스 리스트(General Service List)입니다. 2013년 찰리 브라운, 브렌트 컬리건, 조셉 필립스가 이를 보강해서 뉴 제너럴 서비스 리스트(New General service List)를 만들었죠.

이 외에 중요한 영어 단어 목록으로는 에이브릴 콕스헤드가 만든 아카데믹 워드 리스트(Academic Word List: AWL)가 있습니다. 대학 입학 후 학업에 필요한 500단어를 정리한 것인데, 위의 세 사람이 뉴 아카데믹 워드 리스트(New Academic Word List)로 개선했습니다.

"아카데믹 워드 리스트가 겨우 500단어밖에 안 돼?"라며 가뿐하다고 착각하면 안 됩니다. 이때 대학 학업에 필요한 단어 500개는 헤드워드 기준이니까요. 이 단어들이 거느린 파생어들까지 포함하면 단어 수가 엄청 늘어나겠죠.

또한 이 대학 학업에 필요한 헤드워드 500개를 사용할 수 있는 수준까지 가려면 시간이 꽤 걸립니다. 후속 연구에 따르면, 비원어민인 일본 어린이들이 영어 문장의 80%를 차지하는 가장 자주 쓰이는 2,000단어 수준이 되는 데 12년 정도 걸린다고 합니다.

아울러 앞의 그래프를 보면, 어휘력 크기는 밴드 1을 찍은 후 아주 더디게 올라가는 것을 볼 수 있습니다. 밴드 4에서 밴드 5(최고급 단어 그룹) 사이의 단어 수 차이는 몇 백 개밖에 안 되지만, 원어민 기준으로 이 구간을 넘는 데 최소 5년 이상이 걸린다고 합니다.

"영어 단어는 그냥 외우면 되는 건데, 왜 이리 익히는 데 오래 걸리냐?"

고 의아해하는 분이 있을 수 있습니다. 어휘 지식의 깊이에서 설명했듯이, 단어의 뜻만 안다고 제대로 아는 것이 아니며, 파생어, 뉘앙스 등을 알고 맥락에서 적절하게 사용할 수 있어야 비로소 진정 아는 것이라고 할 수 있기 때문입니다.

최근의 연구에 따르면, 가장 자주 쓰이는 2,000단어를 거의 다 숙달하지 않고는(어휘 지식의 깊이를 제대로 확보하지 않고는) 고급 단어로 넘어가는 것이 불가능하다고 합니다. 즉, 밴드 1 영역에서 깊이가 부족하면 장차 어휘 학습에 엄청난 지장이 생깁니다. 이로써 우리는 어린 시절, 혹은 초보 시절에 영어 단어들을 깊이 익히는 것이 얼마나 중요한지를 알 수 있습니다.

JOYCE Sam's POINT

어린이 영어교육에서는 관련 어휘 리스트 중 사이트워드 리스트인 돌치 리스트(Dolch words list)와 프라이 리스트(Fry words list)가 유명합니다. 돌치 리스트는 가장 오래된 목록으로 가장 자주 쓰이는 사이트워드들을 모아둔 것입니다. 사이트워드란 a, the, for, any 등 영어 문장의 절반 이상을 차지할 정도로 자주 등장하지만 파닉스 규칙에서 벗어나 통째로 외워야 하는 단어들입니다.

개인적으로는 프라이 교수의 프라이 리스트를 선호합니다. 영어 단어를 학년별, 빈도별로 수십 개씩 나누어 제공하기 때문입니다. 또한 프라이의 인스턴트 문구 리스트(Fry's instant phrases list)도 리딩 훈련에 매우 유용합니다. 다음의 사이트에서 PDF 파일로 무료로 다운로드 받을 수 있습니다.

프라이의 인스턴트 문구 리스트
www.timrasinski.com/presentations/fry_600_instant_phrases.pdf

챗GPT로 영어 단어의 깊이 키우기

앞에서 말했듯이, 영어 단어의 뜻과 품사 정도를 아는 것은 너무나도 얄팍한 지식입니다. 영어 단어의 양만 무작정 늘려 놓고, 이 정도 깊이의 어휘 지식으로 '독해가 되겠지!'라고 생각하는 것이, 한국인들이 어휘 학습에 대해 가지고 있는 가장 큰 오해입니다.

영어 단어의 뜻과 품사 이외에 알아야 하는 어휘 지식을 나열해 보면 다음과 같습니다. 철자와 발음, 유의어, 반의어, 파생어(형용사형, 동사형, 사람 명사형 등), 어근과 접사, 숙어, 구동사, 관용어구(idiom), 뜻이 여러 개인 단어의 경우 다른 뜻들, 뉘앙스(정확하게는 connotation), 빈도, 화용론적 용법, 연어(collocation) 등입니다.

화용론적 용법이란 어떤 단어의 의미가 그것이 사용되는 상황에 따라 다르게 사용되는 것입니다. 이를테면 친척 어른에게는 '죽었다'고 하지 않고 '돌아가셨다'고 하는 게 높임말에서 쓰이는 화용론적 용법이죠. 연어는 특정 뜻을 나타낼 때 함께 쓰이는 어휘의 쌍으로 예로 '눈치를 주다' 같은 말입니다.

예전에 한국에서 열린 영어 어휘 국제학회에서 어휘 연구의 대가인 셰릴 짐머만 교수의 강연을 들었는데, 짐머만 교수가 참석한 청중들(박사급 한국인들과 최소 석사급 원어민들)에게 5개의 형용사를 주며 크기 순으로 정렬해 보라고 했습니다.

huge	big	colossal	enormous	gigantic

그랬더니 청중들이 거의 모두 똑같은 순서로 이 형용사들을 나열했습니다.

big < huge < colossal < gigantic < enormous

이러한 영어 어휘 지식은 영어사전에는 나오지 않죠?

짐머만 교수는 이는 가장 깊은 단계의 어휘 지식이라고 하며, 이 정도의 어휘 지식에 도달하려면 이 단어들과 최소 3천 번은 수동적으로 만나야 한다고 했습니다. 즉, 리딩이나 리스닝, 주로 리딩을 통해 이 단어들을 수천 번씩 만나야 이 정도 깊이의 어휘 지식이 생긴다는 뜻입니다.

영어 리딩, 그 중에서도 다독이 왜 중요한지 이 지점에서 잘 드러나고 있습니다. 다독은 다른 말로 펀 리딩(fun reading) 혹은 즐거운 독서(pleasure reading)라고도 합니다. 즉, 책이 좋아서 평소에 즐겨 읽는 것이 얼마나 중요한지 알 수 있습니다.

이제 챗GPT를 이용해서 어휘 지식의 깊이를 더해 보겠습니다.

PROMPT BOX

002 유의어 프롬프트

Plz let me know the synonyms of 'lonely.'

'lonely'의 유의어를 뽑아 줘.

한국어로 '외로운'이라는 뜻의 lonely의 유의어를 알려 달라고 하면, 챗GPT가 죽 뽑아 줍니다. Solitary, alone, isolated, desolate 등 '외로운'이라는 뜻을 가진 유의어들이 십수 개가 죽 나옵니다.

Here are some synonyms for "lonely":

· Solitary
· Alone
· Isolated
· Desolate
· Forsaken
· Abandoned
· Reclusive
· Secluded
· Detached
· Unaccompanied
· Apart
· Remote
· Estranged
· Lonesome
· Uninhabited
· Deserted
· Unpopulated
· Unsociable

PROMPT BOX

003 영어 단어 예문 프롬프트

Plz provide an example sentence for each word above.

위의 각 단어에 대한 예문을 만들어 줘.

앞에서 뽑은 lonely의 유의어들을 더 자세히 이해하기 위해 예문을 한 문장씩 뽑아 달라고 했습니다. 그랬더니 챗GPT가 각 단어에 대해 예문을 한 문장씩 죽 뽑아 주었습니다.

Sure, here are example sentences for each of the synonyms for “lonely”:

· Solitary: The prisoner spent several years in solitary confinement.

· Isolated: The small village was isolated from the rest of the country.

· Alone: I enjoy spending time alone to recharge my batteries.

· Desolate: The desert was desolate and uninhabitable.

· Lonesome: The old man felt lonesome after his wife passed away.

· Unaccompanied: The child traveled unaccompanied on the plane.

· Forlorn: The abandoned puppy looked forlorn on the side of the road.

· Deserted: The deserted beach was peaceful and quiet.

· Estranged: After the argument, the siblings became estranged from each other.

· Friendless: She felt friendless in the new school.

PROMPT BOX

004 뜻&뉘앙스 같은 단어 프롬프트

Among the synonyms, which words can replace 'lonely' in this sentence: I've been feeling so lonely these days.

유의어들 중에서, "I've been feeling so lonely these days"라는 문장에서 'lonely'를 대신할 수 있는 단어를 골라 줘.

사실 어떤 단어와 뜻이 비슷한 유의어를 아는 것만으로는 충분치 않습니다. 예를 들어 slim, bonny는 '날씬한'이라는 같은 뜻을 가진 유의어지만, slim은 '날씬하네~' 하는 긍정적인 뉘앙스이고, bonny는 말라서 뼈만 남은 부정적 뉘앙스라서 문장에서 대신 쓰기는 힘들지요. 따라서 뜻뿐만 아니라 뉘앙스도 비슷해서 문장에서 대신해서 쓸 수 있는 유의어인지 알아야 합니다.

그럼, 앞에서 찾은 lonely의 유의들 중에서 뉘앙스가 같은 어휘를 어떻게 알 수 있을까요? 프롬프트에서 문장을 하나 쓴 다음에(예: I've been feeling so lonely these days), 'lonely'를 대신할 수 있는 단어를 골라 달라고 하면 됩니다.

JOYCE Sam's POINT

특정 단어가 들어간 영어 예문

만약 lonely가 들어간 영어 문장을 쓰기 어렵다면, 이것도 챗GPT에게 부탁하면 되겠죠? 프롬프트를 다음과 같이 쓰면 됩니다.

Please select an example sentence with 'lonely.'

'lonely'가 들어간 예문을 뽑아 줘.

그랬더니 "I've been feeling so lonely these days"라는 예문을 뽑아 주었습니다.

그러면 챗GPT가 다음과 같이 영어 문장에서 lonely를 대체할 수 있는 유의어를 죽 뽑아 줍니다. isolated, desolate, solitary, alone, forlorn이네요. 이로써 감정 형용사 꼴로 쓸 수 있는 '외로운'이라는 형용사는 이 5개라는 것을 알 수 있습니다.

The words that can replace "lonely" in the sentence "I've been feeling so lonely these days" are "isolated," "desolate," "solitary," "alone," or "forlorn."

For example:

· I've been feeling so isolated these days.
· I've been feeling so desolate these days.
· I've been feeling so solitary these days.
· I've been feeling so alone these days.
· I've been feeling so forlorn these days.

JOYCE Sam's POINT

영어 문장에서 대체할 수 있는 유의어

뜻&뉘앙스가 같은 어휘를 뽑아내는 챗GPT의 이 기능은 매우 중요합니다. 사전이나 구글 검색으로는 이러한 정보를 한 번에 얻어낼 수 없거든요. 오로지 챗GPT만이 한 번에 이처럼 뉘앙스까지 같아서 영어 문장에서 대체해서 쓸 수 있는 유의어들을 뽑을 수 있습니다.

PROMPT BOX

005 가장 자주 쓰이는 빈도순 영어 문장 나열 프롬프트

Plz list the sentences by frequency:

I've been feeling so isolated these days.
I've been feeling so desolate these days.
I've been feeling so solitary these days.
I've been feeling so alone these days.
I've been feeling so forlorn these days.

문장들을 빈도순으로 나열해 줘:
요즘 너무 고립된 느낌이 들어. / 요즘 너무 쓸쓸한 기분이 들어. / 요즘 너무 외로워. / 요즘 너무 외로워. / 요즘 너무 외로웠어.

앞에서 챗GPT가 lonely와 뉘앙스까지 비슷한 단어가 들어간 문장을 5개 뽑아 주었죠? 가장 많이 쓰는 것을 알려고 영어 문장들을 빈도순으로 나열해 달라고 했더니, "I've been feeling so alone these days"라는 문장이 가장 많이 쓰이는 것으로 나왔습니다.

Plz list the following sentences by frequency:

1. I've been feeling so alone these days.
2. I've been feeling so isolated these days.

JOYCE Sam's POINT

구어체의 매끄러운 영어 표현 찾기

가장 자주 쓰이는 표현일수록 구어체이고, 가장 덜 쓰이는 말일수록 문어체이자 공식적인 말이라고 생각하면 됩니다. 영어 문장을 쓸 때 가능한 자주 쓰이는 표현을 쓴다면 여러분의 말과 글이 쉬우면서도 매끄러워질 것입니다.

PROMPT BOX

006 반의어 프롬프트

Plz let me know the antonyms of 'lonely.'

'lonely'의 반의어를 뽑아 줘.

어휘 지식의 깊이에는 유의어 말고도 많지요? 앞의 프롬프트를 활용하여 lonely의 반의어를 뽑아 달라고 하면 이렇게 죽 뽑아 줍니다.

The antonyms of "lonely" are:

1. Accompanied
2. Surrounded
3. Accompanied by others
4. Sociable
5. Popular
6. Well-liked
7. Outgoing
8. Gregarious
9. Social
10. Crowded

유의어든 반의어든 뉘앙스와 사용되는 맥락이 다를 수 있으므로, 어떤 문장과 맥락에서 쓰는지는 챗GPT에게 영어 문장을 주고 확인해 보는 것이 좋습니다.

PROMPT BOX

007 파생어 프롬프트

Plz let me know derived words from 'active.'

'active'의 파생어를 뽑아 줘.

active의 파생어를 뽑아 달라는 프롬프트입니다. 파생어(derived word)라는 표현도 있지만 워드 패밀리(word family)도 비슷한 개념입니다. 그러면 챗GPT가 다음과 같이 active의 파생어를 죽 뽑아 줍니다.

Sure, here are some common derived words from "active":

1. Activity
2. Activeness
3. Activation
4. Activism
5. Activist
6. Reactivate
7. Active-duty
8. Actively
9. Actuate
10. Activateable
11. Activatable
12. Hyperactive
13. Inactive (the opposite of active)
14. Radioactive (pertaining to radioactivity, the emission of ionizing radiation)
15. Superactive

Note that this is not an exhaustive list, but these are some of the most common words derived from "active".

PROMPT BOX

008 파생어 표 만들기 프롬프트

Plz make a word family table for 'active' by part of speech.

'active'의 워드 패밀리 표를 품사별로 만들어 줘.

위와 같이 프롬프트를 주면, 챗GPT가 active라는 단어의 워드 패밀리로 다음과 같은 표를 품사별로 만들어 줍니다. 이렇게 표로 만들어 주니 정리가 더 잘되죠?

Sure, here's a word family table for "active" by part of speech:

Part of speech	Words
Noun	activity, activation, activeness, actor, action, activism, activator
Adjective	active, actively, activating
Adverb	actively
Verb	activate, actify, activate, reactivate
Related Words	interact, transaction, transactional, transactionally, enact, enactive, enactor, react, reactive, reactor

PROMPT BOX

009 가장 자주 쓰이는 구동사 표현 목록 프롬프트

Plz let me know 10 most frequently used phrasal verb expressions with an example sentence.

가장 자주 쓰이는 구동사 표현 10개를 예문과 함께 알려줘.

챗GPT에게 가장 자주 쓰이는 구동사 표현 10개를 예문과 함께 알려 달라고 하면, 다음의 그림처럼 죽 뽑아 줍니다. 가장 자주 쓰이는 구동사 표현으로는 'look up to'를 뽑았네요. 여기서는 구동사 표현을 10개만 뽑았지만, 50개도 100개도 뽑을 수 있겠죠? 위의 프롬프트 문장에서 숫자만 10에서 50으로 바꿔 주면 됩니다.

Sure, here are 10 of the most frequently used phrasal verbs in English, along with example sentences:

1. Look up to - To admire or respect someone.
Example: I've always looked up to my grandfather for his wisdom and kindness.

2. Get over - To recover from something, such as an illness, loss, or breakup.
Example: It took me a long time to get over my divorce and move on.

3. Put off - To postpone or delay something.
Example: I keep putting off cleaning my room because I don't feel like doing it.

4. Take after - To resemble or have similar traits to someone, usually a family member.
Example: My daughter takes after her mother in terms of her artistic talents.

5. Turn down - To reject an offer or request.
Example: He turned down the job offer because he didn't want to relocate.

6. Hang out - To spend time with someone in a casual way.
Example: I'm planning to hang out with my friends at the beach this weekend.

PROMPT BOX

010 동사의 자주 쓰이는 구동사 표현 프롬프트

Plz let me know 5 most frequently used phrasal verb expressions of 'take' with an example sentence accompanied by its Korean translation.

'take'의 가장 자주 사용되는 구동사 표현 5개를 한국어 번역문이 첨부된 예문과 함께 알려줘.

구동사란 take out처럼 동사와 다른 한두 개의 단어로 이루어진 구를 말합니다. 여기서는 기본동사 중 하나인 take 동사의 구동사 표현을 알려 달라고 했죠.

이때 예문에 번역문을 넣어 달라고 할 수도 있습니다. 예문에만 번역문을 넣으려면, "example sentence" 뒤에 "accompanied by its Korean translation"이라는 표현을 반드시 넣어야 합니다. 그렇지 않고, 챗GPT에게 그냥 번역하라고 하면 단어와 뜻까지 모두 번역해 버립니다.

그러면 챗GPT가 다음 그림처럼 take 동사의 구동사 표현 5개와 각각 예문을 뽑아 번역까지 보여줍니다.

Here are 5 of the most frequently used phrasal verbs with 'take', along with example sentences and their Korean translations:

1. take after: resemble (in appearance or character)
· My daughter takes after me with her love for books.
(내 딸은 책을 좋아해서 나랑 닮았어.)

2. take off: leave the ground and begin to fly; remove clothing quickly
· The plane took off and flew into the clouds.
(비행기가 이륙해서 구름 속으로 사라졌다.)
· I need to take off my jacket because it's too warm inside.
(내가 입은 재킷이 너무 따뜻해서 벗어야겠어.)

PROMPT BOX

011 자주 쓰이는 연어 표현 프롬프트

Plz let me know 5 most frequently used collocations of 'take' with an example sentence accompanied by its Korean translation.

'take'의 가장 많이 쓰이는 연어 5개를 한국어 번역문이 첨부된 예시문과 함께 알려줘.

이번에는 take 동사의 연어(collocation)를 뽑아 달라고 했습니다. 숙어는 at first처럼 단어들이 항상 붙어다니는 반면, 연어는 단어와 단어가 늘 붙어 있지 않지만 함께 잘 쓰이는 표현입니다. 예를 들어 '샤워를 하다'라고 할 때 'take a shower'가 바로 연어입니다. 연어에 대한 지식은 한국인들이 영어 스피킹이나 라이팅을 할 때 큰 도움이 됩니다.

Here are 5 frequently used collocations of 'take' with example sentences and their Korean translations:

1. Take a break (쉬다, 휴식을 취하다)
Example: I'm going to take a break from work and go for a walk.
(나는 일에서 쉬고 산책하러 갈 거야.)

2. Take into account (고려하다)
Example: We need to take the weather into account when planning our trip.

'가장 많이 쓰이는(most freguently used) 것'을 뽑아 달라는 프롬프트도 넣으면 그때그때 답이 달라질 수 있습니다. 정말로 가장 자주 쓰이는 표현을 알고 싶다면 기준점을 더 정교하게 주어야 합니다(가장 자주 쓰이는 어휘 리스트는 인터넷에 수없이 많고, 그것을 챗GPT가 학습한 것이니까요). Caca와 같은 코퍼스를 대며 뽑아 달라고 하는 게 정확한데, 이 경우 그냥 그 코퍼스를 달라는 것이 낫습니다.

PROMPT BOX

012 영어 단어의 어근과 접두사, 접미사 프롬프트

What are the word root and prefix and/or suffix in the word 'contradiction'? Break down the word by each part, and provide each explanation in a table.

'contradiction'이라는 단어의 어근과 접두사 및/또는 접미사는 뭐지? 이 부분을 각 부분으로 나누어 표로 정리해 줘.

영어의 개념어들은 주로 그리스어와 라틴어에서 온 말들입니다. 이 말들은 접사와 어근으로 구분할 수 있습니다. 접사는 affix, 접두사는 prefix, 접미사는 suffix라고 합니다.

"prefix and/or suffix"라고 하면, 챗GPT에게 어떤 단어의 '접두사와 접미사, 접두사 혹은 접미사'를 알려 달라는 것이죠. 영어 단어는 접두사와 접미사가 둘 다 있는 경우, 둘 중 하나만 있는 경우도 있습니다. 그래서 둘 다 있으면 모두 찾아주고, 둘 중 하나만 있으면 그 하나를 찾아 달라는 것입니다. 그러면 챗GPT가 이렇게 찾아 줍니다.

Sure, here's a breakdown of the word "contradiction" in a table format:

Part	Example	Meaning
Prefix	contra-	Against or opposite
Root	dict	Speaking or speech
Suffix	-tion	Forms a noun indicating an action or process

· The prefix "contra-" means "against" or "opposite," indicating that something is opposed to or conflicting with something else.

· The root "dict" means "speaking" or "speech," and is also the root of other words like "dictate" and "dictionary."

PROMPT BOX

013 어근(또는 접두사, 접미사) 같은 단어 프롬프트

Plz give me the list of verbs that have the same word root as in 'contract.'

'contract'와 어근이 같은 동사의 목록을 줘.

* 'the same ~ as contract'가 아니라 'the same ~ as in contract'임에 주의.

챗GPT를 이용하면, 어떤 단어와 어근이나 접두사, 접미사가 같은 단어를 쉽게 찾을 수 있습니다. 여기서는 contract라는 단어와 어근이 같은 단어들을 찾아 달라고 했더니 다음과 같이 죽 보여 주었습니다.

Here are some verbs that have the same word root as "contract":

1. retract - to draw back or take back something that was previously said or done
2. extract - to remove or take out something, often by force
3. distract - to draw someone's attention away from something
4. protract - to prolong or extend something in time
5. subtract - to take away or remove a part from a whole

All of these verbs share the Latin root word "tract," which means "to draw or pull." In the case of "contract," the word means to "draw together," while the other verbs use the root in different ways to convey other meanings.

PROMPT BOX

014 접두사 같은 단어 프롬프트

Let me know some words that share the same prefix as in 'conjure.'

'conjure'에서 쓰인 con-과 같은 접두사를 가진 단어들을 알려줘.

챗GPT에게 conjure에 쓰인 con-과 접두사가 같은 단어를 알려 달라고 하면 이렇게 죽 뽑아 줍니다. con-이라는 접두사에는 '함께' 혹은 '더불어'라는 뜻이 있습니다. 같은 뜻의 접두사를 가진 동사를 챗GPT가 뽑아 주었네요. 이 접두사의 뜻과 어근의 뜻을 합해서 이 단어들의 뜻과 연결지으면, 그냥 외우는 것보다 단어의 뜻을 더 효율적으로 익힐 수 있습니다.

The prefix "con-" in "conjure" means "together" or "with." Here are some verbs that also have the prefix "con-":

1. confer - to discuss or exchange ideas with someone
2. connect - to join or link two or more things together
3. consider - to think about or take into account something
4. confront - to face someone or something directly
5. consolidate - to bring together and combine into a single whole

All of these verbs share the prefix "con-," which indicates an action done "with" or "together with" someone or something else.

PROMPT BOX

015 접미사 같은 단어 프롬프트

Plz let me know some words with the same suffix as in 'stimuli.'

'stimuli'와 같은 접미사를 가진 다른 단어 몇 개를 알려줘.

Stimuli에서 -i는 라틴어에서 온 특이한 복수형 접미사입니다. 이 복수형을 취하는 명사형을 죽 뽑아 보는 것도 재미있을 것 같아서 위와 같이 접미사를 뽑아 보는 프롬프트를 써 보았습니다.

Sure, here are some words that share the same suffix as "stimuli":

1. Radii (plural of radius)
2. Foci (plural of focus)
3. Cacti (plural of cactus)
4. Nuclei (plural of nucleus)
5. Syllabi (plural of syllabus)

These words all have the suffix "-i" which is the plural form for some Latin and Greek loanwords.

PROMPT BOX

016 뜻이 같은 단어들의 뉘앙스 차이 프롬프트

Plz let me know the words that have the same denotations as 'thin,' and explain their connotations in Korean.

'thin'과 같은 뜻을 가진 단어들을 알려주고, 그들의 뉘앙스를 한국어로 설명해 줘.

어떤 단어와 명시적 의미(denotation)가 같으면서도 뉘앙스(connotation)가 다른 단어를 찾아볼까요? 여기서는 thin과 뜻이 같은 단어를 알려주고, 그 단어들의 뉘앙스를 설명해 달라고 했습니다. 챗GPT가 같은 의미를 가진 영어 단어들의 뉘앙스 차이를 한국말로 '마른, 날씬한, 수척한, 뼈만 남은' 등으로 잘 보여주고 있음을 알 수 있습니다.

Words that have the same denotations (basic meanings) as "thin" include:

1. Skinny: This word means "very thin," and is often used to describe people who are thinner than what is considered healthy or attractive. In Korean, it could be translated as "마른" or "얇은," but the connotation can be negative.

2. Slim: This word means "slender" or "thin in an attractive way." It can have a positive connotation, suggesting someone is fit or healthy. In Korean, it could be translated as "날씬한."

3. Narrow: This word means "not wide," and is often used to describe things like roads or passageways that are thin or tight. In Korean, it could be translated as "좁은."

4. Gaunt: This word means "very thin, bony, and haggard-looking," and is often used to describe someone who is sick or malnourished. In Korean, it could be translated as "수척한."

5. Bony: This word means "having prominent bones," and is often used to describe someone who is thin and appears to have little body fat. In Korean, it could be translated as "뼈가 강조된" or "뼈만 남은."

PROMPT BOX

017 뜻이 비슷한데 헷갈리는 두 단어의 차이 프롬프트

What is the difference between 'sect' and 'denomination'? Plz also let me know when to use, and when not to use or which one has a negative meaning.

sect와 denomination의 차이가 뭐야? 그리고 언제 쓰거나, 쓰지 말아야 하는지, 혹은 어떤 단어가 부정적 의미가 있는지도 알려줘.

뜻이 비슷한데 헷갈리는 두 단어의 차이에 대해 물어볼 수도 있습니다. 중요한 것은 단어에 부정적인 뜻이 들어 있어서 언제 쓰거나, 쓰지 말아야 하는지 아는 것이죠. 그러면 챗GPT가 다음과 같이 알려줍니다.

The main difference between "sect" and "denomination" is that "sect" refers to a group of people who share a particular set of beliefs within a larger religious or cultural community, while "denomination" refers to a specific branch or division of a larger religious organization.

In terms of connotations, "sect" can sometimes have a negative connotation, as it may imply a group that is extreme, isolated, or exclusive in its beliefs. On the other hand, "denomination" typically has a neutral or even positive connotation, as it refers to a recognized and established religious organization with a specific set of beliefs and practices.

As for usage, "sect" is generally used to refer to smaller, more specialized groups within a larger religious or cultural context, while "denomination" is used to refer to larger, more established religious organizations with a distinct identity and organizational structure. However, the specific usage of these terms can vary depending on the context and the speaker's perspective.

챗GPT가 뽑아 준 설명을 번역해 달라고 했는데, 내용은 다음과 같습니다.

> "sect"와 "denomination"의 차이점은 종교적 그룹을 설명하는 방법에 있습니다. "sect"는 보통 큰 종교적 흐름의 일부로 간주되지 않는 작은 종교적 그룹을 설명하는 데 사용됩니다. "denomination"은 큰 종교적 흐름 내에서 분리된 하위 그룹을 설명하는 데 사용됩니다.
>
> "sect"는 종종 부정적인 뉘앙스를 가지며, 작은 그룹의 차이점을 강조할 때 사용됩니다. "denomination"은 일반적으로 중립적이며, 큰 종교적 그룹 내에서 다른 선례나 실천 방법을 따르는 하위 그룹을 나타냅니다.
>
> 사용할 때에는, "sect"는 보통 작은 규모의 그룹이나 세분화된 선례를 가지고 있음을 나타내는 데 사용되고, "denomination"은 큰 종교적 그룹 내에서 더 세분화된 하위 그룹을 나타냅니다. 그러나 "sect"는 종종 부정적인 뉘앙스를 갖기 때문에, 누군가의 신앙생활을 설명할 때는 조심스럽게 사용해야 합니다.
> 반면 'denomination'은 단순히 단어의 사전적 정의를 가리키는 중립적인 용어로, 그 사용과 관련된 부정적인 의미가 없습니다.

즉, sect라는 단어는 부정적이고 비판적인 의미가 있으니 조심해서 써야 한다네요. 그래서 기독교의 감리교, 침례교 등을 영어로는 denomination이라고 합니다.(파생어 리스트를 뽑는 법은 '리딩' 편에 설명했으니 참조하세요.)

이처럼 챗GPT를 이용하면 영어 단어의 뜻이나 품사뿐만 아니라 유의어, 반의어, 뉘앙스까지 알 수 있어서 한국인에게 부족한 영어 어휘의 깊이를 키우는 데 큰 도움이 됩니다.

엄마표 영어, 교강사를 위한 어휘 실전편 1

영어 지문의 키워드 목록 만들기

4장 리딩 편에서 챗GPT로 우리에게 친숙한 영어 단어장을 만드는 법은 설명했습니다. '영어 단어–한국어 뜻–품사' 정도를 제시하는 단어 목록을 '이중언어 단어 목록'(bilingual word list)이라고 합니다. 우리에게 익숙한 단어장 형태죠?

여기서는 어떤 영어 지문에서 키워드를 뽑아서 단어장을 만드는 방법을 알아볼게요. 영어 교강사나 엄마표 영어를 하는 분들에게 매우 편리한 기능입니다. 학습자에게 키워드를 미리 알려주는 것이 중요한데, 챗GPT를 이용하면 키워드를 쉽게 뽑을 수 있으니까요.

먼저 예로 사용할 영어 지문부터 보죠. 다음은 스웨덴의 소녀 그레타 툰베리(Greta Thunberg)가 2019년 6월 UN 기후행동 정상회담에서 했던 연설문입니다. 그해 16세의 그레타 툰베리는 타임스의 최연소 '올해의 인물'로 뽑히기도 했죠. 공공 연설문은 모두 공개되어 있고 저작권이 없으므로, 챗GPT에게 이 연설의 제목을 "Greta Thunberg's 2019 UN (Climate Action Summit) Speech"라고 넣어 주면 전문을 찾아서 가져옵니다.

PROMPT BOX

018 공공 영문 연설문 요청 프롬프트

Plz give me the full text of Greta Thunberg's 2019 UN Speech.

그레타 툰베리의 2019년 UN 연설문 전문을 줘.

다음은 챗GPT가 가져온 툰베리의 연설문 전문입니다. 툰베리가 나이가 어려서 연설문의 어휘가 쉽기 때문에 예시로 썼습니다. 다른 연설문들도 이런 식으로 뽑아 볼 수 있으니 한 번 찾아보세요.

특히 미국 대학의 졸업 연설문이 좋은 것이 많습니다. 졸업식 연설은 'commencement speech'라고 합니다. 가장 유명한 US commencement speeches를 10개 뽑아 달라고 하면 됩니다.

Greta Thunberg's 2019 UN (Climate Action Summit) Speech

My message is that we'll be watching you.

This is all wrong. I shouldn't be up here. I should be back in school on the other side of the ocean. Yet you all come to us young people for hope. How dare you! You have stolen my dreams and my childhood with your empty words. And yet I'm one of the lucky ones. People are suffering. People are dying. Entire ecosystems are collapsing. We are in the beginning of a mass extinction, and all you can talk about is money and fairy tales of eternal economic growth. How dare you!

For more than 30 years, the science has been crystal clear. How dare you continue to look away and come here saying that you're doing enough, when

마찬가지로 플러그인 Access Reader를 활성화하거나 구글 바드(Bard)나 퍼플렉시티(Perplexity) AI에 가서 찾으면 됩니다.

PROMPT BOX

019 영어 지문에서 키워드 목록 뽑는 프롬프트

Plz select 10 keywords from Greta Thunberg's 2019 UN Speech, and make an English-Korean bilingual word list which consists of English word entry followed by its part of speech, its definition with Korean translation of the definition, and one example sentence, which is not from the speech.

그레타 툰베리의 2019년 유엔 연설에서 키워드 10개를 골라서 영어-한국어 단어장을 만들어 줘. 단어장은 영어 단어 엔트리, 품사, 뜻 및 그 뜻의 한국어 번역, 그리고 (연설문에서 따오지 않은) 예문 하나로 구성해 줘.

'Bilingual word list'는 우리가 알고 있는 단어장을 어휘 연구에서 부르는 이름입니다. 이 단어장을 한국어 뜻뿐 아니라 품사와 예문까지 넣어서 학습에 가장 도움이 되는 형태로 만들려면 위의 프롬프트를 사용합니다.['영어 단어-품사-영어 정의-한국어 정의-영어 예문'의 구성은 이중 언어 사전(bilingualized dictionary)의 전형적인 구성으로 사전 중 가장 학습에 효과적인 구성을 가진 것으로 평가됩니다.]

Sure, here is the bilingual word list:

1. Climate (noun) - the weather conditions prevailing in an area in general or over a long period
· 기후: 어떤 지역이나 장기간에 걸친 일반적인 기상 조건
· Example: The climate in this area is very hot and dry during the summer months.

2. Crisis (noun) - a time of intense difficulty, trouble, or danger
· 위기: 심각한 어려움, 문제 또는 위험한 상황
· Example: The company is facing a financial crisis and may have to lay off employees.

3. Emissions (noun) - the production and discharge of something, especially gas or radiation.

엄마표 영어, 교강사를 위한 어휘 실전편 2

독후활동으로 키워드 십자말풀이 만들기

앞에서 우리는 스웨덴의 소녀 그레타 툰베리가 2019년 6월 UN 기후행동 정상회담에서 했던 유명한 연설문의 키워드 10개 목록을 뽑았습니다. 이제 이 단어들을 가지고 십자말풀이(crossword puzzle)을 만들어 보겠습니다.

영어 지문에 나오는 키워드로 십자말풀이를 만들면, 아이가 재미있게 풀어 보며 단어를 더 잘 기억할 수 있겠죠? 십자말풀이는 가장 흔하게 쓰는 단어 관련 퀴즈입니다. 신문 등에서도 많이 싣죠. 특히 영자 신문에는 꼭 빠지지 않고 실립니다. 그래서 미국 영화에서 십자말풀이를 하는 모습을 자주 볼 수 있습니다. 단어 목록을 뽑아 10~20개씩 묶어 준 다음, 십자말풀이를 만들어 푸는 것도 재미있는 영어 어휘 학습법입니다.

먼저 십자말풀이를 만들 키워드들만 정렬해 보죠. 앞에서 챗GPT에게 그레타 툰베리의 유엔 연설문에서 키워드 10개를 뽑고, 품사와 예문 1개를 포함해 영한 단어 목록을 만들어 달라고 했기 때문에, 십자말풀이를 만들면서 단어 목록만 달라고 해야 합니다. 물론 앞에서 챗GPT가 뽑아 준 키워드를 하나하나 입력해도 되지만, 이렇게 하면 귀찮으니 챗GPT에게 시켜 보겠습니다.

만약 그레타 툰베리의 연설문에서 키워드만 뽑아 달라고 하려면, 앞에서와 같이 프롬프트를 주면 됩니다.

PROMPT BOX

020 영어 단어 항목 목록만 뽑는 프롬프트

From the above bilingual word list you gave me earlier, give me only the list of English word entries.

이전에 준 이중언어 단어 목록에서 영어 단어 항목 목록만 줘.

앞의 키워드 단어 목록에서 영어 단어만 10개 정렬해 달라는 프롬프트입니다. 그러면 챗GPT가 영어 단어 10개만 정렬해 줍니다.

- Climate
- Crisis
- Emissions
- Future
- Global
- Leadership
- Responsibility
- Urgency
- Youth
- Sustainability

JOYCE Sam's POINT

사전이나 단어장의 단어 하나하나는 entry

사전이나 단어장에서 해당 항목 하나하나를 'entry'라고 합니다. 프롬프트에 entry라는 단어를 넣어 지정하지 않으면, 앞의 목록 안에 등장하는 단어들을 마구 섞어서 뽑아 줍니다. "English word entries"의 목록을 달라고 해야만 챗GPT가 위와 같이 키워드만 뽑아 줍니다.

PROMPT BOX

021 단어의 정의 요청 프롬프트

Please give me a short definition of these 10 words: climate, crisis, emissions, future, global, leadership, responsibility, urgency, youth, sustainability

이들 10개 단어에 대한 짧은 정의를 알려줘.
기후, 위기, 배출, 미래, 세계적인, 지도력, 책임, 긴급성, 젊은이들, 지속가능성

영어 단어 십자말풀이를 만들려면, 십자말풀이에 들어갈 영어 단어뿐만 아니라 그 퍼즐을 풀기 위한 단서가 되는 각 단어의 정의가 필요하죠? 이를테면 키워드가 '세계'라면 십자말풀이 퍼즐을 풀기 위해서는 '지구상의 모든 나라, 또는 인류 사회 전체'라는 정의가 있어야 하죠. 그래서 위의 프롬프트에서 챗GPT에게 이 단어들을 추측하는 단서가 될 짧은 정의(definition)를 달라고 한 것입니다.

그러면 챗GPT가 다음과 같이 그레타 툰베리의 UN 연설문에서 뽑은 키워드 10개에 대한 정의를 달아 줍니다.

· Climate: the long-term patterns of temperature, precipitation, and other weather conditions in a particular area

· Crisis: a time of great danger, difficulty, or uncertainty

· Emissions: gases or particles that are released into the air, especially by cars, factories, and power plants, that contribute to climate change and air pollution

· Future: the time or period of time after the present; time regarded as still to come

· Global: relating to the whole world; worldwide

· Leadership: the action of leading a group of people or an organization; the ability to lead and guide others towards a common goal

영어 연설문의 키워드로 십자말풀이 만들기

챗GPT에서 그레타 툰베리의 UN 연설문에서 뽑은 키워드 10개의 정의를 뽑았나요? 이제 이 키워드들로 십자말풀이를 만들어 보겠습니다.

1. 온라인 퍼즐 메이커 사이트(https://puzzel.org)에 접속하세요.

2. 그러면 첫 화면에 퍼즐의 종류가 나옵니다. 우리는 십자말풀이를 만들려는 중이므로 'Create Crossword'를 선택하세요.

3. 그러면 '십자말풀이 만들기' 화면이 나옵니다. 먼저 'Start' 항목부터 설정해 보죠. 챗GPT에서 그레타 툰베리의 UN 연설문의 키워드를 뽑아 놓았죠? Answer 란에 첫 번째 키워드인 'Climate'(기후)를 복사해 넣고, 그 옆에 챗GPT가 뽑아준 정의(the long-term patterns of temperature, precipitation, and other weather conditions in a particular area)를 복사해 넣으세요. 칸이 없으면 〈Add question〉 단추를 눌러 10개 단어와 정의를 하나씩 채워 넣으면, 하나를 넣을 때마다 오른쪽에 십자말풀이가 그려집니다.

4. 키워드 10개로 만드는 십자말풀이의 내용을 다 입력했으면, 오른쪽 체크 표시 아래의 '플레이' 아이콘을 누르세요.

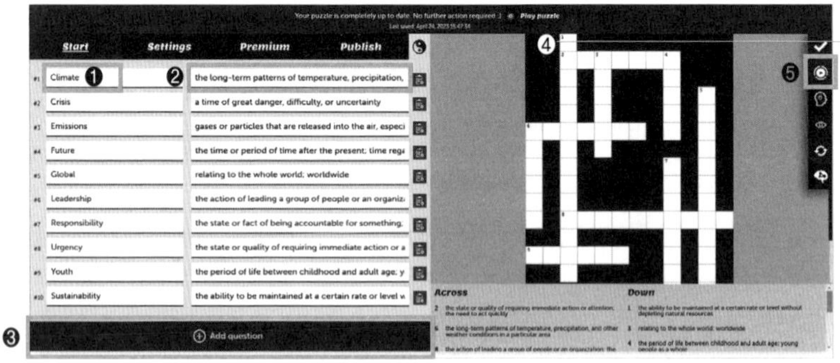

단어와 정의를 입력할 때마다 십자말풀이가 그려집니다.

5. 그러면 다음과 같이 그레타 툰베리의 UN 연설문에서 뽑은 키워드 10개로 만든 십자말풀이가 만들어집니다.

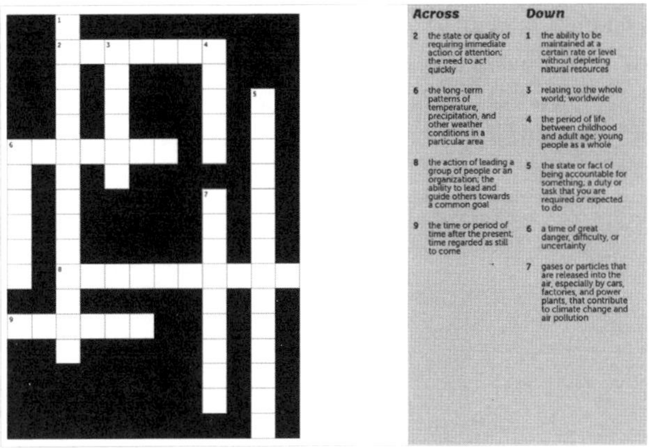

영어 지문에서 뽑은 단어와 그 단어의 정의가 있는 문제는 다른 형식으로도 만들 수 있습니다. 이제 그것을 보러 가죠.

PROMPT BOX

022 빈칸 채우기 어휘 문제 프롬프트

Make a fill-in-blanks style vocabulary questions with the above 10 words. Plz provide the answers for the above questions separately: Give the above questions first and then the answers all together.

위의 단어 10개로 빈칸 채우기 형식의 단어 문제를 만들어 줘. 답지는 위쪽의 문제와 분리해 줘.: 먼저 위쪽에 문제를 출제하고, 그 다음 아래쪽에 답을 모아서 보여 줘.

챗GPT가 다음과 같이 빈칸 채우기 어휘 문제를 만들어 줍니다. 간단하죠?

Fill-in-the-blank style vocabulary questions:

1. The world is facing a _________ with the increasing temperature and natural disasters.
2. The _________ caused by human activity is the main cause of the climate crisis.
3. In order to secure a sustainable _________, we need to take action on the climate crisis.
4. The climate crisis is a _________ issue that affects the whole world.
5. The world needs _________ cooperation to combat the climate crisis.
6. It is the _________ of political leaders to address the climate crisis and take action.
7. Each individual has a _________ to take action and reduce their carbon footprint.
8. The _________ of the climate crisis requires urgent action from all nations.
9. The _________ have the power to make a difference and advocate for climate action.
10. _________ is key in achieving a sustainable future.

Answers:

1. crisis
2. em[illegible]ion

영어 단어 찾기 퍼즐 만들기

챗GPT를 이용해 영어 지문에서 키워드를 뽑은 다음에 영어 단어 찾기 퍼즐을 만들 수도 있습니다. 영어 단어 철자를 외우는 데에 도움이 됩니다.

1. 온라인 퍼즐 메이커 사이트(https://puzzel.org)에 접속한 다음 'Create Word Search'를 선택하세요.

2. 그러면 단어 찾기 퍼즐을 만드는 화면이 나오는데, 'Start' 항목의 빈칸에 단어를 입력하세요. 여기서는 앞에서 그레타 툰베리의 UN 연설문에서 뽑은 키워드 10개 중에서 일단 'activism'이란 단어를 복사해 넣겠습니다. 여기서는 단어 5개로 만들어 볼게요. 칸이 부족하면 〈Add answer〉 단추를 누르세요.

3. 이렇게 단어를 넣을 때마다 오른쪽의 문자 타일 표 안에 해당 단어가 배열됩니다.

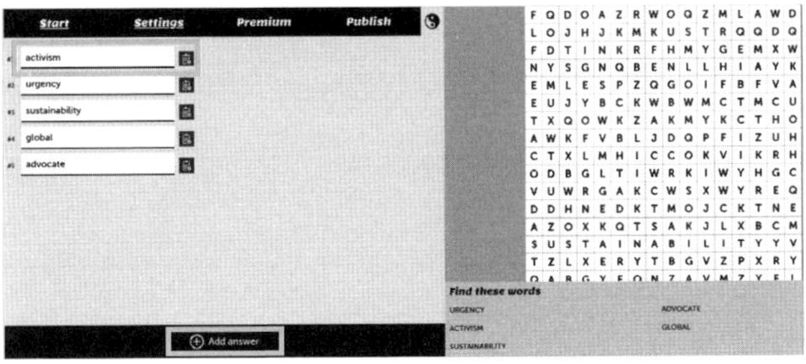

4. 단어 5개를 다 넣은 후 화면 오른쪽의 플레이() 아이콘을 클릭하면, 다음과 같은 단어 찾기 퍼즐이 완성됩니다.

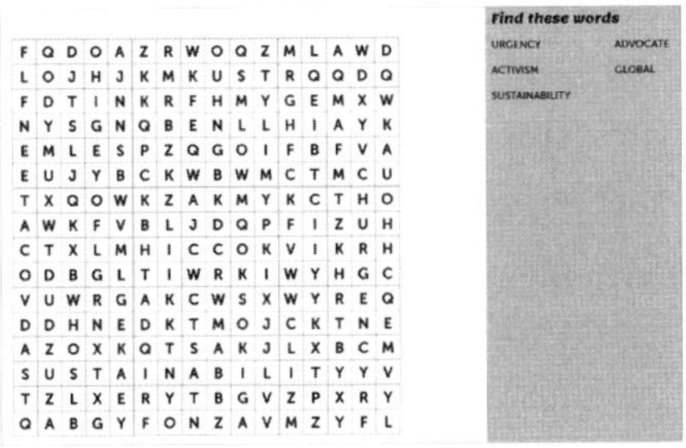

PROMPT BOX

023 문장 완성형 어휘 문제 프롬프트

Make sentence completion questions with these words. Provide the answers all together after the questions:
climate, crisis, emissions, future, global, leadership, responsibility, urgency, youth, & sustainability.

다음 단어로 문장 완성형 문제를 만들어 줘. 문제를 먼저 내고 답안지는 문제 뒤에 묶어서 표시해 줘:
기후, 위기, 배출, 미래, 세계적인, 지도력, 책임, 긴급성, 젊은이들, 지속가능성

예문을 10개 주고, 빈 칸에 어떤 단어가 들어가는지 묻는 어휘 문제를 만들려면, 챗GPT에게 "sentence completion questions"을 만들어 달라고 프롬프트를 주면 됩니다. 이는 단순히 단어와 정의를 매칭하는 어휘 문제보다 수준이 높은 문제입니다.

그러면 챗GPT가 다음과 같이 빈칸에 들어갈 단어를 넣는 문제를 10개 만들어 주고 밑에 답도 줍니다.

JOYCE Sam's POINT

영어 단어를 모두 써 줘야 하는 이유

영어 문장을 주고, 빈칸에 들어갈 단어를 묻는 문제를 10개 만들 경우, 프롬프트에 영어 단어 10개를 모두 써 주어야 합니다. 그렇지 않으면, 챗GPT가 다른 영어 단어들로 문제를 만들 수도 있습니다. 그러니 프롬프트에 문제를 만들 영어 단어를 모두 입력해 주는 것이 좋습니다. 물론 해당 영어 단어들을 모두 복사해 붙여넣어도 됩니다.

1. The world is facing a _______ due to climate change.
2. Carbon dioxide _______ are a major contributor to global warming.
3. We need to think about the _______ of our planet for future generations.
4. The _______ community needs to come together to address climate change.
5. Good _______ is essential for tackling complex global issues like climate change.
6. Everyone has a _______ to protect the environment and reduce their carbon footprint.
7. The _______ of the situation demands immediate action.
8. The _______ have an important role to play in creating a sustainable future.
9. _______ development is development that meets the needs of the present without compromising the ability of future generations to meet their own needs.
10. The _______ of our planet depends on our ability to live sustainably.

Answers:
1. crisis
2. emissions
3. future
4. global
5. leadership
6. responsibility
7. urgency
8. youth
9. sustainable
10. sustainability

PROMPT BOX

024 파생어 목록 요청 프롬프트

Plz make a list of the derivatives of these 10 words by part of speech per word.

이들 10단어의 파생어 목록을 각 단어별, 품사별로 만들어 줘.

영어로 프롬프트를 줄 때에는 그냥 파생어를 품사별로 달라고 명령하면, 명사형 파생어, 형용사형 파생어가 따로따로 카테고리별로 나올 수 있습니다. 따라서 단어별로 파생어를 뽑고 싶으면, 위와 같이 "by part of speech per word"라고 프롬프트를 쓰는 것이 좋습니다.

Here is a list of derivatives of the 10 words by part of speech per word:

Climate:

·Noun: climatic, climatology, climatologist, climater, climatism

·Adjective: climatic, climatological

Crisis:

·Noun: crisis management, crisis center, crisis-ridden, crisis-prone, crisis point, crisis-driven, crisis-like

Emissions:

·Noun: emission, emitter, emission control, emission factor, emission standard, emission trading

·Adjective: emissive

Future:

·Noun: futuristic, future tense, future-proof, future shock, future-proofing, futureism

·Adjective: future, future-oriented

Global:

·Noun: globality, globalization, globalism, globalist, global village

PROMPT BOX

025 문맥에 알맞은 단어 객관식 문제 프롬프트

Make context clues questions in multiple choice format. Use these 5 words: advocate, responsibility, awareness, empowerment and urgency. Provide the answers all together at the end.

문맥 단서 문제 + 객관식 문제를 만들어 줘. 다음의 5개 단어를 사용해: advocate, responsibility, awareness, empowerment, urgency. 답안지를 아래쪽에 모아서 보여줘.

문맥 단서 문제(context clue question)는 빈칸이 있는 영어 문장을 주고, 학습자가 그 빈칸에 들어가는 단어를 맞추는 문제입니다. 챗GPT에게 객관식 문제로 만들라고 "multiple choice format"이라고 프롬프트를 정확하게 주지 않으면, 문제를 주관식으로 내니 주의하세요. 단어 10개를 다 쓰면 문제가 너무 길어지므로, 단어 5개만 가지고 만들라고 했습니다.

1. The speaker's _______ of the issue made the audience realize the importance of the cause.
a) advocate
b) responsibility
c) awareness
d) empowerment
e) urgency

2. She felt a sense of _______ after attending the workshop, and started taking actions to make a positive change.
a) advocate
b) responsibility
c) awareness
d) empowerment

외우기 싫은 이를 위한 영단어 학습용 동영상 만들기

이번에는 외우기 싫어하는 아이나 성인 학습자를 위해 맞춤 영단어 학습용 동영상 자료를 챗GPT와 다른 AI 앱을 이용해서 만드는 법을 알아보겠습니다.

헐거운 주제 단위로 영어 어휘 제시하기

영어 단어장을 만들어 주고, 하루에 20개, 30개씩 외우라고 하는 방법은 아이들에게 너무 고통스러운 방법입니다. 굉장히 비효율적이기도 하고요.

예전에는 보통 다음과 같은 방식으로 어휘를 제시했죠.

'Days of the week: Monday, Tuesday, Wednesday, Thursday, Friday, Saturday, Sunday'

이 방식은 의미론적 단위(semantic set)로 어휘를 제시하는 방법이라고 합니다(자세한 내용은 『조이스박의 오이스터 영어교육법』 참조). 가장 효과적인 방법은 '헐거운 주제 단위'(loose thematic set)로 어휘를 제시하는 법인데, 쉽게 말하면 스토리 안에 영어 단어들을 넣는 것입니다. 이 스토리를 따라가다 보면 자연히 어휘가 외워지게 만드는 것이죠.

쉽게 예를 들어보면 다음과 같습니다.

위의 스토리에는 총 11개의 영어 단어가 나옵니다. 영어 초급이라면 위의 나는 열심히 일을 하다가 getaway를 떠나려고 해. 칙칙한 사무실에서 너무 오래 일해서 sun destination으로 떠나고 싶어. Sun destination이라면 아무래도 the Mediterranean이겠지. Travel agency에 전화해서 Spain이나 Greece에 좋은 상품이 있냐고 물었어. 나는 package tour는 싫어해서 airline ticket과 accommodation만 결합된 상품을 문의했어. 그랬더니 travel agency에서는 Malta를 최고의 tourist attraction으로 권했어.

스토리에 모르는 영어 단어도 있고, 아는 영어 단어도 있을 텐데요. 비록 모르는 영어 단어라도 스토리를 읽다 보면 뜻이 대충 짐작되고 더 잘 외워지죠? 이것이 바로 헐거운 주제 단위로 어휘를 제시하는 방법입니다.

이렇게 어휘들을 의미의 망 안에 담아서 제시하면, 학습자들의 장기기억에 더 손쉽게 들어갑니다.

그럼, 이 방법을 활용해서 아이가 영상을 즐겁게 시청하며 영어 단어를 쉽게 익힐 수 있는 방법을 배워 보죠.

PROMPT BOX

026 영어 단어 10개를 넣어 스토리 생성 프롬프트

Use these 10 words and make a children story of 200 words: dark, scary, monster, chase, magic wand, fairy, princess, castle, dragon

이 10단어를 사용하여 200단어의 어린이용 스토리를 만들어 줘: 어둠, 무서운, 괴물, 추격, 마술 지팡이, 요정, 공주, 성, 용

먼저 아이가 배워야 할 영어 단어 10개를 고르세요. 아이가 학습한 교재에 나오는 영어 단어 10개를 뽑아도 됩니다. 그리고 챗GPT에게 이 단어 10개를 프롬프트에 넣어서 200단어 스토리로 써 달라고 해 보죠. 영어 스토리가 너무 길면 아이들이 싫증을 내므로, 단어 수를 200~300단어 정도로 정하는 것이 좋습니다.

Once upon a time, in a kingdom far away, there was a beautiful princess named Lily who lived in a grand castle. One dark and stormy night, a scary monster appeared outside the castle gates. The monster was chasing after a fairy who had accidentally dropped her magic wand, which the monster had picked up and was using to create chaos in the kingdom.

Princess Lily knew she had to do something to stop the monster and save the fairy's wand. She grabbed her own magic wand and bravely set out into the stormy night. As she ran towards the monster, she whispered a magical spell and pointed her wand at the monster. Suddenly, the monster shrank into a tiny harmless creature.

The fairy was so grateful to Princess Lily that she granted her a wish. The princess wished for a dragon to protect the kingdom from any future threats. The fairy used her magic and summoned a friendly dragon to the kingdom.

챗GPT가 이 10단어로 어떤 스토리를 만들었는지 번역해 보죠. 프롬프트를 다음과 같이 주면 됩니다. "Plz translate this story into Korean."

> 옛날에 먼 나라에 릴리라는 이름의 아름다운 공주가 웅장한 성에 살았습니다. 어둡고 폭풍이 몰아치는 어느 날 밤, 무서운 괴물이 성문 밖에 나타났습니다. 괴물은 왕국에 혼란을 조성하기 위해 실수로 마술 지팡이를 떨어뜨린 요정을 뒤쫓고 있었습니다.
>
> 릴리 공주는 괴물을 막고 요정의 지팡이를 구하기 위해 무언가를 해야 한다는 것을 알았습니다. 자신의 마술 지팡이를 잡고 용감하게 폭풍우 치는 밤으로 출발했습니다. 괴물을 향해 달려가면서 마법 주문을 속삭이고 지팡이로 괴물을 가리켰습니다. 갑자기 그 괴물은 작고 무해한 생명체로 움츠러들었습니다.
>
> 요정은 릴리 공주에게 너무 감사해서 그녀의 소원을 들어주었습니다. 공주는 미래의 위협으로부터 왕국을 보호할 용을 원했습니다. 요정은 마법을 사용하여 친절한 용을 왕국으로 불러들였습니다.
>
> 그날부터 릴리 공주와 그녀의 용은 모든 사람들을 위험으로부터 안전하게 지켜주면서 왕국을 돌아다녔습니다. 요정은 평화와 행복감을 가지고 성으로 돌아왔습니다. 왕국은 더 이상 어둡고 무서운 괴물들을 두려워하지 않았고, 릴리 공주와 그녀의 용이 항상 어떤 문젯거리도 쫓아내기 위해 그곳에 있다는 것을 알고 있었습니다.

챗GPT가 만들어 준 스토리가 어떤가요? 이 스토리로 동영상을 만들어 재미있게 영어 단어를 익히는 방법을 알아보겠습니다. 일명 '헐거운 주제 단위로 영어 어휘 제시하기' 방법이죠. 그럼, 이제 영어 단어 10개로 만든 스토리를 가지고 영상을 만들러 가 보죠.

영어 스토리 동영상 만들기

아이나 영어 초보자가 익힐 영어 단어들을 넣어서 만든 스토리 영상을 따라가다 보면 자연히 외워지게 만드는 방법을 알아보죠.

1. 픽토리(https://Pictory.ai) 사이트로 접속하여 로그인을 하세요. 픽토리는 긴 형식의 동영상에서 짧은 동영상 화면을 만들어 주는 곳입니다. 따로 소프트웨어를 다운받지 않아도, 여기서 짧은 동영상을 쉽고 빠르게 만들 수 있는 것이 장점입니다.

2. 로그인을 하면, 다음과 같이 '어떤 콘텐츠를 동영상으로 바꾸겠느냐?'고 묻는 화면이 나옵니다. 우리는 챗GPT가 만들어 준 스토리를 동영상으로 바꾸려는 중이니, 이 중에서 'Script to Video'를 선택하세요.

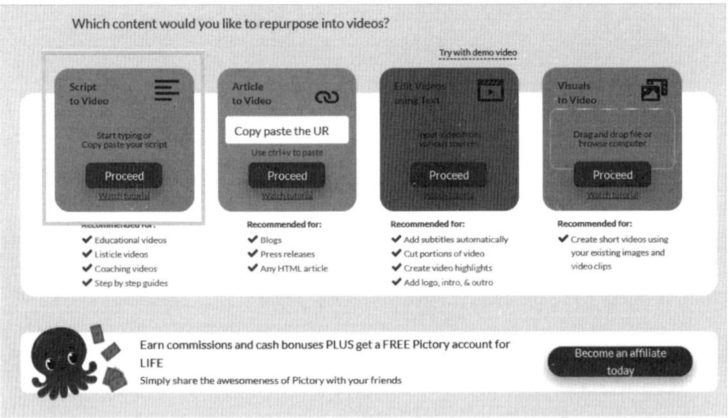

3. 다음 화면이 나오면 챗GPT에서 만들어 준 '릴리 공주' 스크립트를 복사해서 붙여넣으세요.

4. 그러면 다음에 'Choose template' 화면이 뜹니다. 이 중에서 이야기와 비슷한 분위기의 템플릿을 선택하세요. 저는 숲속이 나오는 템플릿을 골랐습니다.('My template'으로 가서 직접 이미지들을 업로드해도 됩니다. 아이의 사진이나 여러분의 이미지를 여기에 올리면 동영상 안에 들어갑니다.) 비율은 PC에서 영상을 실행할 거라면 '16:9'로 두세요.

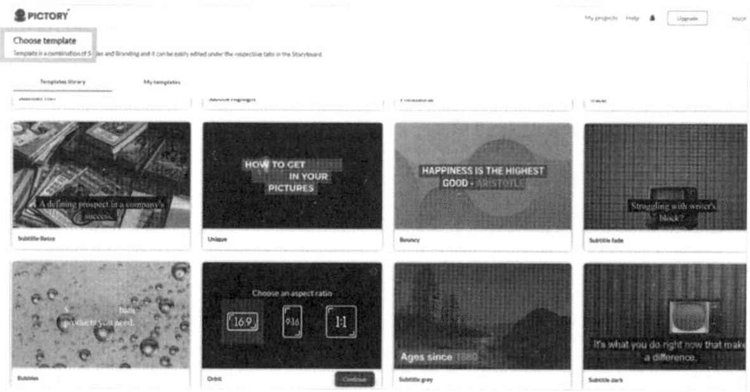

5. 스토리보드가 만들어지는 중이라면서 진행 막대가 몇 초 동안 뜬 후 다음과 같은 화면이 나옵니다. 왼쪽에 스토리가 장면별로 나누어진 것 보이죠? 오른쪽에는 장면별로 동영상이 뜨는데, 여기서 장면별로 미리보기(preview)를 해 볼 수 있습니다.

왼쪽의 검은색 세로 도구막대에서 'Visuals' 아이콘을 클릭하면, 이 동영상에 들어가 이미지를 하나씩 볼 수 있고 편집할 수도 있습니다.

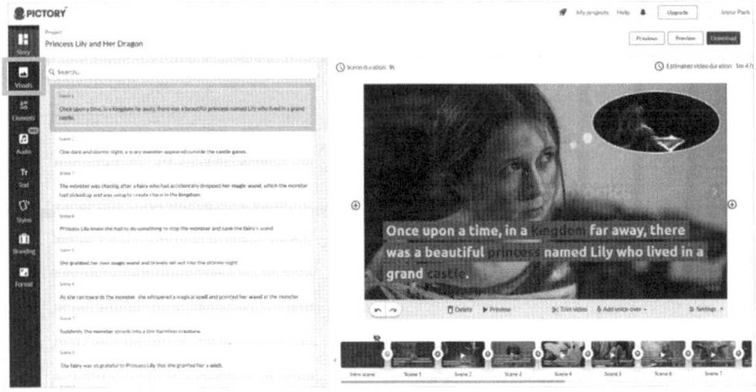

6. 이제 릴리 공주 스토리 동영상에 목소리를 넣어 보죠.

왼쪽의 도구막대에서 'Audio' 아이콘을 클릭하면 'Background Music'이 뜹니다. 이것이 장면별 미리보기에서 들렸던 배경음악입니다. 여러분이 원하는 음악을 클릭해서 적용하면 됩니다.

그리고 'Voice-over' 탭을 클릭하면 AI 성우들의 목소리가 죽 뜨는데, 이 중에서 원하는 목소리를 클릭하면 됩니다. 저는 여자아이 목소리 IVY를 넣었습니다. 참고로, 왼쪽 도구막대에서 'Text' 아이콘을 클릭하면 화면마다 원하는 자막을 넣을 수 있습니다.

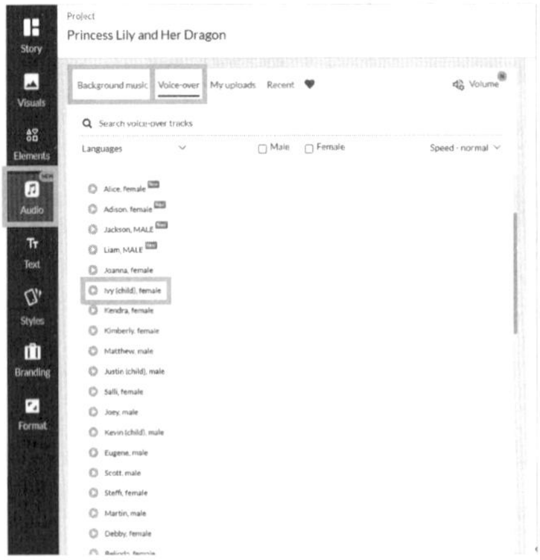

7. 오른쪽 상단에서 'Preview'를 누르면 여러분이 챗GPT와 함께 만든 동영상을 미리 볼 수 있습니다. 더 편집할 게 없으면 〈Download〉를 눌러 다운받으면 됩니다.

8. 자, 이제 내 아이 전용의 어휘 학습용 동영상이 완성되었습니다. 아이와 함께 이 동영상으로 재미있게 어휘 학습을 즐겨 보세요.

JOYCE Sam's POINT

아이와 함께 다양한 영어 동영상 만들기

챗GPT에게 아이의 이름, 사진을 넣고, 아이가 읽은 책이나 다녀온 현장학습 얘기 등을 영어 지문으로 써 달라고 해 보세요. 그리고 이 영어 지문으로 위의 과정을 참고해 동영상을 만들면, 아이의 영어 학습 동기가 굉장히 올라가겠죠? 다양하게 활용해 보세요!

PROMPT BOX

영어 어휘 지식의 깊이를 키우는 프롬프트 27

126 가장 자주 쓰이는 2,000단어 목록 프롬프트

Plz give me the list of most frequently used 2,000 words.

가장 자주 사용되는 2,000단어 목록을 알려줘.

127 유의어 프롬프트

Plz let me know the synonyms of 'lonely.'

'lonely'의 유의어를 뽑아 줘.

128 영어 단어 예문 프롬프트

Plz provide an example sentence for each word above.

위의 각 단어에 대한 예문을 만들어 줘.

129 뜻&뉘앙스 같은 단어 프롬프트

Among the synonyms, which words can replace 'lonely' in this sentence: I've been feeling so lonely these days.

유의어들 중에서, "I've been feeling so lonely these days"라는 문장에서 'lonely'를 대신할 수 있는 단어를 골라 줘.

130 특정 단어가 들어간 영어 예문 프롬프트

Please select an example sentence with 'lonely.'

'lonely'가 들어간 예문을 뽑아 줘.

131 가장 자주 쓰이는 빈도순 영어 문장 나열 프롬프트

Plz list the sentences by frequency:
I've been feeling so isolated these days.
I've been feeling so desolate these days.

I've been feeling so solitary these days.
I've been feeling so alone these days.
I've been feeling so forlorn these days.

문장들을 빈도순으로 나열해 줘:
요즘 너무 고립된 느낌이 들어. / 요즘 너무 쓸쓸한 기분이 들어. / 요즘 너무 외로워. / 요즘 너무 외로워. / 요즘 너무 외로웠어.

132 반의어 프롬프트

Plz let me know the antonyms of 'lonely.'

'lonely'의 반의어를 뽑아 줘.

133 파생어 프롬프트

Plz let me know derived words from 'active.'

'active'의 파생어를 뽑아줘.

134 파생어 표 만들기 프롬프트

Plz make a word family table for 'active' by part of speech.

'active'의 워드 패밀리 표를 품사별로 만들어 줘.

135 가장 자주 쓰이는 구동사 표현 목록 프롬프트

Plz let me know 10 most frequently used phrasal verb expressions with an example sentence.

가장 자주 쓰이는 구동사 표현 10개를 예문과 함께 알려줘.

136 동사의 자주 쓰이는 구동사 표현 프롬프트

Plz let me know 5 most frequently used phrasal verb expressions of 'take' with an example sentence accompanied by its Korean translation.

'take'의 가장 자주 사용되는 구동사 표현 5개를 한국어 번역문이 첨부된 예문과 함께 알려줘.

137 자주 쓰이는 연어 표현 프롬프트

Plz let me know 5 most frequently used collocations of 'take' with an example sentence accompanied by its Korean translation.

'take'의 가장 많이 쓰이는 연어 5개를 한국어 번역문이 첨부된 예시문과 함께 알려줘.

138 영어 단어의 어근과 접두사, 접미사 프롬프트

What are the word root and prefix and/or suffix in the word 'contradiction'? Break down the word by each part, and provide each explanation in a table.

'contradiction'이라는 단어의 어근과 접두사 및/또는 접미사는 뭐지? 이 부분을 각 부분으로 나누어 표로 정리해 줘.

139 어근(또는 접두사, 접미사) 같은 단어 프롬프트

Plz give me the list of verbs that have the same word root as in 'contract.'

'contract'와 어근이 같은 동사의 목록을 줘.

140 접두사 같은 단어 프롬프트

Let me know some words that share the same prefix as in 'conjure.'

'conjure'에서 쓰인 con-과 같은 접두사를 가진 단어들을 알려줘.

141 접미사 같은 단어 프롬프트

Plz let me know some words with the same suffix as in 'stimuli.'

'stimuli'와 같은 접미사를 가진 다른 단어 몇 개를 알려줘.

142 뜻이 같은 단어들의 뉘앙스 차이 프롬프트

Plz let me know the words that have the same denotations as 'thin', and explain their connotations in Korean.

'thin'과 같은 뜻을 가진 단어들을 알려주고, 그들의 뉘앙스를 한국어로 설명해 줘.

143 뜻이 비슷한데 헷갈리는 두 단어의 차이 프롬프트

What is the difference between 'sect' and 'denomination'? Plz also let me know when to use, and when not to use or which one has a negative meaning.

sect와 denomination의 차이가 뭐야? 그리고 언제 쓰거나, 쓰지 말아야 하는지, 혹은 어떤 단어가 부정적 의미가 있는지도 알려줘.

144 공공 영문 연설문 요청 프롬프트

Plz give me the full text of Greta Thunberg's 2019 UN Speech.

그레타 툰베리의 2019년 UN 연설문 전문을 줘.

145 영어 지문에서 키워드 목록을 뽑는 프롬프트

Plz select 10 keywords from Greta Thunberg's 2019 UN Speech, and make an English-Korean bilingual word list which consists of English word entry followed by its part of speech, its definition with Korean translation of the definition, and one example sentence, which is not from the speech.

그레타 툰베리의 2019년 유엔 연설에서 키워드 10개를 골라서 영어-한국어 단어장을 만들어 줘. 단어장은 영어 단어 엔트리, 품사, 뜻 및 그 뜻의 한국어 번역, 그리고 (연설문에서 따오지 않은) 예문 하나로 구성해 줘.

146 영어 단어 항목 목록만 뽑는 프롬프트

From the above bilingual word list you gave me earlier, give me only the list of English word entries.

이전에 준 이중언어 단어 목록에서 영어 단어 항목 목록만 줘.

147 단어의 정의 요청 프롬프트

Please give me a short definition of these 10 words: climate, crisis, emissions, future, global, leadership, responsibility, urgency, youth, sustainability.

이들 10개 단어에 대한 짧은 정의를 알려줘.

148 빈칸 채우기 어휘 문제 프롬프트

Make a fill-in-blanks style vocabulary questions with the above 10 words. Plz provide the answers for the above questions separately: Give the above questions first and then the answers all together.

위의 단어 10개로 빈칸 채우기 형식의 단어 문제를 만들어 줘. 답지는 위쪽의 문제와 분리해 줘.: 먼저 위쪽에 문제를 출제하고, 그 다음 아래쪽에 답을 모아서 보여 줘.

149 문장 완성형 어휘 문제 프롬프트

Make sentence completion questions with these words. Provide the answers all together after the questions: [영어 단어들]

다음 단어로 문장 완성형 문제를 만들어 줘. 문제를 먼저 내고, 답안지는 문제 뒤에 묶어서 표시해 줘: [영어 단어들]

150 파생어 목록 요청 프롬프트

Plz make a list of the derivatives of these 10 words by part of speech per word.

이들 10단어의 파생어 목록을 각 단어별, 품사별로 만들어 줘.

151 문맥에 알맞은 단어 객관식 문제 프롬프트

Make context clues questions in multiple choice format. Use these 5 words: advocate, responsibility, awareness, empowerment and urgency. Provide the answers all together at the end.

문맥 단서 문제 + 객관식 문제를 만들어 줘. 다음의 5개 단어를 사용해: advocate, responsibility, awareness, empowerment, urgency. 답안지는 아래에 모아서 보여줘.

152 영어 단어 10개를 넣어 스토리 생성 프롬프트

Use these 10 words and make a children story of 200 words: dark, scary, monster, chase, magic wand, fairy, princess, castle, dragon

이 10단어를 사용하여 200단어의 어린이용 스토리를 만들어 줘:
어둠, 무서운, 괴물, 추격, 마술 지팡이, 요정, 공주, 성, 용

6장

챗GPT로 라이팅 실력 높이기

챗GPT로 영어 에세이, 저널, 기사, 이메일, 비즈니스 이메일 등을 쓰는 방법 뿐 아니라 교정, 편집, 영어 문장을 패러프레이징 하는 법까지 알려줍니다. 챗GPT를 라이팅 수업에 이용하는 법, 영어 에세이 쓰기력을 높이는 법도 알아봅니다. 엄마표 영어를 위한 다양한 독후 질문, 취준생을 위한 영어 이력서, 커버레터(자기소개서) 쓰는 법, 그리고 챗GPT와 그림 그려 주는 라스코로 스토리북을 만드는 법도 소개합니다.

챗GPT에게 영어 교정 시키기

챗GPT가 영어 라이팅에 도움을 줄 수 있는 것은 첫째, 여러분이 영어로 쓴 글을 교정하기, 둘째, 여러분 대신 영어 글쓰기, 셋째, 글쓰기용 프롬프트 주기 등입니다.

챗GPT에게 영어 텍스트를 교정해 달라고 할 때는 프롬프트를 "Plz proofread this writing and give explanations:"이라고 주고, 콜론(:) 뒤에 교정할 텍스트를 복사해서 붙여넣으면 됩니다. 그러면 챗GPT가 영어 텍스트를 교정을 봐 줍니다. 여기서는 챗GPT가 바꾼 부분을 파란색으로 표시했습니다. 단순히 틀린 것만 바꾼 것이 아니라 표현을 더 낫게 바꾸었네요.

JOYCE Sam's POINT

영어 교정 프롬프트 줄 때 주의점

챗GPT에게 교정을 요청할 경우, 프롬프트에 "Correct errors"(틀린 곳을 고쳐라)라는 말은 사용하지 않는 것이 좋습니다. 이 프롬프트는 문장이 한두 개일 때만 효과가 있어요. 이보다는 "proofread"(교정하다)라는 표현을 쓰는 것이 결과가 더 좋습니다. 왜 그럴까요?

챗GPT에게 틀린 곳을 고쳐 달라는 것과, 글을 더 낫게 써 달라는 요청은 다릅니다. 또한 챗GPT는 틀린 곳을 고쳐 달라고 하면, 틀리지 않은 부분도 고쳤다고 우기기도 하기 때문입니다.

PROMPT BOX

001 영어 텍스트 교정 프롬프트

Plz proofread this writing and give explanations: [영작문]

이 글을 감수하고, 설명을 써 줘: [영작문]

교정 전	교정 후
Coming-of-age is a natural part of reaching adulthood these days when you get proof of age showing you can drive or drink alcohol. In the past, coming of age largely involved ceremonies, rites of passages when one entered adulthood to be accepted as a full member of society. A person sometimes had to jump off a cliff, hunt a large predator or survive in a jungle or a desert alone for several days. These ordeals are sometimes called initiations, through which they can become fully qualified for their stance in the society and take full responsibility for their deeds afterwards. In a sense, they used to enter adulthood at earlier ages than now. Now teenagers are usually considered minors until they are 18 to 21, sometimes going free and wild without any sense of responsibility, not to mention of economic independence. One example of coming-of-age initiations still practiced today is the Jewish 'bar mitzvah,' in which thirteen-years-olds (twelve for girls in some groups) are called to read the Torah (Jewish Holy Scripts) at a service. With or without coming-of-age rites of passage events, it is not easy to be initiated into mature,	Coming-of-age is a natural part of reaching adulthood these days, when you **receive** proof of age showing you can drive or drink alcohol. In the past, coming of age largely involved ceremonies **and** rites of passage, **where** one entered adulthood to be accepted as a full member of society. **In some cases**, a person had to **endure ordeals such as** jumping off a cliff, hunting a large predator, or surviving alone in a jungle or a desert for several days. These ordeals are sometimes called initiations, through which **individuals** could become fully qualified for their **position** in **society** and take full responsibility for their **actions** afterwards. In a sense, people used to enter adulthood at earlier ages than **they do** now. **Today**, teenagers are usually considered minors until they are 18 to 21, sometimes **leading to a lack of** responsibility and economic independence. One example of a coming-of-age initiation still practiced today is the Jewish 'bar mitzvah,' in which thirteen-year-olds (twelve for girls in some groups) are called to read the Torah (Jewish Holy Scriptures) at a service. **Whether or not there are coming-of-age rites of passage**, it is not easy to become initiated into mature, fully responsible, and independent

이 표는 제가 만든 것입니다. 뒤에서 나오지만, 챗GPT에게 감수 전후의 텍스트를 이렇게 표로 만들어 달라고 해도 됩니다.

앞에서 우리가 프롬프트를 쓰면서 챗GPT에게 감수를 하고, 수정 후 설명도 하라고 했죠? 챗GPT가 영어로 수정한 이유를 설명해 주었는데요. 그것을 번역하라고 시켰더니 다음과 같은 설명을 해 주었습니다. 아 참, 앞에서도 소개했지만 '번역하라'는 프롬프트는 다음과 같습니다.

"Plz translate the explanation part in the above answer into Korean."

이제 챗GPT가 영어 텍스트를 수정한 이유를 살펴보죠.

챗GPT가 설명하는 영어 텍스트를 수정한 이유

원래 텍스트에는 몇 가지 문법적 오류가 있었으며, 적절한 구두점이 없어서 읽고 이해하기 어려울 수 있었습니다. 수정된 버전에서는 이러한 오류를 수정하고, 글을 명확하게 표현했습니다.

또한 수정된 버전은 더 쉽게 표현했으며 불필요한 반복은 없앴습니다. 예를 들어 원래 텍스트에서는 "rites of passages"(통과의례)와 "initiations"(입문 교육)을 뒤섞어서 사용했는데, 이는 독자들에게 혼란을 줄 수 있습니다. 그래서 두 표현을 구분해 사용하고, initiations은 일종의 의식적인 성장 경험으로 묘사했습니다.

또한 수정된 버전은 과거에는 어린 시절의 성숙함이 지금보다 더 일찍 왔다는 생각을 더욱 확장하고, 이로 인해 오늘날 청소년들 사이에서 책임감과 경제적 독립성 부족이 발생할 수 있다는 것을 강조했습니다.

마지막으로 수정된 버전에서 initiations은 변형 경험이 될 수 있다는 생각을 더 강조했으며, 개인들에게 잠재력을 시험하고 성숙하고 독립적인 성인으로 발전할 수 있는 기회를 제공한다는 것을 부각했습니다.

원어민들은 자신이 쓴 글을 감수해 달라는 프롬프트를

Plz be my writing editor and rewrite this writing: [영작문]

이렇게도 쓰더군요.

PROMPT BOX

002 영어 문장 패러프레이징 프롬프트

Plz paraphrase this writing: [영문 전문]

이 글을 패러프레이징을 해 줘: [영문 전문]

패러프레이징(paraphrase)이란 원래 글의 의미를 유지하되, 글을 쉽게 읽히도록 다른 단어나 문장으로 새롭게 바꿔 쓰는 것을 말합니다. 쉽게 말하면 '글 바꿔 쓰기'라고 할 수 있죠. 앞의 지문을 다른 사람이 쓴 것처럼 패러프레이징을 하려면, 프롬프트를 위처럼 주면 됩니다.

그러면 챗GPT가 원문을 다음과 같이 패러프레이징을 해 줍니다.

Nowadays, coming-of-age is typically marked by receiving proof of age to drive or consume alcohol. However, in the past, it was often celebrated with formal ceremonies and rituals that signified the transition into adulthood and acceptance as a full member of society. Some of these rituals involved dangerous or challenging tasks like jumping off a cliff, hunting a large predator, or surviving alone in a harsh environment. These tests, known as initiations, were designed to qualify individuals for their societal roles and to instill a sense of responsibility for their actions.

In the past, individuals would often enter adulthood at a younger age than they do today, as now teenagers are typically considered minors until they reach the ages of 18-21. This can lead to some teens feeling free to act without a sense of responsibility or economic independence.

One example of a coming-of-age ritual still practiced today is the Jewish bar mitzvah, where thirteen-year-old boys (or twelve-year-old girls in some cases) read from the Torah during a religious service.

Regardless of whether formal coming-of-age ceremonies are observed or not, the process of becoming a mature, responsible, and independent adult is challenging. Depending on the culture, initiation rites can shape the course of a

챗GPT가 어떻게 패러프레이징을 했는지 번역본을 한 번 들여다보죠.

오늘날 성년은 일반적으로 운전이나 음주를 할 수 있는 나이임을 증명하는 증명서를 받는 것으로 표시됩니다. 하지만 과거에는 성인이 되고 사회의 완전한 구성원으로 받아들여짐을 의미하는 공식적인 의식을 통해 성년을 축하하는 경우가 많았습니다. 이러한 의식 중 일부는 절벽에서 뛰어내리기, 큰 포식자 사냥하기, 혹독한 환경에서 혼자 살아남기 등 위험하거나 어려운 과제를 포함하기도 했습니다. 입문 교육으로 알려진 이러한 시험은 개인에게 사회적 역할을 수행할 자격을 부여하고 자신의 행동에 대한 책임감을 심어주기 위해 고안되었습니다.

과거에는 오늘날보다 어린 나이에 성인이 되는 경우가 많았지만, 현재는 일반적으로 만 18~21세가 될 때까지 청소년을 미성년자로 간주합니다. 이로 인해 일부 청소년은 책임감이나 경제적 독립 없이 자유롭게 행동할 수 있습니다.

오늘날에도 여전히 시행되고 있는 성인식의 한 예로 유대인의 성인식인 바르미츠바가 있는데, 13세 소년(또는 경우에 따라 12세 소녀)이 종교 예배 중에 토라를 낭독하는 의식을 말합니다.

공식적인 성인식을 거치는지 여부와 관계없이 성숙하고 책임감 있으며 독립적인 성인이 되는 과정은 쉽지 않은 과정입니다. 문화에 따라 성인식은 개인의 잠재력을 시험할 수 있는 장을 제공함으로써 인생의 방향을 결정할 수 있습니다.

PROMPT BOX

003 영작 요청 시 단어 수 지정 프롬프트

Plz rewrite your writing. The word count is 250.

너의 글을 다시 써 줘. 250단어에 맞춰 줘.

앞에서 원래 챗GPT가 써 준 글은 214단어였는데, 이 글을 250단어에 맞추어 다시 써 달라는 프롬프트입니다.

프롬프트를 쓸 때 주의해야 합니다. 프롬프트에서 정확하게 "The word count is 250."이라고 지정해 주어야 챗GPT가 250단어에 맞추어 글을 씁니다. 그렇지 않고 '250단어'라는 표현을 문장의 중간에 넣으면 300단어로 쓰기도 합니다.

Coming-of-age is an essential part of transitioning into adulthood. In modern times, proof of age is often demonstrated through driving or drinking privileges. However, in the past, coming-of-age ceremonies and rituals were necessary for acceptance into society as a full member. These rites of passage involved tasks such as jumping off cliffs, hunting predators, or surviving in the wilderness for days.

Such ordeals are known as initiations, and they help individuals become fully qualified for their stance in society and take on full responsibility for their actions. In the past, people entered adulthood at a younger age than they do now, as teenagers were considered minors until they reached 18 to 21 years of

그런데 챗GPT는 글을 쓸 때 단어 수를 정확하게는 못 맞춥니다. 우리가 실제로 영작을 할 때도 그렇죠. 그래서 영문 글쓰기 과제를 낼 때 300단어라고 해도, 보통 몇 단어가 부족하거나 넘치는 것은 융통성 있게 다 봐줍니다.

챗GPT로 다양한 장르의 영어 글쓰기

이번에는 챗GPT에게 라이팅을 해 달라고 해 보죠. 먼저 영어 이메일을 쓰라고 한국어로 시켜 보겠습니다.

챗GPT 이전부터 이메일 생성기(email generator) 사이트가 여러 개 있었습니다. 이메일 생성기에는 축하 이메일, 비즈니스 이메일, 산타에게 보내는 편지 등 장르별로 정해진 형식의 폼이 많이 올라와 있죠. 그래서 챗GPT는 영어 이메일을 문법과 형식에 맞추어 꽤 잘 씁니다. 기존에 인터넷에 템플릿이 많은 회의록(minutes), 비즈니스 레터, 이력서, 커버레터(cover letter, 일종의 자기소개서)도 매우 잘 씁니다.

여기서는 챗GPT로 비즈니스 이메일을 써 볼게요. ABC사의 회계관리자 로페즈 씨에게 5월 6일까지 공급한 물건에 대한 대금을 아래 계좌로 송금해 달라는 내용입니다. 그랬더니 챗GPT가 다음과 같이 금방 써 주었습니다.

챗GPT는 영어 이메일 작문용으로는 손색이 없습니다. 다만, 좀더 공손하게, 혹은 우회적으로 이메일을 써야 할 때, 예를 들어 여러분이 지금 상대 회사가 대금 지급일을 어겨 화가 났지만 이런 감정을 우회적으로 표현해야 할 때 등에는 약할 수 있습니다.

PROMPT BOX

004 비즈니스 이메일 프롬프트

우리 GPT사에서 3월 20일 자로 공급한 물건(Model TX1230Z, 300 units, 350 US dollars per unit)에 대한 대금을 2023년 5월 6일까지 아래 계좌로 송금해 달라는 내용으로, ABC Corporation사의 Account Manger Mr. Lopez에게 쓰는 이메일을 영어로 써 줘.

챗GPT가 이메일을 제대로 썼는지 검토해 보죠. 물건 대금을 달라고 하는 비즈니스 이메일 형식에 맞춰 "I am writing to~"로 시작해 잘 썼습니다. 심지어 계좌번호 및 보내는 이의 이름을 쓸 곳까지 지정해 주고, 프롬프트에 제공하지 않은 발신자의 소속부서 이름까지 써 주었습니다.

Subject: Payment Request for Model TX1230Z

Dear Mr. Lopez,

I am writing to request payment for the Model TX1230Z products that our company, GPT, supplied to ABC Corporation on March 20th. The total amount due is $105,000, based on the sale of 300 units at a unit price of $350.

The payment deadline is May 6th, 2023, and we kindly request that the payment be made to the following account:

[insert account details]

Please let us know once the payment has been made so that we can ensure that it has been received and processed correctly. If you have any questions or concerns, please do not hesitate to contact us.

Thank you for your prompt attention to this matter.

Best regards,

[Your Name]
GPT Sales Team

PROMPT BOX

005 신문기사 작성 프롬프트

Plz write a newspaper article about Tinder.

틴더에 대한 신문기사를 써 줘.

글의 장르에 따라서 글의 구성이 달라지므로, 그때그때 글의 장르를 지정해 주는 것이 중요합니다. 이번에는 신문기사를 써라고 해 볼게요. 4장에서 이미 챗GPT로 퍼스널 스페이스(personal space)에 대한 기사를 써 봤으므로, 이번에는 다른 주제, 즉 틴더(Tinder)라는 데이팅 앱에 대해 써라고 시켰더니 다음과 같이 죽 써 주었습니다.

Online dating has become increasingly popular in recent years, with the emergence of various dating apps catering to different types of relationships. One such app is Tinder, which has gained a reputation as a go-to platform for casual hookups. However, Tinder has evolved beyond its initial image and now offers users a range of options for finding meaningful connections.

Tinder was launched in 2012 and quickly gained traction among young adults as a way to meet new people. The app operates by showing users a stream of profiles of people within their specified age and location range. Users can then swipe left to reject a profile or swipe right to indicate interest. If two users both swipe right on each other's profiles, they are matched and can start chatting within the app.

While Tinder initially gained a reputation for casual hookups, the company has made efforts to cater to users seeking more meaningful relationships. In 2017, Tinder introduced a paid subscription service called Tinder Plus, which allows users to access features such as the ability to undo a left swipe and the option to see who has already swiped right on their profile. The company also launched Tinder U, a feature specifically designed for college students to help

PROMPT BOX

006 신문기사 장단점 및 사례 포함 작성 프롬프트

Plz write a newspaper article about Tinder, addressing its pros and cons, and including one or two actual cases.

틴더의 장단점을 다루고, 한두 가지 실제 사례를 포함하여 신문기사를 작성해 줘.

챗GPT에게 그냥 글을 써 달라고 하면, 보통 원론적인 이야기를 하고 맙니다. 기본적인 개념을 파악하기에는 충분하지만, 그것이 신문기사나 에세이라면 재미가 없겠죠? 따라서 프롬프트를 쓸 때 좀더 구체적인 방향을 알려 주는 것이 좋습니다.

위는 데이팅 앱인 틴더에 대한 기사를 쓸 때, 장단점을 다루고 실제 예도 한두 가지 포함하라고 한 것입니다. 그러면 기사가 더 생생해지겠죠?

Tinder: The Pros and Cons of Online Dating

Tinder has revolutionized the world of online dating, offering an easy and convenient way to connect with potential partners. However, as with any online platform, there are both pros and cons to using Tinder.

On the one hand, Tinder offers a wide range of options and is very user-friendly. It is easy to create a profile, and users can quickly swipe through potential matches. The app also offers a level of anonymity, allowing users to keep their personal information private until they are ready to share it with someone they have matched with.

On the other hand, there are some risks associated with using Tinder. The app has been known to attract people who are looking for casual hookups, which can be frustrating for those who are looking for something more serious. Additionally, users may encounter fake profiles or catfishing attempts, where someone creates a false identity to deceive others.

Despite these risks, many people have found love and lasting relationships through Tinder. One such success story is Sarah and James, who matched on Tinder in 2018 and have been together ever since. "I never thought I would find my soulmate on an app," Sarah said, "but here we are, two years later, happier than ever."

However, there are also cases where Tinder has led to dangerous situations. In 2019, a man was arrested for allegedly using Tinder to lure and rape multiple women. While such cases are rare, they serve as a reminder that users should exercise caution and meet potential matches in a public place.

In conclusion, while Tinder offers many benefits, it is important to be aware of the potential risks and use the app responsibly. By being cautious and following basic safety guidelines, users can have a positive experience and potentially find their perfect match.

챗GPT가 쓴 기사를 보면, 2018년 틴더를 통해 만난 커플, 그리고 2019년 틴더를 악용한 범죄의 예를 포함시킴으로써 내용이 더 좋아진 것을 알 수 있습니다.

PROMPT BOX

007 인스타그램 글 & 해시태그 요청 프롬프트

Please write a short description of the MOMA and include hashtags so that I can post it on my Instagram.

뉴욕현대미술관에 대한 짧은 설명을 해시태그와 함께 써 줘. 내 인스타그램에 쓸 거야.

챗GPT에게 내 인스타그램에 올리도록 뉴욕현대미술관(MOMA)에 대한 짧은 글을 해시태그와 함께 써 달라고 했더니 다음과 같이 써 주었어요. 인스타그램용으로 글을 짧게 쓰고, MOMA, Modern Art 등 해시태그도 9개 달아 주었네요.

The Museum of Modern Art (MOMA) is a world-renowned art museum in New York City that houses a vast collection of modern and contemporary art. It features works by famous artists such as Vincent van Gogh, Pablo Picasso, and Frida Kahlo, as well as exhibitions and programs that showcase emerging artists and diverse perspectives.

#MOMA #ModernArt #NYCMuseums #ArtLovers #ContemporaryArt #FamousArtists #ArtExhibitions #MuseumCulture #ArtHistory

챗GPT를 라이팅 수업에 이용하기

이제 라이팅 수업에 챗GPT를 어떻게 이용할 수 있는지 살펴보겠습니다.

기존의 라이팅 프롬프트 생성기

'프롬프트'(prompt)라는 말은 챗GPT가 나오기 전부터 영어 라이팅 분야에서 썼습니다. 이때의 프롬프트는 글쓰기를 쉽게 하기 위해 글감을 던져 주는 장치를 말합니다. 그냥 에세이 주제나 질문을 주면서 글을 쓰게 하는 것보다, 프롬프트를 주면 훨씬 창의적인 글을 유도할 수 있습니다.

이를테면 "살면서 겪은 경험 중 가장 극적인 경험에 대해 써라"고 하는 것보다, 프롬프트에서 "나는 햇빛이 쏟아지는 무더운 사막 한가운데에서 땀을 뻘뻘 흘리며 혼자 서 있었다"라는 문장을 제시하고, 나머지를 상상해서 이어서 써라고 하면 흥미로운 글이 나오고, 글을 쓰는 과정도 재미있어지죠.

라이팅 프롬프트를 찾으려면 구글에서 "writing prompt generator"로 검색하면 되고, 어린이용의 경우 "writing prompt generator for kids"로 검색하면 됩니다.

1. 어린이용 라이팅 프롬프트 생성기를 만날 수 있는 마이 컵 런 오버 사이트(https://mycuprunsover.ca/writing-prompt-generator-kids)에 접속하세요.

2. 스크롤 막대를 아래로 내린 다음, 프롬프트 생성창에서 해당 학년(Grades)에

체크 표시를 하고, 프롬프트 유형(Type of Prompt)으로 창작(Creative)과 논픽션(Non-Fiction) 중에서 하나를 선택하세요.

3. 그러면 바로 아래에 다음과 같이 글쓰기 프롬프트가 뜹니다.

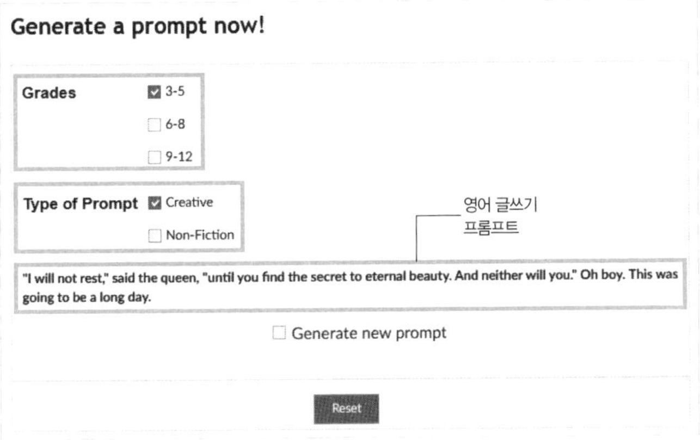

글쓰기 프롬프트 생성기가 쓴 프롬프트를 한국어로 번역해 볼까요?

> "네가 영원한 아름다움의 비밀을 찾아낼 때까지 나는 쉬지 않을 거야. 너도 그때까지는 못 쉴 줄 알아." 여왕이 말했다. 아, 이런, 고된 하루가 되겠구나.

이런 프롬프트 재미있죠? 이처럼 프롬프트 생성기를 이용하면 영어 글쓰기가 재미있어지고 실력이 늘어나는 데 도움이 됩니다.

JOYCE Sam's POINT

라이팅 프롬프트를 달라고 할 때 주의점

물론 챗GPT에게 라이팅 프롬프트(writing prompt)를 달라고 할 수도 있습니다. 단, 프롬프트에 글을 쓰는 사람의 연령(혹은 영어 읽기 지수)과 글의 장르를 분명히 명시해야 합니다.

PROMPT BOX

008 어린이용 라이팅 스타터 프롬프트

Plz make 5 story starters for adventure stories that are suitable for children at CEFR A1 level.

CEFR A1 등급의 어린이에게 적합한 모험 이야기를 위한 이야기 스타터 5개를 만들어 줘.

챗GPT에게 모험 이야기용 스타터 5개를 CEFR A1 수준의 어린이용으로 만들어 달라고 했더니, 다음과 같이 써 주었습니다. 이야기의 첫 부분을 주는 프롬프트를 '이야기 스타터(stroy starter)'라고 합니다.

Of course, here are five adventure story starters for children at CEFR A1 level:

1. It was a bright and sunny day, and Sarah couldn't wait to go on an adventure. She packed her backpack with snacks and headed into the forest...

2. As soon as Tom stepped onto the pirate ship, he knew he was in for an adventure. The salty sea air filled his lungs as the ship set sail towards...

3. Rosie was bored of being stuck at home, so she decided to use her imagination to go on an adventure. She closed her eyes and wished to be transported to a magical world where...

4. Ben had always dreamed of being an astronaut, and finally, he was on his way to space. As he looked out of the window of the spaceship, he saw...

5. The door to the old, abandoned house creaked open, and Sam and his friends couldn't resist going inside to explore. They had no idea what secrets the house held, but they were determined to find out...

I hope these adventure story starters inspire your young writers to create exciting and imaginative stories!

PROMPT BOX

009 대학생 저널용 라이팅 프롬프트

Plz make 5 writing prompts for journals that are suitable for college students at CEFR B1 level.

CEFR B1 등급의 대학생에게 적합한 저널용 라이팅 프롬프트를 5개 만들어 줘.

영어 읽기 수준이 CEFR B1 등급 정도인 대학생을 위한 저널용 라이팅 프롬프트를 5개 달라고 했더니, 챗GPT가 다음과 같이 5개를 뽑아 주었습니다.

Certainly, here are five writing prompts for journaling that are suitable for college students at CEFR B1 level:

1. Reflect on your biggest accomplishment in college so far. What did you do to achieve it, and how did it make you feel? What did you learn from the experience?

2. Describe a time when you faced a difficult challenge in college. How did you handle the situation, and what did you learn from it?

3. Write about a person who has had a significant impact on your life. What did they do, and how did it affect you? What lessons have you learned from them?

4. Think about your career aspirations. What do you hope to achieve, and how do you plan to get there? What skills and experiences do you need to develop?

JOYCE Sam's POINT

라이팅에서 말하는 저널은 일기(diary)와 다릅니다. 저널은 개인사 혹은 사적인 감정을 쓰는 것이 아니라 책을 읽은 후, 영화를 본 후, 수업을 들은 후, 혹은 일상에서 떠오르는 단상들을 적는 것이라고 생각하면 됩니다.

PROMPT BOX

010 라이팅 프롬프트 이용 글쓰기 프롬프트

Plz make 1 model writing for the prompt no.1.

프롬프트 1번에 대해 글쓰기 모델을 하나 써 줘.

사실 앞에서 챗GPT에게 저널용 라이팅 프롬프트를 달라고 하는 것만으로는 부족합니다. 최소한 글쓰기의 모델로 삼을 글을 하나 보여 달라고 하는 것이 좋습니다. 위처럼 프롬프트 1번을 이용해서 글쓰기 모델을 하나 보여 달라고 해 보죠. 그러면 챗GPT가 다음과 같이 프롬프트 1번을 이용해 글을 써 줍니다.

Sure, here's a model writing for the prompt "Reflect on your biggest accomplishment in college so far":

Reflecting on my time in college so far, my biggest accomplishment has been completing my first research project. The project was assigned in my second semester, and I spent several months researching and writing about the topic. It was a challenging experience, as I had never done anything like it before, and I was nervous about whether I could meet the expectations of my professors.

To succeed in this project, I had to develop new skills such as conducting literature reviews, organizing my research, and presenting my findings in a clear and concise manner. I also had to learn how to manage my time effectively, as the project required a significant amount of independent work.

Despite the challenges, I was able to complete the project on time and received a high grade for my work. This accomplishment gave me a great sense of

챗GPT는 이처럼 라이팅을 시작하기 위한 다양한 준비에 사용할 수 있습니다.

챗GPT로 영어 에세이 쓰기력 키우는 법

이번에는 챗GPT로 영어 에세이 쓰기를 해 보죠. 한국 학생들이 영문 에세이를 쓸 때에 힘들어하는 부분을 챗GPT가 어떻게 보완할 수 있는지를 살펴보겠습니다.

영어 글쓰기 수업에 대한 오해

흔히 주제나 글쓰기 프롬프트를 주고 영어 에세이를 써 오라고 한 후에 이를 잘 교정해 주는 것이 '글쓰기 수업'이라고 생각하는데, 이것은 큰 오산입니다. 이런 방식을 '결과물 중심의 글쓰기'라고 하는데, 아주 구태의연한 교수법이라고 할 수 있습니다. 마치 글쓰기 수업이 좋은 글쓰기 모델을 보여주는 것과 첨삭을 잘하는 것이 전부라고 착각하는 것이죠.

글쓰기 첨삭, 전문용어로는 피드백, 정확하게는 교정 피드백(corrective feedback)에 대한 연구를 살펴보면, 학습자가 수정 피드백을 눈여겨보고, 이를 다음 번 글쓰기에 반영해서 실력이 향상되는 비율은 20%가 안 됩니다. 즉, 학습자들은 가르치는 대로 배우지 않습니다(teaching ≠ learning). 가르치는 내용 중 일부만 배웁니다(때로는 명시적으로 가르치지 않은 내용도 스스로 유추해서 배우기도 하지만요). 영어 글쓰기 첨삭도 마찬가지입니다. 학습자는 가르치는 사람이 고쳐주는 대로 다 배우는 것이 아닙니다.

과정 중심의 글쓰기 수업이 더 좋다

그렇다면 결과물 중심의 글쓰기 수업을 하더라도, 학습자가 자신의 부족한 부분에 주목할 수 있는 과정을 만들고, 이를 다음 번 글쓰기에 반영하는 장치를 만드는 것이 중요합니다.

사실 가장 효과적인 수정 피드백은 한 번의 영어 글쓰기에 대해 접속어구나 관사 등 한두 가지 특성만 교정할 것이라고 한 후 집중적으로 피드백을 하고, 학생들이 이를 옮겨 적는 방식으로 주목하는 과정을 만들어 주는 것입니다. 즉, 최종 산물인 글만 요구하는 결과물 중심의 글쓰기보다 과정 중심의 글쓰기 방식이 더 효과적입니다.

챗GPT는 과정 중심의 글쓰기 방식을 각 과정마다 적용해서 도움을 줄 수 있습니다. 챗GPT는 영어 글쓰기를 가르치는 사람뿐만 아니라 학습자도 쉽게 쓸 수 있으며 번역기를 돌릴 수도 있죠. 따라서 챗GPT를 사용하지 말라고만 할 것이 아니라, 챗GPT를 써서 보강하며 학습할 수 있게 하는 편이 더 나을지도 모르겠습니다.

글쓰기는 기본적으로 다음과 같은 과정을 거칩니다. 영어 글쓰기도 과정은 같다고 볼 수 있죠.

글쓰기의 기본 과정

이제 챗GPT를 영어 글쓰기에 활용하는 법을 본격적으로 알아보죠.

PROMPT BOX

011 [글쓰기 계획 단계] 브레인스토밍을 위한 마인드맵 프롬프트

Make a mind map for Brainstorming? The essay topic is Animal welfare.

브레인스토밍을 위한 마인드맵을 만들 수 있니? 에세이 주제는 동물 복지야.

마인드맵을 그려주는 플러그인을 이용해 볼게요.

1. 플러그인 스토어에서 AI Diagram을 찾아 설치하고 활성화하세요. 그런 다음 위와 같은 프롬프트를 쓰면, 다음과 같이 마인드맵을 그려줍니다. 아래의 Whimsical이라고 된 링크를 클릭하세요.

2. Whimsical 사이트로 접속되며, 마인드맵이 좀더 선명한 이미지로 나옵니다. 이제 마인드맵의 이미지를 수직으로 바꾸고, 도형 안에 넣는 등 수정할 수 있습니다.

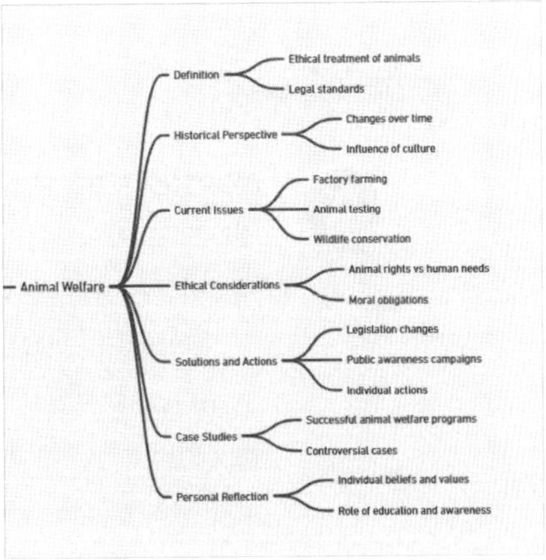

혹은 캔바(Canva) 플러그인을 설치해 브레인스토밍용 마인드맵 템플릿을 찾아달라고 해도 됩니다. 4~5개의 브레인스토밍용 이미지를 보여줍니다. 이 중에서 하나의 링크를 클릭해 앞의 정보를 복사해 붙여넣어도 좋습니다.

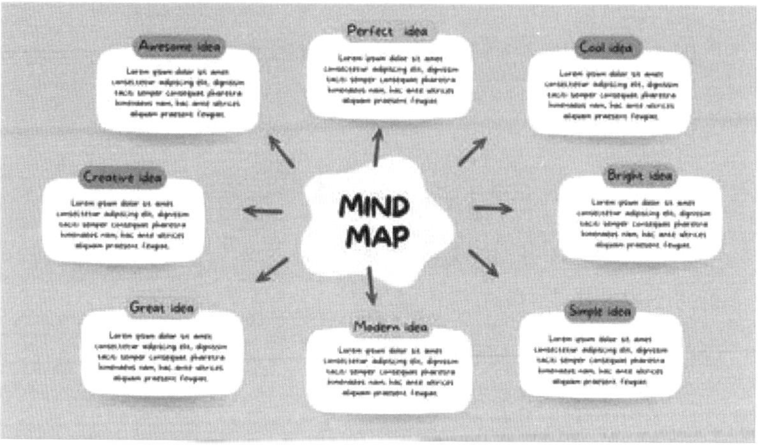

JOYCE Sam's POINT

챗GPT에게 도표를 요청할 때 주의점

챗GPT는 아이디어의 일반적인 계통이나 흐름은 잘 정리하지만, 구체적인 사실은 틀린 정보를 많이 주기 때문에 조심해야 합니다.

해리포터의 가계도(family tree)를 트리 다이어그램으로 그려 달라고 했더니, 뜬금없이 해리포터가 릴리 에반스(어머니)와 시리어스 블랙(해리포터의 대부) 사이에서 태어났다는 식으로 그려 주었습니다. 따라서 이런 도표를 그려 달라고 할 때에는 챗GPT에게 정확한 정보를 주고 그려 달라고 해야 합니다.

PROMPT BOX

012 [초고 단계] 영어 초고 편집 프롬프트

Plz edit this first draft: [초고 전문]

이 초안을 편집해 줘: [초고 전문]

다음은 길고양이에 대한 짧은 에세이 초고입니다. 영어로 초고(first draft)를 쓴 후에 챗GPT에게 편집해 달라고 요청해 보죠. 위의 프롬프트를 입력하고, 콜론(:) 뒤에 여러분이 쓴 에세이 초고 전문을 복사해서 붙여넣으면 됩니다.

에세이 초고 전문

There has been a big feud over stray cats. Some people feed the cats and provide shelters for them while others complain about cats' noises and smells. Those who feed the cats (called 'cat moms' or 'cat daddies') appeal that cats are innocent and that all lives are precious. Some of them rescue sick cats and take care of them, keeping scores of cats in a house. They pay all the costs from the cat feeds and sands to medical care. The latter insist that all the astray cats be removed, so they try to keep the former from feed the cats. Sometimes some of the latter destroy feeding spots and drive away cat feeders. Once in a while, one or two violent people kill the astray cats brutally.

One way of dealing with astray cats is to neuter them. Some people capture astray cats and release them after neutering. This way, they can prevent cats from reproducing and decrease noises and smells from cats gradually in the long run. In the meantime, while the astray cats are alive, they feed them and provide medical care when they are sick.

I strongly against killing stray cats as I believe those who can kill cats are capable of killing humans, too. Human cruelty should be contained by any means. Some cities have policies to capture and neuter stary cats, which helps maintain cat populations on the streets and make it easier to feed and care astray cats.

그러면 챗GPT가 영어 에세이 초고를 다음과 같이 편집해 줍니다.

Here is an edited version of the draft:

There has been a significant dispute over stray cats. While some people feed the cats and provide shelters for them, others complain about the noise and smell caused by the cats. Those who feed the cats, argue that cats are innocent creatures and that all lives are precious. Some even rescue sick cats and take care of them, often housing large numbers of cats. They bear all the costs, including food, litter, and medical care. The other group insists that all stray cats be removed and, as a result, they try to prevent cat feeders from feeding the cats. At times, members of the latter group destroy feeding spots and drive away the cat feeders. Sadly, there have even been instances of violent individuals brutally killing stray cats.

One way to deal with stray cats is by neutering them. Some people capture the cats and release them after neutering. This prevents them from reproducing and gradually reduces the noise and smell caused by the cats. While they are alive, the cat feeders provide them with food and medical care when necessary.

I am strongly against killing stray cats because I believe that those who can kill cats are capable of killing humans too. Human cruelty should be stopped by all means possible. Some cities have adopted policies to capture and neuter stray cats, which helps to control their population and makes it easier to feed and care for them.

영어 글쓰기 과정에서 처음 쓰는 원고는 초고(rough draft, first draft)라고 하고, 이 초고를 편집을 반영하여 고쳐 쓴 원고가 재고(second draft)이고, 이 원고를 고치는 것을 감수(proofreading)라고 합니다. 이 감수에서 나온 피드백을 반영해서 고쳐 최종고(final draft)를 제출하면 됩니다.

PROMPT BOX

013 [초고 단계] 챗GPT의 수정 체크리스트 프롬프트

Plz make a table about the editing above. One column with original sentences, and the other column with edited sentences.

위의 편집에 대한 표를 만들어 줘. 하나의 열은 원문의 문장으로, 다른 열은 편집된 문장으로 해 줘.

위의 프롬프트를 이용하면, 여러분이 쓴 영문 원문과 챗GPT가 편집한 글과 고친 부분을 비교하는 표(table)를 문장별로 만들어 줍니다. 이 표를 보면서 챗GPT가 수정해서 더 나아진 부분에 밑줄을 그으면, 영어 글쓰기 학습이 되겠죠?

Original Sentences	Edited Sentences
There has been a big feud over stray cats. Some people feed the cats and provide shelters for them while others complain about cats' noises and smells.	There has been a significant dispute concerning stray cats. While some people feed the cats and provide shelters for them, others complain about the noise and smell caused by the cats.
Those who feed the cats (called 'cat moms' or 'cat daddies') appeal that cats are innocent and that all lives are precious. Some of them rescue sick cats and take care of them, keeping scores of cats in a house. They pay all the costs from the cat feeds and sands to medical care.	Those who feed the cats, also known as "cat moms" or "cat daddies," argue that cats are innocent creatures and that all lives are precious. Some even rescue sick cats and take care of them, often housing large numbers of cats. They bear all the casts, including food, litter, and medical care.
The latter insist that all the astray cats be removed, so they try to keep the former from feed the cats. Sometimes some of the latter destroy feeding spots and drive away cat feeders. Once in a while, one or two violent people kill the astray cats brutally.	The other group insists that all stray cats be removed and, as a result, they try to prevent cat feeders from feeding the cats. At times, members of the latter group destroy feeding spots and drive away the cat feeders. Sadly there have ever been instances of violent individuals brutally killing stray cats.

앞과 같이 편집 전 버전과 편집 후 버전을 표로 만들어 제시하고, 달라진 부분에 밑줄을 긋게 한 후, 아래에 달라진 부분을 쓰는 칸을 만드는 방식을 '체크리스트 방식'이라고 합니다. 혼자 읽으면서 달라진 부분을 주목해서 보라고 하면 학습자들은 잘 보지 않습니다. 이렇게 기록하는 표를 만들어 주는 것이 학습 효율을 높일 수 있습니다. 교수법에서는 이를 '인식 일깨우기 접근법'(Consciousness raising approach)이라고 합니다.

JOYCE Sam's POINT

한 문장, 한 줄씩 비교하기

앞에서 소개한 편집 프롬프트에 "Make one sentence a line"을 덧붙여 주면 비교 표가 한 문장, 한 줄씩으로 정렬되어 보기에 더 좋습니다.

PROMPT BOX

014 [재고 단계] 영어 재고 편집 프롬프트

Plz proofread the second draft: [재고 전문]

이 재고를 감수해 줘.: [재고 전문]

이제 재고(second draft) 작업을 해 보죠. 챗GPT가 고쳐준 글을 내 수준에 좀 더 맞는 단어, 혹은 내가 더 좋아하는 단어로 바꾸는 작업을 하면 됩니다.

There has been a significant dispute **over** stray cats. While some people feed the cats and provide shelters for them, others complain about the noise and smell caused by the cats. Those who feed the cats, ~~also known as "cat moms" or "cat daddies,"~~ argue that cats are innocent creatures and that all lives are precious. Some even rescue sick cats and take care of them, often housing large numbers of cats. They bear all the costs, including food, litter, and medical care. The other group insists that all stray cats be removed and as a result, they try to prevent cat feeders from feeding the cats. At times, members of the latter group destroy feeding spots and drive away the cat feeders. Sadly, there have even been instances of violent individuals brutally killing stray cats.

One way to deal with stray cats is by neutering them. Some people capture the cats and release them after neutering. This prevents them from reproducing and gradually reduces the noise and smell caused by the cats. While they are alive, the cat feeders provide them with food and medical care when necessary.

I am strongly against killing stray cats because I believe that those who can kill cats are capable of killing humans too. Human cruelty should be stopped by all means possible. Some cities have adopted policies to capture and neuter stray cats, which helps to control their population and makes it easier to feed and care for them.

그랬더니 챗GPT가 더 수정할 부분이 없다는 피드백을 줍니다.

> The second draft looks great! I did not find any errors or areas that require further editing. Well done.

그럼, 위의 재고본이 최종본(final draft)이 됩니다. 학생들에게 초고본, 체크리스트, 재고본, 최종본(이 경우에는 재고본이 최종본과 동일), 그리고 마지막으로 챗GPT가 고쳐 준 내용까지 모두 제출하게 합니다. 고찰(reflection) 항목에는 챗GPT의 편집과 교정을 받아서 배운 포인트를 정리해서 적게 하면 좋습니다.

> **고찰(Reflection)의 예:**
>
> 1. a big feud보다는 "a significant dispute"라는 표현을 쓰는 것이 좋음을 배웠다.
> 2. 고양이 배변용 모래가 litter라는 것을 알게 되었다.
> 3. 의견이 다른 두 그룹의 주장을 옮길 때, '주장하다'라는 뜻의 동사로 argue, insist를 쓰는 것을 배웠다.

'과정 중심'의 글쓰기 수업에서는 학생들이 한 편의 글을 완성하기까지 각 과정을 만들어 이끌어 주는 것이 중요합니다. 챗GPT는 교강사가 영어 글쓰기의 각 과정에서 피드백을 하나하나 해 줘야 하는 부담을 줄여 줍니다.

챗GPT의 도움을 받는 과정을 정식 수업 과정에 넣고, 챗GPT로부터 피드백을 받은 부분을 스스로 정리하게 하면, 학생들이 부족한 부분을 스스로 인지할 수 있어서 좋습니다. 또한 피드백을 받은 것들을 모아 공통적으로 저지르는 오류를 뽑은 후, 수업 시간에 쓰는 연습을 시키는 것도 좋습니다. 이렇게 챗GPT의 도움을 받아서 몇 번 쓴 다음, 마지막에 도움 없이 영작을 하게 한다면 혼자 쓸 수 있는 능력까지 끌고 갈 수 있을 것입니다.

JOYCE Sam's POINT

라이팅을 더 정교하게, 하이퍼파라미터 튜닝

라이팅 프롬프트를 쓸 때, 프롬프트에서 다음과 같은 조건을 지정하면 챗GPT가 글을 여러분의 의도에 맞게 더욱 잘 뽑아줍니다. 단, 실제 개발자인 최재훈 님에 따르면, 사용자가 챗GPT의 이러한 하이퍼파라미터(hyperparameter)를 조정할 수 있는 것처럼 말하는 책이나 강연이 많지만, 챗GPT가 사용자의 의도를 파악해서 방향성을 맞추어 응답을 뽑아내는 데에 도움이 되는 거지, 사용자가 조정할 수는 없다고 합니다. 즉, 이 하이퍼파라미터를 쓰면 챗GPT가 인간의 언어로 된 명령어를 좀더 잘 이해하는 것뿐입니다.

라이팅 하이퍼파라미터

변수	입력 범위 값	설명
❶ Temperature	0~1	1에 가까울수록 예측 불가능성 커짐(창의적)
❷ Top-p	0~1	1에 가까울수록 다양한 단어
❸ Max_length	0~2,048	2,048토큰(영어 문자 4천 개, 단어 수로 500개 정도)
❹ Beam-width	0~10	값이 높을수록 다양한 문장
Length penalty	0.5~2.0	2에 가까울수록 긴 문장의 우선순위가 높아짐

❶ **Temperature**(온도 값): 1에 가깝게 0.9처럼 지정할수록 챗GPT가 좀더 문학적인 표현을 사용합니다. 다만 질문에 대한 직접적 대답으로는 부족할 수 있습니다. 이 값을 낮게 설정하면 챗GPT가 좀더 보수적이고 전형적인 답을 뽑아줍니다.

❷ **Top-p**: 챗GPT는 빅데이터를 기반으로 단어와 단어 사이의 확률로 단어를 뽑아 써주는데요. 이 Top-p 값이 높으면 단어를 더 큰 풀에서 선택하므로 글이 더 다양하고 다채롭습니다. 이 값이 낮으면 단어 풀이 더 작아지므로 글을 더 보수적이고 전형적으로 써줍니다.

❸ **Max_length**: 챗GPT가 생성하는 글의 길이를 지정합니다. 챗GPT의 단어 용량은 프롬프트의 글자 수를 합해서 정해지므로, 응답으로 뽑혀 나오는 글자의 수는 프롬프트 포함 한계치를 생각

하고 지정해야 합니다(그냥 프롬프트에 몇 단어 정도로 써달라고 해도 됩니다).

❹ **Beam-width(빔 폭)**: 챗GPT가 생성하는 연속적인 결과물의 수를 제어하는 변수입니다. 빔 폭이 크면 결과물 시퀀스가 많아지고 품질이 높아지지만, 응답을 만드는 데 자원이 많이 필요하고 시간도 오래 걸립니다.

글의 어조와 문체 상세 지정

다음과 같이 글의 어조(Tone)와 문체(Writing style)도 원하는 스타일을 찾아 프롬프트에 써주면 최적의 글을 얻어내는 데에 도움이 됩니다.

어조 (Tone)	Authoritative (권위적)	Clinical(객관적)	Cold(냉정한)	Confident (자신감 있는)
	Cynical(냉소적)	Emotional(감정적)	Empathetic(공감적)	Formal(형식적)
	Friendly(친근한)	Humorous (유머러스한)	Informal(비공식적)	Ironic(아이러니한)
	Optimistic(낙관적)	Pessimistic(비관적)	Sarcastic(비꼬는)	Serious(진지한)
	Sympathetic (동정적)	Tentative(잠정적)	Warm(따뜻한)	

문체 (Writing Styles)	Academic(학문적)	Analytical(분석적)	Argumentative (논쟁적)	Conversational (대화적)
	Creative(창의적)	Critical(비판적)	Descriptive(서술적)	Epigrammatic (경구적)
	Epistolary(서간적)	Expository(해설적)	Informative(정보적)	Instructive(교육적)
	Journalistic (저널리즘적)	Metaphorical (은유적)	Narrative(서술적)	Persuasive(설득적)
	Poetic(시적)	Satirical(풍자적)	Technical(기술적)	

하이퍼파라미터를 통해 글을 더 적확하게 뽑기

챗GPT에게 '외계종족과의 조우'에 대한 글을 각각 다른 변수를 넣어서 써달라고 해볼게요.

1. '외계종족과의 조우'에 대한 글을 난이도는 CEFR B1 수준으로, 온도는 0.2의 전형적인 문장으로, 길이는 최대 300토큰으로, 어조는 포멀하게, 문체는 설명문으로 써달라고 해보겠습니다.

Plz write a story about an encounter with alien species, CEFR B1, temperature 0.2, max_length: 300, tone: formal, writing style: expository.

2. 그랬더니 챗GPT가 다음과 같이 글을 써주었습니다. 한글 번역문으로 보여드릴게요.

> 2023년, 과학계는 전례 없는 발견을 발표했습니다. 허블 우주 망원경은 센타우루스자리 알파계에서 미확인 물체를 감지했습니다. 지능적인 움직임을 보여주는 이 물체는 외계 우주선으로 믿어졌습니다.
>
> 세계 각국 정부가 공동 대응을 준비하는 동안, 그 미확인 물체는 암호화된 신호를 전송하면서 지구에 접근했습니다.

3. 이번에는 '외계 종족과의 조우'에 대한 글을 같은 난이도에 같은 길이지만, 글의 온도는 0.9로, 어조는 감정적으로, 문체는 이야기체(narrative)로 써달라고 프롬프트를 넣어보았어요.

Plz write a story about an encounter with alien species. CEFR B1, temperature 0.9, max_length: 300, tone: emotional, writing style: narrative.

4. 챗GPT의 답을 한글로 번역했습니다. 글의 온도를 0.9로 높이고, 감상적, 서술적으로 써달라고 하자, 처음에 챗GPT가 썼던 글과 사뭇 달라진 것을 볼 수 있습니다.

> 우주의 차가운 외로움 속에서 우리는 그들을 발견했습니다. 아니, 오히려 그들이 우리를 발견했습니다. 2023년, 예상치 못한 손님에 의해 밤하늘이 영원히 변모했습니다. 허블 망원경은 우리 천체의 이웃인 알파 센타우루스자리에서 우주 바다를 항해하는 수수께끼의 배를 처음으로 발견했습니다.
>
> 외계 우주선이 다가오자 인류는 숨을 죽였습니다. 두려움과

챗GPT로 하는 영어 에세이 쓰기 교육

한국 학생들에게 영문 에세이 쓰기를 가르치다 보면, 각 문단의 주제문(topic sentence)을 잘 뽑지 못하는 것을 자주 봅니다. 자유 연상식으로 여러 아이디어를 내라고 하면 아주 잘하지만, 이 아이디어들을 하나의 범주로 묶은 후(여기까지도 잘합니다) 하나의 용어로 표현하는 데는 아주 취약합니다. 상위 개념어(preordinate terms)로 묶어 제목을 다는 작업을 잘 못하는 것이죠. 그래서 주제문을 만드는 훈련을 다음과 같이 도표로 만들어 시키면 좋습니다.

주제문을 만드는 훈련 도표의 예

에세이 주제 Essay Topic	인간 관계에 대해 MBTI에 의지하기 Relying on MBTI Test in Personal Relationships
브레인스토밍으로 얻은 아이디어 Ideas from Brainstorming	• MBTI에는 충분한 과학적 근거가 없다. MBTI does not have enough scientific evidence. • MBTI는 사람의 성격을 과도하게 단순화한다. It oversimplifies personality. • 사람의 성격은 고정된 것이 아니다. Human personality is not fixed.
주제문 Topic Sentence	• MBTI를 인간관계에 사용하는 것은 과학적인 증거 부족, 복잡한 인간 성격의 과도 단순화, 개인 성격 특질의 역동성을 담아내지 못하기에 신뢰할 수 없다. The use of MBTI test in personal relationships can be unreliable due to its lack of scientific evidence, oversimplification of complex human personality, and failure to account for the dynamic nature of an individual's personality traits.

PROMPT BOX

015 짧은 주제문 생성 프롬프트

The essay topic is 'Relying on MBTI test in personal relationships.' The brainstormed ideas for the topic are 'MBTI does not have enough scientific evidence.' 'It oversimplifies personality.' 'Human personality is not fixed.' Plz group the ideas, and make one topic sentence for the listed ideas.

에세이 주제는 '인간 관계에 대해 MBTI에 의지하기'다. 브레인스토밍에서 나온 아이디어는 'MBTI에는 충분한 과학적 근거가 없다', 'MBTI는 사람의 성격을 과도하게 단순화한다', '사람의 성격은 고정된 것이 아니다'이다. 아이디어들을 그룹화하여 나열된 아이디어들에 대해 하나의 주제문을 만들어 줘.

위와 같이 프롬프트를 넣었더니 챗GPT가 다음과 같이 하나의 주제문을 만들어 주었습니다.

The use of MBTI test in personal relationships can be unreliable due to its lack of scientific evidence, oversimplification of complex human personality, and failure to account for the dynamic nature of an individual's personality traits.

MBTI 테스트는 과학적 증거 부족, 복잡한 인간 성격의 과도한 단순화, 그리고 개인 성격 특질의 역동성을 담아내지 못하기 때문에 신뢰할 수 없다.

학습 포인트는 학생들이 브레인스토밍에서 자유연상으로 만든 문장들을 각각 "lack of scientific evidence"(과학적 증거 부족), "oversimplification of complex human personality"(복잡한 인간 성격의 과도한 단순화), "failure to account for the dynamic nature of an individual's personality traits"(개인 성격 특질의 역동성을 담아내지 못함)이라는 명사구로 정리한 것입니다.

한국 학생들이 영어 에세이에서 부족한 점

한국 학생들이 영어로 에세이를 쓸 때 고군분투하는 지점이 바로 이것입니다.

왜 그럴까요? 일단 두괄식 글쓰기에 익숙하지 않고, 자유연상으로 나온 구체적인 아이디어들을 명사구로 정리하는 어휘력 및 구문력이 부족하며, 결정적으로 이 아이디어들을 포괄하는 상위 개념어를 만드는 상향식 사고 기술(bottom-up thinking skill)이 부족하기 때문입니다.

특히 한국의 초중고 교과 과정을 보면 상향식으로 사고해서 정리하는 과정이 거의 나오지 않습니다. 이를 보완하려면 표와 도식으로 사고 과정을 표현하는 연습을 하는 것이 좋습니다.

먼저 학생들이 자유연상을 통해 만들어 낸 아이디어들을 명사구로 정리하는 작업이 필요합니다. 여기에서 챗GPT의 도움을 받을 수 있습니다.

일단 다양한 아이디어 중에서 비슷한 것들을 하나로 묶어야 합니다. 이것은 한국 학생들이 무리 없이 잘하기 때문에 따로 다루지 않겠습니다. 이제 챗GPT에게 한 무리에 속한 아이디어들을 명사구로 다시 써 달라고 해 보겠습니다.

PROMPT BOX

016 상향식 사고를 위한 명사구 프롬프트

Plz change these sentences into noun phrases: 'MBTI does not have enough scientific evidence.' 'It oversimplifies personality.' 'Human personality is not fixed.'

이 문장들을 명사구로 바꿔 줘: 'MBTI는 과학적 증거가 충분하지 않다', '인격을 지나치게 단순화한다', '인간의 성격은 고정되어 있지 않다'.

상향식 사고 연습을 위해서는 브레인스토밍에서 나온 아이디어들을 포괄하는 상위 개념어로 만드는 것이 중요하다고 했죠? 그러려면 일단 자유연상으로 나온 아이디어들을 명사구로 정리해야 합니다. 이를 위해 챗GPT에게 아이디어들을 명사구로 바꿔 달라고 했더니, 다음과 같이 나왔습니다.

- The lack of scientific evidence for MBTI
- The oversimplification of personality by the test
- The dynamic nature of human personality

학생들에게 워크시트를 만들어 다음과 같이 표를 채우게 합니다.

Topic sentence: ____________________

Idea 1	MBTI does not have enough scientific evidence.	The lack of scientific evidence for MBTI
Idea 2	It oversimplifies personality.	The oversimplification of personality by the test
Idea 3	Human personality is not fixed.	The dynamic nature of human personality

브레인스토밍으로 만든 아이디어 중에서 한 무리에 속한 아이디어들을 표 가운데의 빈칸에 하나씩 차례로 적은 다음, 오른쪽 빈칸에 이 아이디어들을 명사구로 만들어 적습니다. 그런 후 이 3가지 아이디어를 포괄하는 상위 개념어를 만들고, 이것을 주절로 만든 다음, 이유를 나타내는 종속절이나 종속구에 3가지 아이디어를 열거하면 주제문이 완성됩니다.

다음은 상향식 사고를 위한 상위 개념어를 뽑아내는 템플릿입니다. 이런 템플릿을 만들어 브레인스토밍을 한 후 작성하면 사고 과정이 눈에 보여 주제문을 만드는 데에 큰 도움이 됩니다.

Topic sentence:		
Idea 1		
Idea 2		
Idea 3		

PROMPT BOX

017 서문 작성 프롬프트

Plz write an introductory paragraph, starting with a sentence opener followed by the above topic sentence, and by its 3 supporting details.

서문(소개 단락)을 작성해 줘. 문장 개시구(sentence opener)로 시작해서 위의 주제문, 그리고 그것을 뒷받침하는 3가지 세부 사항으로.

앞에서 우리는 주제문을 완성했죠? 이 주제문을 시작으로 서문을 만들 수 있습니다. 서문에는 보통 주제문을 맨 앞에 넣고, 그 뒤에 아이디어들을 상술하는 세부 사항(supporting details)을 넣으면 됩니다.

여기에 조금 더 기교를 부린다면, 눈길을 끄는 문장으로 시작하면 좋습니다. 보통 의문문이나 개념 정의, 상식들로 시작하는 경우가 많습니다. 이를테면 글의 첫머리를 의문문을 써서 "MBTI를 해 보셨나요?"라고 시작할 수도 있고, "MBIT는 마이어스-브릭스가 만들었고 현재 한참 유행 중인 심리 테스트이다'"라며 정의나 현황을 첫머리로 삼을 수도 있습니다. 챗GPT가 다음과 같이 서문을 썼는데, 첫머리는 MBTI의 현황과 정의로 시작했고, 밑줄 친 부분이 챗GPT가 주제문을 패러프레이징을 해서 새로 쓴 문장이며, 마지막 문장은 이후 본문에서 어떤 이야기를 할지 말하고 있습니다.

Personal relationships are a critical aspect of human life, and the quest to understand oneself and others is a constant pursuit. One method that has gained popularity in recent years is the Myers-Briggs Type Indicator (MBTI) test, which categorizes individuals into 16 personality types. However, the use of MBTI in personal relationships has been met with skepticism due to several limitations. The lack of scientific evidence for MBTI, the over simplification of

PROMPT BOX

018 본문, 결론 작성 프롬프트

Make body paragraphs from the above supporting details (one paragraph for one supporting detail), and write a conclusion paragraph.

위의 뒷받침 세부 사항에서 본문 단락을 만들고(하나의 세부사항을 한 단락으로), 결론 단락을 만들어 줘.

이제 본문(body paragraph)은 위의 세부 사항 3가지를 확장하면 되므로, 위와 같은 프롬프트를 주면 됩니다. 그러면 챗GPT가 다음과 같이 본론과 결론을 써 줍니다.

Body Paragraph 1:
The lack of scientific evidence for MBTI
Despite its popularity, the Myers-Briggs Type Indicator (MBTI) test lacks scientific validation. The test is based on Carl Jung's theories, which have not been validated by modern psychology. Furthermore, the MBTI test has faced criticism from the scientific community due to its questionable reliability and validity. Therefore, relying on the MBTI test to understand someone's personality and compatibility in a personal relationship may not be accurate or reliable.

Body Paragraph 2:
The oversimplification of personality by the test
The MBTI test categorizes individuals into 16 personality types, which oversimplifies the complexity of human personality. This test fails to consider the nuances and variations of personality traits within each type, which may lead to inaccurate assessments of an individual's personality. Furthermore, the MBTI test ignores the fact that personality is not binary, and there are no clear-cut distinctions between one type and another. Therefore, relying on the MBTI test to understand someone's personality may lead to misunderstandings and misinterpretations.

Body Paragraph 3:

The dynamic nature of human personality
Personality is not a fixed or static trait, but rather it is dynamic and influenced by various factors such as environment, experiences, and relationships. Therefore, the MBTI test results may not accurately reflect an individual's current personality. Additionally, people grow and change over time, and their personality traits may shift or evolve. Relying on the MBTI test results to understand someone's personality may result in an inaccurate representation of their true self.

Conclusion:
The use of the MBTI test in personal relationships may have limitations due to the lack of scientific evidence, the oversimplification of personality, and the dynamic nature of human personality. While the MBTI test can be useful as a tool for self-reflection and personal growth, it may not be a reliable guide for understanding others or building deeper personal relationships. Therefore, it is crucial to approach the MBTI test with caution and to rely on multiple methods of understanding someone's personality and compatibility in personal relationships.

이처럼 챗GPT를 사용하되, 영어 에세이의 구조에 따라 단계별로 도움을 받아 써라고 지도하면, 외려 수업시간에 영어 글쓰기의 수사학과 구조, 사고 기술을 익히는 데에 도움이 되지 않을까요?

영어 교재를 보여주며 이런 구조로 되어 있다고 설명만 하는 것보다는, 학생들이 직접 영어 에세이를 써 보며 구조를 익히는 것이 학습에 더 효율적이기 때문입니다. 학생들이 영어 에세이를 직접 쓰는 과제는 다음 단계에서 하면 됩니다. 챗GPT를 피할 수 없다면, 챗GPT를 통합한 영어 수업을 만들면 되니까요.

PROMPT BOX

019 결론 문단 만드는 프롬프트

Make a conclusion paragraph by summing up the above, and adding a punch line with suggestions for desirable use of MBTI.

위를 요약하고, MBTI의 바람직한 이용을 위한 제언이 들어간 펀치 라인을 더해서 결론 문단을 만들어 줘.

결론 문단(conclusion paragraph)은 내용을 요약하고, 마지막에 급소를 터뜨리는 문구(punch line)를 곁들여도 좋습니다. 결론 문단을 따로 떼어서 챗GPT에게 뽑아 보라고 하면, 학생들이 문단의 구성을 잘 이해할 수 있습니다. 예를 들면 위와 같이 프롬프트를 줄 수도 있습니다.

While the Myers-Briggs Type Indicator (MBTI) test has gained popularity in recent years for understanding oneself and others in personal relationships, its limitations must be taken into account.

The lack of scientific validation, oversimplification of personality, and dynamic nature of human personality make it an unreliable guide. To avoid misunderstandings, it is recommended to use the results of the MBTI test as a way to spark further conversations and explore personality traits in more depth. Personal relationships are complex and require a nuanced understanding, and the MBTI test should not be relied upon as the sole basis for such understanding.
"Use MBTI as a conversation starter, not a definitive answer."

실제 결론 문단에서 밑줄을 친 부분을 보면, MBTI는 조심해서 쓰는 것이 중요하다는 제안으로 끝을 맺고 있습니다. 끝에 펀치라인으로 "MBTI를 확정된 답이 아니라 대화의 시작점으로 사용하라"고 썼네요.

수업에서는 학생들에게 표를 만들어 요약을 쓰는 란과 펀치라인을 쓰는 란을 주고, 이 둘을 결합해 문단을 만드는 법을 익히도록 하는 것도 좋습니다.

마지막으로 위의 구조를 모두 익힌 후, 실제 챗GPT가 만든 에세이를 보며, 접속사구에 밑줄을 긋고, 한 문단에서 다음 문단으로 넘어갈 때에 사용한 연결어구들에 밑줄을 그어 붙이는 법을 알려주면, 영어 에세이 글쓰기를 더 쉽게 익힐 수 있습니다.

참고로, 앞의 에세이는 문단별로 나누어져 있어서 모든 문단을 결합하여 하나의 에세이로 만들라고 프롬프트를 한 번 더 만들어 주어야 합니다.

JOYCE Sam's POINT

과제라면 챗GPT가 써 준 글은 반드시 수정, 보완

챗GPT가 써 준 상태로도 괜찮지만, 저라면 직접 한 번 더 수정하겠습니다. 챗GPT로 쓴 글을 알아채는 챗GPT 디텍터(detector)에 걸리지 않게요. 그런데 챗GPT 라이팅 디텍터가 만들어지기 무섭게, 이 디텍터를 피해서 글을 다시 써 주는 앱이 나오고 있습니다. 이 앱은 직접 찾아보기를 권합니다. 교육자의 도의상 이 앱까지 책에 소개하기는 어렵습니다.

챗GPT로 독후 질문 만들기

영어 독해력을 키우기 위해서는 텍스트를 읽은 후의 독후 질문도 큰 도움이 됩니다. 여기서는 앞에서 다루었던 길고양이에 대한 지문을 가지고, 챗GPT에게 다양한 유형의 독후 질문을 만들어 달라고 해 볼게요. 독후 질문의 유형을 몇 가지 소개할게요.

먼저 독후 질문을 Wh- 의문문으로 만들 수 있습니다. 예로 "What is the main dispute in the passage?"(이 글의 주요 쟁점은 무엇인가요?) 같은 문제이죠.

또한 Yes/No 유형으로 만들 수도 있습니다. 참/거짓으로 대답하는 문제로 만들 수도 있고요. 영어 지문에 비추어 볼 때, 문제의 내용이 참(ture)인지, 거짓(false)인지 대답하는 것이죠.

문장 중간의 빈칸을 채우는 문장 완성형 문제 유형도 있습니다. 사지선다형 문제는 앞에서 소개했으니 생략할게요.

PROMPT BOX

020 Wh- 문제 생성 프롬프트

Plz make wh-questions by each kind for the passage given above.

위의 지문에 대해 종류별로 wh- 문제를 만들어 줘.

챗GPT로 영어 지문의 독후 문제를 만드는 프롬프트입니다. Wh- 문제는 who, what, when, how 및 why로 시작하는 의문문 문제죠.

여기서는 챗GPT에게 287쪽에서 써 본 에세이 지문을 복사해서 붙여넣고, 위와 같은 프롬프트를 주어 다음과 같이 wh- 의문문 문제를 뽑아 보았습니다.

Sure, here are some examples of wh-questions based on the passage:

1. What is the dispute over with regards to stray cats?

2. Who are the people who feed the cats and provide shelters for them?

3. What do the people who feed the cats argue about regarding their innocence and worth?

4. How do some people take care of sick cats, and what expenses do they bear?

5. What is the stance of the group who wants all stray cats removed?

6. What are some of the actions taken by members of the group who want stray cats removed?

7. What is the tragic consequence of the violent actions taken against stray cats?

8. What is one way to deal with stray cats, and how does it help to control their population?

PROMPT BOX

021 단답과 근거 요청 프롬프트

Plz give me short answers for the above questions, and provide the grounds by indicating which sentences.

위 질문에 대한 단답을 하고, 어떤 문장인지 표시하여 근거를 제시해 줘.

답이 궁금하면 단답(short answer)을 달라고 하고, 지문 중 어디에 그 답의 근거가 있는지가 궁금하면 답의 출처가 지문의 어디에 있는지 표시해 달라고 하면 됩니다.

Sure, here are the short answers with the corresponding grounds:

1. What is the dispute over with regards to stray cats?
· he dispute is over whether to feed and provide shelter for stray cats or to remove them. (first sentence)

2. Who are the people who feed the cats and provide shelters for them?
· Some people feed the cats and provide shelters for them. (second sentence)

3. What do the people who feed the cats argue about regarding their innocence and worth?
· They argue that cats are innocent creatures and that all lives are precious. (third sentence)

4. How do some people take care of sick cats, and what expenses do they bear?
· Some people rescue sick cats and take care of them, often housing large numbers of cats. They bear all the costs, including food, litter, and medical care. (third sentence)

5. What is the stance of the group who wants all stray cats removed?
· They insist that all stray cats be removed. (fourth sentence)

6. What are some of the actions taken by members of the group who want

PROMPT BOX

022 Yes/No 문제 프롬프트

Plz make Yes/No questions for the passage given above.

위의 지문에 대해 '예/아니오' 문제를 만들어 줘.

영어 수준이 낮은 초보에게 질문할 때에는 문제를 Yes/No 형식으로 만드는 것이 좋습니다. 챗GPT는 앞의 지문에 대한 Yes/No 문제를 잘 만듭니다.

JOYCE Sam's POINT

챗GPT로 영어 이메일 답장을 뚝딱!

번역 AI인 DeepL(딥엘)이 업그레이드되면서 지문 번역, 파일 번역뿐 아니라 라이팅 기능까지 생겨 영작도 교정할 수 있습니다.

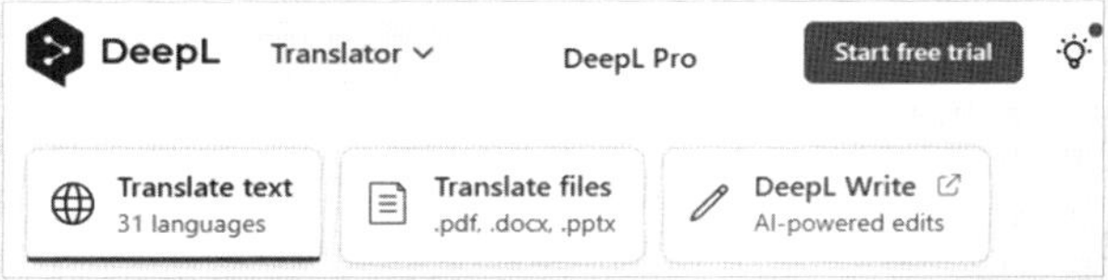

딥엘(www.deepl.com)에서 번역한 후 오른쪽 하단의 스피커를 켜면 번역한 문장을 읽어줍니다.

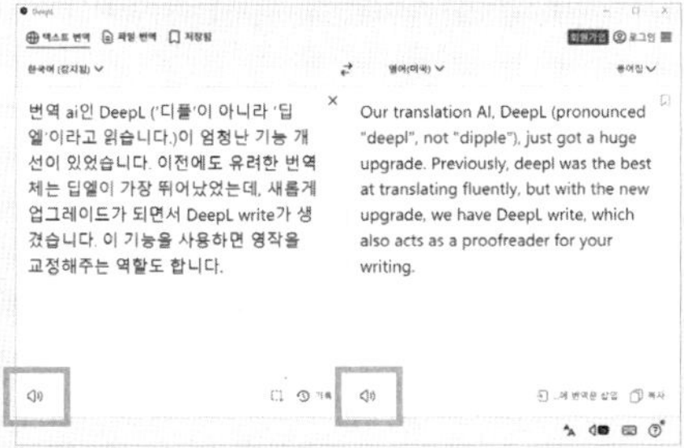

또한 딥엘 앱을 깔면, 문서 파일을 띄워 놓고 모르는 부분을 하이라이트한 후 〈Ctrl+C+C〉 키를 누르면 그 부분을 자동으로 딥엘 번역 창으로 옮겨주며 번역해 줍니다(이는 앱을 깔았을 때에만 사용 가능합니다).

PROMPT BOX

023 참/거짓 문제 프롬프트

Plz make 5 true or false questions for the passage given above. Indicate the answer for each questions.

위의 지문에 대해 참 또는 거짓으로 대답하는 문제 5개를 만들어 줘. 각 문제에 대한 답변을 표시해 줘.

이번에는 챗GPT에게 참/거짓(True/False)으로 대답하는 문제를 만들고, 각 문제에 답도 표시해 달랬더니, 아래 그림처럼 참/거짓 문제를 죽 만들고 그 밑에 답도 써 주었습니다.

참/거짓 문제의 대답 방식은 맞는 문장에는 T를, 틀린 문장에는 F를 쓰는 방식, 그리고 맞는 문장만 아래에 복사하는 방식이 있습니다. 챗GPT는 여기서 문제에 대한 답을 "true, false"로 표시하고 있네요.

Sure, here are five True/False questions with their answers:

1. True or False: Some people provide food and shelter for stray cats.
   · True (second sentence)

2. True or False: Those who feed stray cats argue that all lives are not precious.
   · False (third sentence)

3. True or False: The other group insists on removing some stray cats.
   · False (fourth sentence)

4. True or False: Members of the group who want stray cats removed do not destroy feeding spots or drive away cat feeders.
   · False (fifth sentence)

5. True or False: Providing food and medical care for stray cats cannot help ensure their well-being.
   · False (eighth sentence)

PROMPT BOX

024 문장 완성형 문제 프롬프트

Plz make 5 sentence completion questions for the passage given above. Make each blank start with the first letter of the missing word.

위의 지문에 대해 문장 완성형 문제 5개를 만들어 줘. 각 빈칸에 답의 첫 글자를 실마리로 넣어 줘.

문장 완성형 문제(sentence completion question)는 영어 글쓰기 능력을 키우는 데 도움이 됩니다. 빠진 단어 전체를 채워 넣는 방식이 있고, 실마리, 이를테면 빠진 단어의 첫 문자를 표시해 주는 등으로 문제의 난이도를 낮추는 방식도 있습니다. 여기서는 실마리로서 빠진 단어의 첫 문자만 나타나는 문제를 만들어 달라고 했습니다.

그랬더니 챗GPT가 문장 완성형 문제를 5개 만들고, 각 빈칸에는 답의 첫 글자를 표시한 것을 볼 수 있습니다. 챗GPT는 단어의 문자 수만큼 끊어진 선으로 빈칸을 만드는 기능은 아직 구현하지 못합니다.

Sure, here are five sentence completion questions where each blank starts with the first letter of the missing word:

1. Some people argue that all lives are p______ and therefore feed and provide shelter for stray cats.

2. The group that wants stray cats removed insists that they should be r______, leading to disputes with those who feed the cats.

3. The practice of neutering stray cats prevents them from r______, which can help reduce the noise and smell caused by them.

다지선다형 문제는 5장에서 살펴보았으니 여기서는 생략하겠습니다.

챗GPT로 영어 이메일 답장을 뚝딱!

1. 크롬 브라우저의 구글에서 'ChatGPT Writer'를 검색한 다음에 〈Chrome에 추가〉를 눌러 확장앱을 추가하세요.

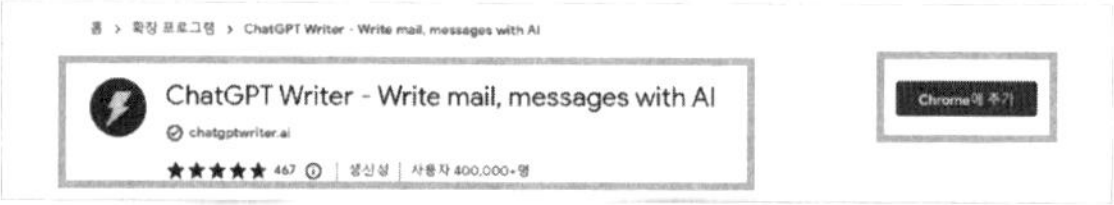

2. 크롬의 도구막대에 초록색 번개 아이콘이 뜹니다. 이 아이콘( )이 안 뜨면 옆의 '확장 프로그램' 아이콘을 눌러 'ChatGPT Writer'를 찾아 핀 모양의 북마크를 누르면 나타납니다.

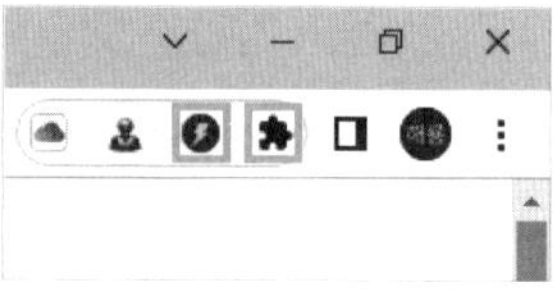

3. 구글 아이디로 로그인을 한 다음 '챗GPT 라이터' 아이콘을 클릭하면 다음과 같은 창이 뜹니다. 'Message context' 란에 받은 이메일의 내용을 복사해 붙여 넣으면 됩니다. 그런데 저는 이런 방법이 불편해서 다음에서 설명하는 방식으로 합니다.

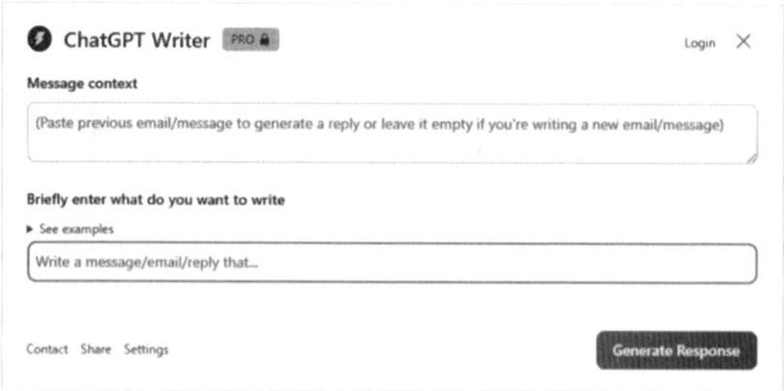

4. 지메일로 가서 '받은 메일함'에서 영어 이메일을 열고, 챗GPT 라이터를 클릭해서 띄우세요. 저는 실습용으로 받았던 '닥터 조던에게 상담을 받으려면 예약을 하라'는 메일을 열었습니다. 이제 마우스로 받은 이메일 내용을 드래그해서 선택하세요. 그러면 자동으로 챗GPT 라이터의 위쪽 창에 이메일 내용이 다 들어갑니다.

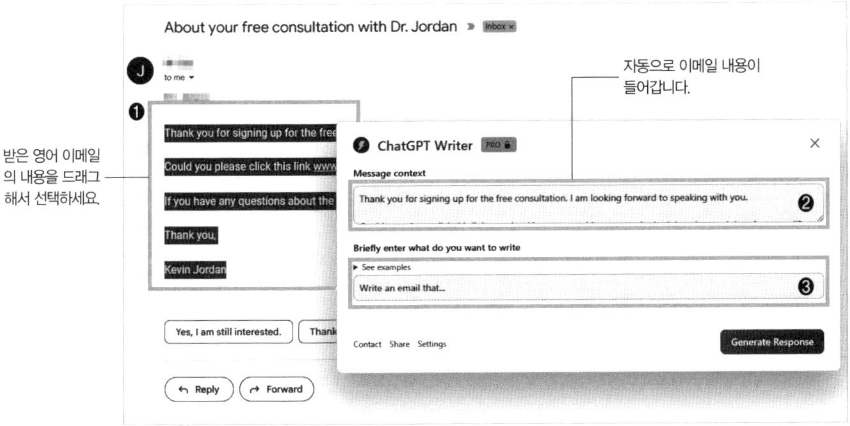

5. 이제 답장을 써보죠. 'See examples' 란을 클릭하면 예시가 죽 뜹니다. 여기서는 예를 참고하여 "I want to cancel it"(나는 취소하고 싶다)이라고 쓰고, 아래의 〈Generate Response〉 단추를 누릅니다.

JOYCE Sam's POINT

'응답 생성' 단추를 누르자 경고 메시지가 뜨면

〈Generate Response〉 단추를 처음 누르면 붉은 경고 메시지가 뜹니다. 이것은 기존의 챗GPT 사이트에 한 번 갔다가 오라는 뜻이에요. 둘을 통합시켜야 하나 봅니다. 기존의 챗GPT 사이트에 한 번 갔다온 후 이 단추를 누르면 이메일을 써 줍니다.

6. 그러면 짜잔! 챗GPT가 이렇게 답장을 죽 써 줍니다.

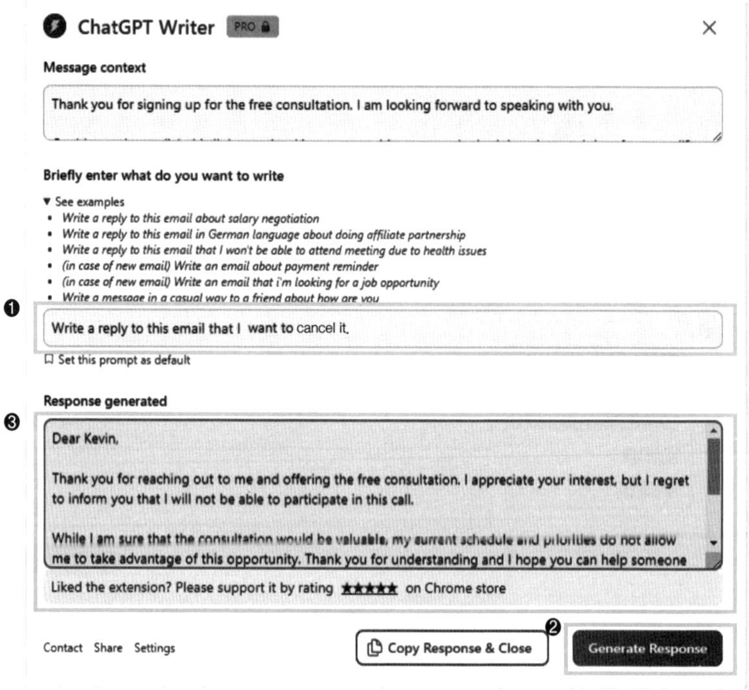

챗GPT 라이트가 쓴 영어 답장을 한 번 볼까요? 영어 이메일 양식에 맞추어 훌륭하게 썼네요. 와, 우리는 신세계에 들어서고 있는 느낌이죠?

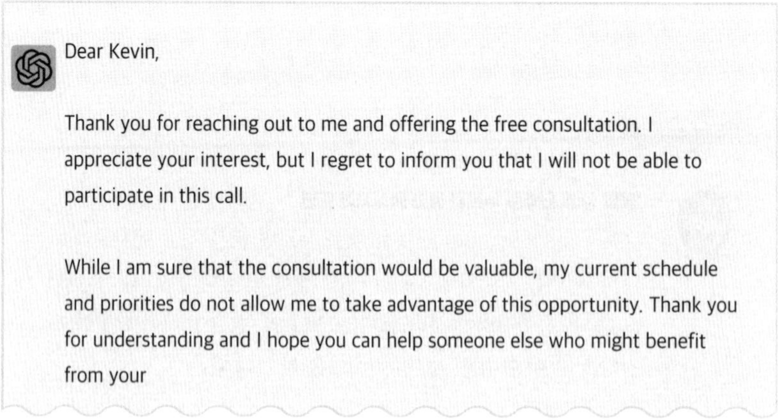

챗GPT로 영문 이력서와 커버레터 쉽게 쓰기

앞에서 말했듯이, 챗GPT는 인터넷에 템플릿과 자료가 많은 비즈니스 레터, 회의록, 커버레터 등의 영어 문서를 아주 잘 씁니다. 커버레터(cover letter)는 일종의 자기소개서 역할을 하는데, 영미권에서는 자기소개서가 아니라 편지 형식의 커버레터를 씁니다.

회의록을 영어로 쓰는 일은 외국계 회사가 아니면 거의 없고, 비즈니스 레터를 쓰는 일을 맡을 정도이면 영어를 어느 정도 하는 분이겠죠? 하지만 영어로 이력서와 자기소개서를 쓰는 것은 꽤 있는 일이죠.

초보로서 영문 이력서와 커버레터를 쓴다고 가정하고 천천히 한 단계씩 살펴보겠습니다. 참고로, 저는 과거에 잠깐 헤드헌터로 일하면서 이력서와 커버레터를 수백 통 이상 보고 고쳐 쓰는 작업을 했습니다. 그런 제가 보기에, 챗GPT는 영어 이력서를 매우 잘 씁니다.

PROMPT BOX

025 영문 이력서 내용 프롬프트

영어로 이력서를 쓰려고 해. 어떤 내용이 들어가야 하는지 알려 줘.

영문 이력서에 어떤 정보를 써야 하는지 챗GPT에게 물어보았습니다. 챗GPT가 다음과 같이 대답해 줍니다. 여기서 챗GPT가 references를 '참고'라고 번역한 부분은 틀렸고, '추천인 정보'가 맞는 표현입니다. 챗GPT의 번역은 이렇게 틀리기도 합니다.

이력서를 작성할 때 다음과 같은 항목을 포함하는 것이 일반적입니다.

1. 개요(Overview)

· 이름, 연락처 정보, 이메일 주소 등 개인 정보

· 직무 지원 분야 및 포지션

2. 경력사항(Work Experience)

· 회사 이름, 기간, 직책 등 현재/과거의 경력 정보

· 경력에 대한 책임과 성과

· 경력에서 발전시킨 기술 및 역량

3. 학력(Education)

· 학위 수여 대학 및 전공

· 졸업 일자 및 학위 수여 일자

· 학업 경력 중 동아리, 팀 프로젝트, 경영 경험 등에 대한 정보

4. 기타(Additional Information)

· 자격증, 수상 경력, 교육 이수 등 추가적인 업적 및 활동 정보

· 자유 양식의 소개 또는 관심 분야, 희망 근무조건 등

5. 참고(References)

· 추천인의 연락처 정보 및 추천서 요청 등

이력서 작성 시, 각 항목에 대해 명확하고 구체적인 정보를 제공하는 것이 중요합니다. 또한 기업이나 직무에 적합한 키워드나 역량을 강조하는 것도 중요합니다. 최종적으로는 통일된 양식과 철저한 오타 및 맞춤법 검토가 필요합니다.

PROMPT BOX

026 영문 이력서 작성 프롬프트

영문 이력서를 써 줘. : ________[이력 사항]________

챗GPT가 여러분의 영문 이력서를 쓰려면 정보가 있어야겠죠? 영어 문장으로 쓸 필요는 없고 영어 단어만 넣어 주면 됩니다. 여기서는 가상 인물의 영문 이력서를 써 보겠습니다. 다음과 같이 챗GPT에 정보를 넣어 주었습니다.

1. Overview
Name: Yuri Song
Mobile: 010-1111-1111
Email: YuriSong@chatgpt.com
Positions: Marketing assistant

2. Work Experience
(1) Peace inc. (Feb. 2020 ~ Apr. 2023)
Marketing Team member
- 광고 캠페인 <중간에 꺾이지 않는 마음> 진행 보조
- 언론사 홍보 자료 초안 작성
- 소셜 미디어 계정 관리 및 홍보 포스팅 담당

(2) Good Company (Sep. 2019 ~ Dec. 2019)
Intern
- 마케팅 부서 업무 보조
- 전국 300명 대학생 대상 홍보 이메일 서베이 진행 및 보고서 작성
- 광고 대행사와 회의 업무 조율 및 보조

3. Education
BA in Business, Joeun University (Mar. 2015 ~ Aug. 2019)
- 호주 Perth의 Royal International Language School에서 영어 연수 (June 2017 ~ Dec. 2017)

다녔던 회사 이름, 재직 기간, 직책, 업무에 대해 씁니다. 영문 이력서는 직장 경험을 최신 것부터 역순으로 나열합니다. 정보도 그 순서로 기입하면 됩니다.

업무 내역은 영어로 쓰기 힘들지요? 한국말로 한 번 써 보죠.

- 자원봉사 동아리 One Heart에서 총무 역임

4. Others
- 인명구조 자격증
- TOEIC 950점

5. References
박지용 교수, Joeun University 비즈니스 학과 부교수
Email: Jiyong@joeun.ac.kr

JOYCE Sam's POINT

영어 이력서의 표기

고유명사는 한국어로 번역을 하지 말고, 해당 사이트를 찾아가서 영어 표기를 꼭 확인해서 그대로 써야 합니다. 특히 직장과 대학교 이름 및 추천인 이름이 여기에 해당합니다. 또한 인명구조 자격증도 발급 단체에서 쓰는 영문 이름이 있는지 확인해야 합니다. 확인해 보니 'Lifeguard Certification'이라고 하네요. 이 영어 표현으로 바꾸어 주고 발급기관 이름도 영어로 쓰세요.

그랬더니 챗GPT가 다음과 같이 영문 이력서를 써 주었습니다.

Resume

Overview:
Name: Yuri Song
Mobile: 010-1111-1111
Email: YuriSong@chatgpt.com
Position: Marketing Assistant

Work Experience:
(1) Good Company (Sep. 2019 ~ Dec. 2019)

Intern
· Assisted the marketing department
· Conducted nationwide email surveys for 300 college students and wrote reports
· Coordinated meetings with advertising agencies and provided support

(2) Peace Inc. (Feb. 2020 ~ Apr. 2023)
Marketing Team Member
· Assisted with the "Unbreakable Heart" advertising campaign
· Drafted press releases for media outlets
· Managed social media accounts and promotional postings

Education:
BA in Business, Joeun University (Mar. 2015 ~ Aug. 2019)
· Studied English at the Royal International Language School in Perth, Australia (June 2017 ~ Dec. 2017)
· Served as the treasurer of the One Heart volunteer club

Others:
· Certified in Search and Rescue Operations
· TOEIC score of 950

References:
Professor Jiyong Park, Department of Business, Joeun University
Email: Jiyong@joeun.ac.kr

이제 멋진 이력서 양식을 다운받아 그 안에 위 정보를 옮기세요! 그러면 영문 이력서가 완성됩니다. MS-워드는 문서를 열 때에 문서양식 템플릿들이 뜨니, 그 중에서 하나를 골라도 됩니다. 이력서 양식은 기본으로 올라와 있으니까요. 아마 영문 이력서를 쓸 때 가장 어려운 부분은 직장 경험에서 자신이 했던 업무를 열거하는 일일 거예요(주어 없이 과거형으로 기술해야 합니다). 챗GPT는 이 부분을 잘 해결해 줍니다.

PROMPT BOX

027 커버레터 작성(영문 자기소개서) 프롬프트

나는 지금 Better Company의 Marketing 부서에 marketing assistant로 지원하려고 해. 위의 이력서 정보를 가지고 커버레터를 써 줘.

위처럼 프롬프트를 넣으면, 챗GPT는 커버레터를 불과 몇 초 만에 써 줍니다.

Dear Hiring Manager,

I am writing to express my interest in the Marketing Assistant position at Better Company. As a recent graduate with experience in marketing and advertising, I am confident that my skills and qualifications make me a strong candidate for

JOYCE Sam's POINT

영문 이력서 및 커버레터 작성 플러그인

챗GPT4의 이력서 및 커버레터 플러그인을 이용하면, 프롬프트를 일일이 넣지 않고도 쉽게 작성할 수 있습니다.

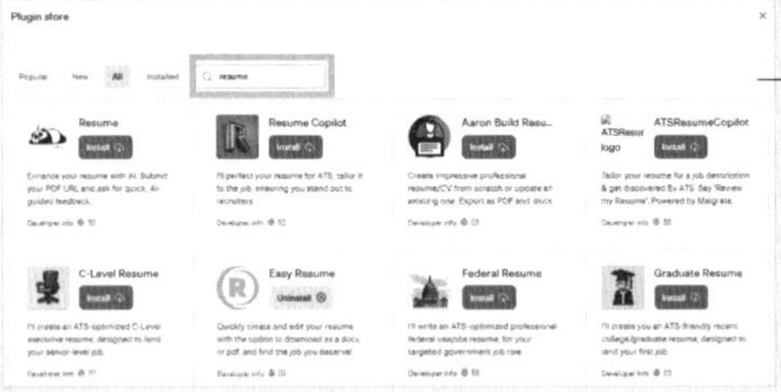

영문 이력서 작성 플러그인

영문 커버레터 작성 플러그인

챗GPT와 그림 그려주는 챗달리로 스토리북 만들기

챗GPT로 영어 스토리를 쓰거나 수정하고, 챗GPT4 안으로 들어온 이미지 생성 AI인 Dall-E(줄여서 챗달리)로 그림을 그려 내 아이 혹은 나만을 위한 맞춤 영어책을 만들어 볼게요. 이미지 생성 AI로는 미드저니, 빙 이미지 크리에이터, 스테이블 디퓨전 등이 있지만, 이 중에서 2D 이미지의 질은 미드저니가 가장 좋습니다. 다만, UI가 사용하기에 편하지 않고, 비전문가가 수정 및 다른 작업들을 하기에 녹녹치 않습니다. 이에 비하면 챗GPT 안으로 들어온 챗달리는 프롬프트를 통한 작업이 가능해서 비전문가 사용자들이 사용하기에 매우 편합니다.

책 페이지와 스토리 분량 결정하기

일단 스토리의 분량을 결정해야겠죠? 보통 그림책은 32페이지이지만, 우리는 간단하게 20페이지로 만들어 보죠.

하드커버 그림책의 경우 딱딱한 표지와 안의 부드러운 종이를 연결해 주는 면지(end paper)가 2페이지씩 앞뒤로 총 4페이지가 있습니다. 그러나 우리가 만드는 그림책은 중철 제본의 임시 그림책이므로 앞뒤 면지를 생략하겠습니다. 또한 출력해서 책으로 만들려면 반드시 4배수의 페이지가 나와야 합니다. 책 형태 출력의 경우 양쪽 펼침 2페이지와 앞뒤 2페이지, 이렇게 해서 4페이지가 꼭 있어야 하기 때문입니다.

간단한 책이라 면지는 생략하고, 앞표지, 서지사항, 속표지, 뒤표지만 넣으면 이야기가 들어가는 페이지는 14~16페이지(양쪽 펼침 7~8장)가 됩니다. 제본이 어렵기에 양 페이지에 걸쳐지는 그림은 제외할게요(본문 뒤에 키워드와 독후 질문을 넣을 거면 본문은 14덩어리로만, 아닌 경우 16덩어리로 하면 됩니다).

여기서는 스토리를 총 14개의 덩어리로 나누겠습니다(18~19페이지에는 키워드와 독후 질문을 넣을게요. 그러면 14개의 챗달리용 프롬프트가 필요합니다).

스토리는 최소 200단어 정도가 되어야 14~16페이지에 담기 좋으므로, 250단어 정도의 스토리를 먼저 준비해 보죠.

혼자서 끝내는 그림책 페이지 배치

20페이지 중 스토리는 14~16페이지 / 14~16페이지 중 양쪽 펼침은 7~8장

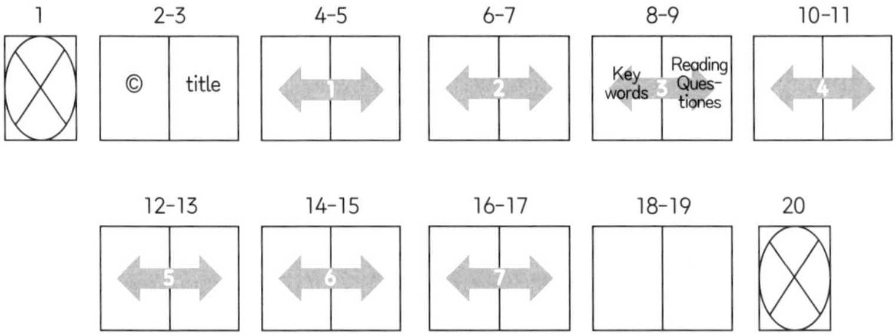

스토리 주제, 키워드 생각하기

챗GPT에게 어떤 장르의 이야기를 써 달라고 할까요? 말을 안 듣는 아이에 대한 이야기는 어때요? 그러려면 챗GPT에게 키워드 몇 개와 주제를 주어야 합니다.

에이든(Aiden)이라는 이름의 5세 남자아이가 작아져서 피아노 속 세계로 여행을 떠나는 이야기를 만들어 보죠. 피아노 세계에 사는 사람들, 즉 도, 레, 미, 파, 솔, 라, 시를 만나 함께 노래하고 집으로 돌아오는 내용으로요.

PROMPT BOX

028 영어 스토리 작성 프롬프트

Aiden이라는 이름의 5세 소년에 대해 영어로 이야기를 하나 써 줘. Aiden은 피아노를 너무 좋아하는 소년이야. 어느 날 꿈속에서 피아노 세계로 놀러가서 거기 사는 사람들인 Do, Re, Mi, Fa, Sol, La, Ti를 만나서 함께 즐겁게 노래하고 집으로 돌아와. 250단어로 GRL E등급으로 대화문을 넣어 써 줘.

프롬프트에서 지문의 난이도를 영어 읽기 지수인 GRL E등급으로 맞추라고 했습니다. 이렇게 읽기 지수로 난이도를 낮추라고 하지 않으면, 챗GPT는 성인 대상의 매우 난이도가 높은 이야기를 씁니다. 또한 등장인물들의 말이 없으면 실감이 안 나기에 '대화'를 넣어 쓰라고 했습니다.

PROMPT BOX

029 스토리를 파트로 나누는 프롬프트

Please make 13 breaks in the story so it has 14 parts: [스토리 전문]

스토리가 14개의 파트로 구성될 수 있도록 13개의 브레이크를 만들어 줘: [스토리 전문]

우리는 20페이지의 책을 만들려고 하고, 그 중에서 이야기가 들어가는 페이지는 14페이지입니다. 그래서 앞의 이야기를 14개로 구분하라고 프롬프트를 썼습니다. 이렇게 명령하지 않으면 챗GPT가 이야기를 자꾸 다시 쓰기 때문에, 아예 위에 쓴 이야기를 함께 복사해 붙여넣어 주면서 14개로 구분해 달라고 했습니다.

PROMPT BOX

030 챗달리에 넣을 그림 요청 프롬프트

For each of the 14 writing pieces, please write a prompt for images to feed an AI image generator.

14개의 글 마디마다, AI 이미지 생성기에 이미지를 넣을 수 있는 프롬프트를 만들어 줘.

챗달리에 가져갈 이미지 생성 프롬프트를 써달라는 프롬프트입니다. 챗GPT4에서는 그림과 텍스트 생성이 일체형(all-in-one) 방식이라서 그냥 명령을 내려도 그림을 그려줍니다. 하지만 일체형 방식에서는 그림을 하나씩 밖에 생성해 주지 않습니다. 따라서 왼쪽 메뉴에서 'DALL-E'를 선택해 별도로 이동해 들어가서 이미지를 생성하는 것이 좋습니다.

챗달리에서 이미지 생성하기

1. 챗GPT가 스토리의 첫 그림에 대해 써준 이미지 생성 프롬프트는 다음과 같았습니다.

> An image of a young boy playing the piano, dreaming of his future as a famous pianist.

2. 이 프롬프트를 DALL-E용으로 좀더 구체적으로 써달라고 요청해 보죠.

> Write a detail image generation prompt for Dall-e: a young boy playing the piano, dreaming of his future as a famous pianist.

3. 챗GPT가 다음과 같이 스토리의 첫 그림에 대해 DALL-E용으로 프롬프트를 써줍니다. 상당히 자세히 써줍니다.

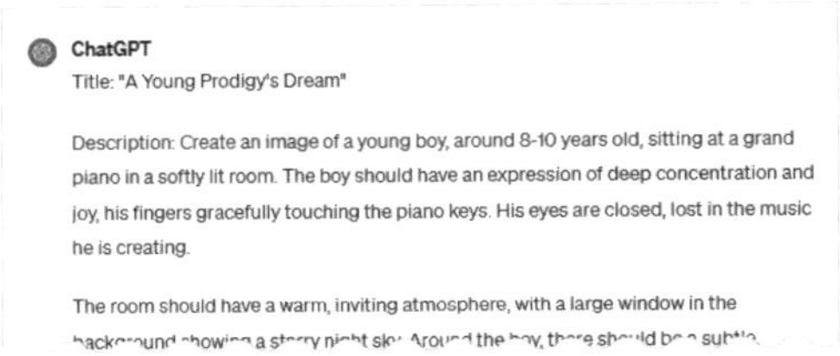
ChatGPT
Title: "A Young Prodigy's Dream"

Description: Create an image of a young boy, around 8-10 years old, sitting at a grand piano in a softly lit room. The boy should have an expression of deep concentration and joy, his fingers gracefully touching the piano keys. His eyes are closed, lost in the music he is creating.

The room should have a warm, inviting atmosphere, with a large window in the

4. 챗GPT가 써준 프롬프트를 죽 읽으면서 원하는 사양이 아닌 곳은 수정해 주세요. 저는 '동양인 소년'으로 바꾸고, 소년의 나이를 '6~7세'로 바꾸겠습니다.

그림체를 지정해 주면 더욱 효과가 좋습니다. 여러분의 머릿속에 그리는 이미지에 따라 수채화풍(Watercolor style), 웹툰풍(Webtoon style), 일본 애니메이션풍(Japanese animation style), 사실적인 사진풍(Photo realistic style)처럼 원하는 스타일을 지정해 주세요. 여기서는 프롬프트의 맨 끝에 "섬세한 수채화풍으로 그려달라(Draw it in delicate watercolor style)"고 덧붙여 보았습니다.

5. 챗GPT가 써준 프롬프트를 여러분이 원하는 스타일에 맞게 수정했나요? 그러면 챗달리로 가서 이 프롬프트를 붙여넣으세요.

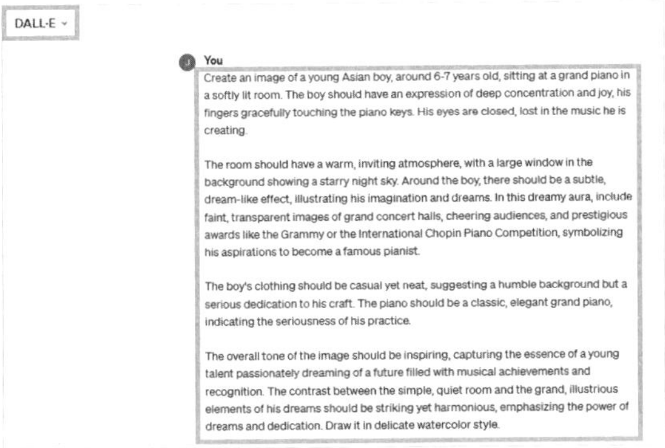
DALL·E

You
Create an image of a young Asian boy, around 6-7 years old, sitting at a grand piano in a softly lit room. The boy should have an expression of deep concentration and joy, his fingers gracefully touching the piano keys. His eyes are closed, lost in the music he is creating.

The room should have a warm, inviting atmosphere, with a large window in the background showing a starry night sky. Around the boy, there should be a subtle, dream-like effect, illustrating his imagination and dreams. In this dreamy aura, include faint, transparent images of grand concert halls, cheering audiences, and prestigious awards like the Grammy or the International Chopin Piano Competition, symbolizing his aspirations to become a famous pianist.

The boy's clothing should be casual yet neat, suggesting a humble background but a serious dedication to his craft. The piano should be a classic, elegant grand piano, indicating the seriousness of his practice.

The overall tone of the image should be inspiring, capturing the essence of a young talent passionately dreaming of a future filled with musical achievements and recognition. The contrast between the simple, quiet room and the grand, illustrious elements of his dreams should be striking yet harmonious, emphasizing the power of dreams and dedication. Draw it in delicate watercolor style.

6. 와, 달리가 다음과 같은 두 개의 이미지를 만들어 주었습니다.

7. 마음에 드는 그림에 마우스를 대고 클릭하면, 그림이 커지고 오른쪽에 다운로드 아이콘이 보입니다. 이 아이콘을 클릭해서 다운받으세요.

캐릭터의 얼굴을 일관되게 유지하기

이제 스토리북을 만들 때에 아주 중요한 단계가 남아 있습니다. 바로 주인공 및 여러 등장인물들의 얼굴을 같은 얼굴로 유지하는 것입니다. 이렇게 이미지의 일관성을 유지해 주는 작업을 '시드(Seed)'라고 합니다. 미드저니에서도 시드 작업을 할 수 있는데 과정이 복잡합니다. 시드 값(Seed value)을 구해서 다음 프롬프트에 넣거나, 첫 선택 이미지를 다운받아 저장한 후 다음 번 프롬프트에 그 이미지를 계속 업로드해야 하는 등 번거러워요. 하지만 챗달리에서는 이 시드 작업이 아주 쉬워졌습니다.

1. 앞의 두 번째 그림의 메타 데이터(metadata)를 달라고 해볼게요.

Give me the metadata of the second image.

2. 그러면 다음과 같이 Generation ID와 생성할 때 쓴 프롬프트, 시드 번호를 알려줍니다. 이 시드 번호를 다음 프롬프트에 쓸 겁니다. 그러면 다음 번 이미지에서도 같은 얼굴을 한 주인공이 등장합니다.

DALL·E

The metadata for the second image is as follows:

- **Generation ID**: urJGEFr3npbsXkVx
- **Prompt**: "A 6-7 year old Asian boy sitting at a grand piano in a softly lit room, expressing deep concentration and joy with closed eyes and fingers on the piano keys. The room has a warm ambiance with a large window showing a starry night sky. Surrounding the boy is a subtle, dream-like aura with faint, transparent images of grand concert halls, cheering audiences, and prestigious awards like the Grammy and the International Chopin Piano Competition. The boy is dressed in casual, neat clothing, symbolizing a humble background and dedication. The grand piano is classic and elegant. The image captures a young talent dreaming of a future in music, combining a simple room with elements of grand dreams. The style is delicate watercolor, emphasizing an inspiring and harmonious contrast between dreams and reality."
- **Seed**: 2281548818

3. 앞에서 뽑았던 짧은 두 번째 스토리 부분용 프롬프트입니다.

A dreamy image of Aiden asleep, with a magical piano hovering above him.

이번에는 앞에 "Use the seed number 2281548818,"를 덧붙여 프롬프트를 써보겠습니다.

Use the seed number 2281548818, and create a delicate, dreamy watercolor image of a young Asian boy, around 6-7 years old, peacefully asleep. The setting is a cozy, softly lit bedroom at night, with the boy resting in a comfortable bed. The boy is dreaming, and above his body there is a balloon that shows his dream where a magical shiny piano is shining with musical note symbols around.

시드 번호 2281548818을 사용하여 평화롭게 잠든 약 6~7세의 어린 아시아 소년의 섬세하고 몽환적인 수채화 이미지를 만들어 줘. 배경은 밤에 아늑하고 부드러운 조명이 켜진 침실이며, 소년은 편안한 침대에서 쉬고 있어. 소년은 꿈을 꾸고 있고, 그

4. 다시 챗달리로 가서 메타 데이터를 뽑은 결과, 다음 두 번째 이미지 생성을 요청합니다.

5. 그러면 두 개의 이미지가 또 생성됩니다. 아이의 얼굴이 같죠? 이 중에서 맘에 드는 이미지를 골라 다운로드해서 두 번째 스토리 파트에 대한 이미지를 정합니다.

6. 이와 같은 방식으로 14개의 스토리 파트에 대한 이미지를 죽 연이어 생성하고, 앞표지, 뒤표지, 속표지 및 저작권 페이지에 대한 이미지도 만들어 앞에 나왔던 스토리 북 구성에 맞게 글과 그림을 모두 준비하면 됩니다.

7. 이제 책을 만들 준비가 다 되었으면 파워포인트 프로그램을 여세요.

8. 파워포인트 프로그램의 상단 메뉴에서 디자인을 선택한 후 **[슬라이드 크기] → 사용자 지정**을 누른 다음 슬라이드를 '세로'로 바꾸어 줍니다.

9. 이제 앞표지부터 글씨를 넣고, 그림을 넣으면서 스토리북 원고를 만들면 됩니다. 저는 겉표지(슬라이드1)의 아래에 제목과 그림작가 이름을 넣고, 챗GPT에게 이 스토리의 요약문을 두 문장으로 만들라고 한 후 넣었습니다.

10. 2페이지(슬라이드2)에는 서지 정보를 넣었고, 누구에게 바친다는 헌사도

넣었습니다.

11. 3페이지인 속표지에는 제목과 저자와 그림작가 이름을 넣었습니다.

12. 18페이지에 키워드를 넣고, 19페이지에 독후 질문을 넣었습니다.

13. 다음은 완성된 스토리북 원고입니다. 4페이지에서 스토리가 시작합니다.

14. 이제 멋진 스토리 원고가 완성되었습니다.

15. 집의 프린터에서 '소책자' 모드로 컬러 출력 후 접어 가운데를 실로 제본하거나 박으세요. 아니면 전문 복사·인쇄소에 가서 'A4, 컬러, 양면, 소책자'로 출력해서 '중철 제본'을 해달라고 하면 됩니다. 대학교 인근의 복사·인쇄 가게들을 추천합니다.

PROMPT BOX

라이팅 실력을 높이는 프롬프트 30

153 영어 텍스트 교정 프롬프트

Plz proofread this writing and give explanations: [영작문]

이 글을 감수하고, 설명을 써 줘: [영작문]

154 영어 문장 패러프레이징 프롬프트

Plz paraphrase this writing: [영문 전문]

이 글을 패러프레이징을 해 줘: [영문 전문]

155 영작 요청 시 단어 수 지정 프롬프트

Plz rewrite your writing. The word count is 250.

너의 글을 다시 써 줘. 250단어에 맞춰 줘.

156 비즈니스 이메일 프롬프트

우리 GPT사에서 3월 20일 자로 공급한 물건(Model TX1230Z, 300 units, 350 US dollars per unit)에 대한 대금을 2023년 5월 6일까지 아래 계좌로 송금해 달라는 내용으로, ABC Corporation사의 Account Manger Mr. Lopez에게 쓰는 이메일을 영어로 써 줘.

157 신문기사 작성 프롬프트

Plz write a newspaper article about Tinder.

틴더에 대한 신문기사를 써 줘.

158 신문기사 장단점 및 사례 포함 작성 프롬프트

Plz write a newspaper article about Tinder, addressing its pros and cons, and including one or two actual cases.

틴더의 장단점을 다루고, 한두 가지 실제 사례를 포함하여 신문기사를 작성해 줘.

159 인스타그램 글 & 해시태그 요청 프롬프트

Please write a short description of the MOMA and include hashtags so that I can post it on my instagram.

뉴욕현대미술관에 대한 짧은 설명을 해시태그와 함께 써 줘. 내 인스타그램에 쓸 거야.

160 어린이용 라이팅 스타터 프롬프트

Plz make 5 story starters for adventure stories that are suitable for children at CEFR A1 level.

CEFR A1 등급의 어린이에게 적합한 모험 이야기를 위한 이야기 스타터 5개를 만들어 줘.

161 대학생 저널용 라이팅 프롬프트

Plz make 5 writing prompts for journals that are suitable for college students at CEFR B1 level.

CEFR B1 등급의 대학생에게 적합한 저널용 라이팅 프롬프트를 5개 만들어 줘.

162 라이팅 프롬프트 이용 글쓰기 프롬프트

Plz make 1 model writing for the prompt no.1.

프롬프트 1번에 대해 글쓰기 모델을 하나 써 줘.

163 [글쓰기 계획 단계] 브레인스토밍을 위한 마인드맵 프롬프트

Can you make a mind map for Brainstorming? The essay topic is Animal welfare.

브레인스토밍을 위한 마인드맵을 만들 수 있니? 에세이 주제는 동물 복지야.

164 [초고 단계] 영어 초고 편집 프롬프트

Plz edit this first draft: [초고 전문]

이 초안을 편집해 줘: [초고 전문]

165 [초고 단계] 챗GPT의 수정 체크리스트 프롬프트

Plz make a table about the editing above. One column with original sentences, and the other column with edited sentences.

위의 편집에 대한 표를 만들어 줘. 하나의 열은 원문의 문장으로, 다른 열은 편집된 문장으로 해 줘.

166 [재고 단계] 영어 재고 편집 프롬프트

Plz proofread the second draft: [재고 전문]

이 재고를 감수해 줘.: [재고 전문]

167 짧은 주제문 생성 프롬프트

The essay topic is 'Relying on MBTI test in personal relationships.' The brainstormed ideas for the topic are 'MBTI does not have enough scientific evidence.' 'It oversimplifies personality.' 'Human personality is not fixed.' Plz group the ideas, and make one topic sentence for the listed ideas.

에세이 주제는 '인간 관계에 대해 MBTI에 의지하기'다. 브레인스토밍에서 나온 아이디어는 'MBTI에는 충분한 과학적 근거가 없다', 'MBTI는 사람의 성격을 과도하게 단순화한다', '사람의 성격은 고정된 것이 아니다'이다. 아이디어들을 그룹화하여 나열된 아이디어들에 대해 하나의 주제문을 만들어 줘.

168 상향식 사고를 위한 명사구 프롬프트

Plz change these sentences into noun phrases:
'MBTI does not have enough scientific evidence.' 'It oversimplifies personality.' 'Human personality is not fixed.'

이 문장들을 명사구로 바꿔 줘:
'MBTI는 과학적 증거가 충분하지 않다', '인격을 지나치게 단순화한다', '인간의 성격은 고정되어 있지 않다'.

169 서문 작성 프롬프트

Plz write an introductory paragraph, starting with a sentence opener followed by the above topic sentence, and by its 3 supporting details.

문장 개시구(sentence opener)로 시작해서 위의 주제문, 그리고 그것을 뒷받침하는 3가지 세부 사항으로 서문(소개 단락)을 작성해 줘.

170 본문, 결론 작성 프롬프트

Make body paragraphs from the above supporting details (one paragraph for one supporting detail), and write a conclusion paragraph.

위의 뒷받침 세부 사항에서 본문 단락을 만들고(하나의 세부사항을 한 단락으로), 결론 단락을 만들어 줘.

171 결론 문단 만드는 프롬프트

Make a conclusion paragraph by summing up the above, and adding a punch line with suggestions for desirable use of MBTI.

위를 요약하고, MBTI의 바람직한 이용을 위한 제언이 들어간 펀치 라인을 더해서 결론 문단을 만들어 줘.

172 Wh- 문제 생성 프롬프트

Plz make wh-questions by each kind for the passage given above.

위의 지문에 대해 종류별로 wh- 문제를 만들어 줘.

173 단답과 근거 요청 프롬프트

Plz give me short answers for the above questions, and provide the grounds by indicating which sentences.

위 질문에 대한 단답을 하고, 어떤 문장인지 표시하여 근거를 제시해 줘.

174 Yes/No 문제 프롬프트

Plz make Yes/No questions for the passage given above.

위의 지문에 대해 '예/아니오' 문제를 만들어 줘.

175 참/거짓 문제 프롬프트

Plz make 5 true or false questions for the passage given above. Indicate the answer for each questions.

위의 지문에 대해 참 또는 거짓으로 대답하는 문제 5개를 만들어 줘. 각 문제에 대한 답변을 표시해 줘.

176 문장 완성형 문제 프롬프트

Plz make 5 sentence completion questions for the passage given above. Make each blank start with the first letter of the missing word.

위의 지문에 대해 문장 완성형 문제 5개를 만들어 줘. 각 빈칸에 답의 첫 글자를 실마리로 넣어 줘.

177 영문 이력서 내용 프롬프트

영어로 이력서를 쓰려고 해. 어떤 내용이 들어가야 하는지 알려 줘.

178 영문 이력서 작성 프롬프트

영어로 이력서를 써 줘: [이력 사항]

179 커버레터 작성(영문 자기소개서) 프롬프트

나는 지금 Better Company의 Marketing 부서에 marketing assistant로 지원하려고 해. 위의 이력서 정보를 가지고 커버레터를 써 줘.

180 영어 스토리 작성 프롬프트

Aiden이라는 이름의 5세 소년에 대해 영어로 이야기를 하나 써 줘. Aiden은 피아노를 너무 좋아하는 소년이야. 어느 날 꿈속에서 피아노 세계로 놀러가서 거기 사는 사람들인 Do, Re, Mi, Fa, Sol, La, Ti를 만나서 함께 즐겁게 노래하고 집으로 돌아와. 250단어로 GRL E등급으로 대화문을 넣어 써 줘.

181 스토리를 파트로 나누는 프롬프트

Please make 13 breaks in the story so it has 14 parts: [스토리 전문]

스토리가 14개의 파트로 구성될 수 있도록 13개의 브레이크를 만들어 줘: [스토리 전문]

182 라스코에 넣을 그림 요청 프롬프트

For each of the 14 writing pieces, please write a prompt for images to feed an AI image generator.

14개의 글 마디마다, AI 이미지 생성기에 이미지를 넣을 수 있는 프롬프트를 만들어 줘.

7장

챗GPT로 문법 & 시험영어 연습

영어가 모국어가 아닌 우리가 가장 흔히 틀리는 문법 오류 문제를 뽑아 연습하는 법을 알려드립니다. 아울러 TOEIC, TOEFL 등 영어 모의시험 문제를 뽑는 방법도 소개합니다.

챗GPT와 영어 문법

챗GPT로 영어 문법을 볼 때, 고려해야 할 챗GPT만의 한계가 있습니다. 챗GPT는 선학습된 거대한 언어 빅데이터에서 '확률'을 이용해 지문을 생성하는 원리로 움직여요. 쉽게 말하면, 한 단어를 생성하고 다음 단어를 생성할 때, 이 둘 사이가 얼마나 자주 같이 쓰이는지 그 확률에 따라 결정된다는 뜻이에요(물론 하이퍼 파라미터를 조정해 이 확률을 자주 같이 쓰일 확률이 높은 단어들, 혹은 낮은 단어들로 조정할 수 있어요. 하지만 이건 일반 사용자들이 프롬프트에서 사용하면 그저 방향성만 잡아주는 정도의 효과만 있습니다).

그런데 자주 같이 쓰이는 단어들은 문법적으로 옳은가요? 아뇨, 문법적으로 틀려도 점점 많은 사람들이 그렇게 쓰는 경우도 허다해요. 한국말로도 "문 닫고 들어와"라는 말의 의미를 모두 알지만, 사실 따져보면 문법적으로 혹은 논리적으로 말이 안 되잖아요. 문을 닫고 어떻게 들어오나요? 들어와서 문 닫아야죠.

미국 슈퍼마켓의 빠른 계산대에 가면, 어디에나 "10 Items or Less(10 품목 이하)"라고 씌어 있어요. 하지만 문법적으로 틀렸어요. 셀 수 있는 대상이니 Fewer를 써야 해요. 미국의 문법학자들이 이 표현을 볼 때마다 괴로워하는데 어쩌겠어요. 전국에서 이렇게 틀린 걸 쓰고 있는데 말이죠.

그러면 자주 같이 쓰일 확률이 낮으면, 문법적으로 틀린가요? 아뇨, 이

또한 그렇지 않아요. 문학적 표현들은 자주 같이 쓰일 확률이 굉장히 낮을 수 있는데, 문법적으로는 아무 문제가 없을 수 있거든요. 그렇다면 우리는 어떻게 하면 챗GPT가 가진 한계를 우회해야 하는지를 생각해 봐야 해요.

일단, 문법 교정을 받고 싶다면, 다음의 프롬프트를 쓰세요.

PROMPT BOX

001 문법 교정을 받고 싶다면

Plz act as a language teacher and identify any and every incorrect or awkward parts in the given sentences and put them in the first column of a table, put their feedback in the second column in Korean, and provide corrected versions in the third column.

The sentences:
When he arrived at the scene, he can't find any evidences. Too many people touched the scene all around. He should of come earlier.

<Output>
Provide the corrected and refined version in a paragraph under the table.

<Output>

언어 선생님의 역할을 맡아 주어진 문장에서 틀린 부분이나 어색한 부분을 모두 찾아 표의 첫 번째 열에 넣고, 두 번째 열에는 한국어로 피드백을 넣고, 세 번째 열에는 수정 버전을 제공해 줘.

문장들:
현장에 도착했을 때 그는 아무런 증거도 찾을 수 없었다. 주변에서 현장을 만진 사람이 너무 많았다. 그는 더 일찍 와야 했다.

〈출력〉
표 아래의 단락에 수정되고 다듬어진 버전을 제공해 줘.

'Language teacher'라는 전문가를 초빙했고, 주어진 문장에서 틀리거나 어색한 부분을 있으면 죄다(every and any) 찾아 표의 첫 열에 넣어 달라고 했어요. 두 번째 열에는 피드백을 한국말로, 세 번째 열에는 교정된 버전을 넣어달라고 했고요.

그러고 나서 해당 문장을 'the sentences' 다음에 복사해서 붙여넣고, 연속 명령을 써서 그 아래에 교정된 문장을 모아 써 달라고 했어요.

이렇게 하면 문법 교정을 다 찾아서 해 주고, 우리가 오류를 확인하기 편하게 정리까지 해줍니다.

ChatGPT

Certainly, I'll create a table identifying incorrect or awkward parts in the given sentences, provide feedback in Korean, and offer corrected versions. Then, I'll provide a refined paragraph with these corrections.

❶ ❷ ❸

Incorrect/Awkward Part	Feedback in Korean	Corrected Version
he can't find	'can't'는 현재 시제를 나타내는 동사이므로 과거 시제인 'couldn't'로 바꿔야 합니다.	he couldn't find
any evidences	'evidence'는 셀 수 없는 명사이므로, 복수형으로 사용하지 않습니다.	any evidence
touched the scene all around	'the scene all around'은 어색한 표현입니다. 좀 더 자연스러운 표현으로 수정해야 합니다.	had tampered with the scene
should of come	'should of'는 잘못된 표현입니다. 올바른 표현은 'should have'입니다.	should have come

Refined Paragraph:

❹ When he arrived at the scene, he couldn't find any evidence. Too many people had tampered with the scene. He should have come earlier.

그렇다면 챗GPT를 이용하면 영어 문법 공부에 어떤 도움을 받을 수 있을까요?

문법 예문을 뽑아주는 기능, 문법 문제를 만드는 기능이 가장 활용할 만합니다. 단, 문법 용어를 영어로 정확하게 주어야 합니다. 예를 들어 영미권의 영어 문법에는 우리가 중고등학교에서 배웠던 5형식 문법이 없습니다.

여러 형식을 주장하는 이론들이 있는데, 일본의 영문법 책이 그 중 하나를 사용했고, 한국에서 이를 베낀 영문법 책이 1960년대부터 선풍적인 인기를 끌면서 5형식이 대세가 되었을 뿐입니다. 한국 영문법의 흑역사(?)네요. 따라서 챗GPT에게 5형식 문장을 뽑아 달라고 해도 못 알아듣습니다.

챗GPT에게 시키기 가장 좋은 것은 영어가 모국어가 아닌 사람들이 가장 많이 틀리는 문법 아이템을 뽑아 달라는 것입니다. 이를테면 '독일어 원어민 영어 학습자의 영어'를 모은 코퍼스처럼, 주요 언어별 러너 코퍼스(Learner Corpus)가 있고, 이미 사전과 교재가 이를 기반으로 나오고 있습니다. 모국어가 무엇이든에 관계 없이 보편적으로 저지르는 오류들이 반영되어 있습니다.

사실 비원어민들이 가장 많이 틀리는 영어 오류는 이 러너 코퍼스를 보면 가장 잘 알 수 있죠. 하지만 공개·무료 코퍼스가 아니라 챗GPT가 직접 가져오지는 못합니다. 한국어가 모국어인 학습자의 영어 코퍼스는 없냐고요? 몇몇 연구자가 개인적으로 만든 스몰 코퍼스가 있습니다.

PROMPT BOX

002 비원어민이 가장 많이 틀리는 문법 아이템 프롬프트

Plz make a list of the grammar items non-native speakers make the most errors with. Plz include an example sentence with correct usage for each item.

비원어민 화자가 가장 많이 틀리는 문법 아이템 목록을 만들어 줘. 각 아이템별로 예문도 하나씩 넣어 줘.

그러면 챗GPT가 다음과 같이 영어가 모국어가 아닌 사람들이 가장 많이 틀리는 영어 문법 아이템 목록을 죽 뽑아 줍니다.

챗GPT의 대답을 보면, 비원어민들이 자주 틀리는 영어 문법은 (1) 주어-동사 일치, (2) 동사 시제 오류, (3) 전치사 오류, (4) 관사 오류, (5) 대명사 오류, (6) 어순 오류, (7) 복수형 오류 순이네요. 다음에는 가장 많이 틀리는 영어 문법을 공부하기 위해 챗GPT에게 문법 오류 문제를 만들어 달라고 해 볼게요.

As an AI language model, I have observed that non-native speakers often make errors in various aspects of grammar. Here are some common grammar items and an example sentence with correct usage for each:

1. Subject-verb agreement: This error occurs when the subject of a sentence and the verb do not match in number (singular or plural).

Example:
Incorrect: The team is playing good.
Correct: The team is playing well.

2. Use of articles: Non-native speakers may have difficulty deciding when to use 'a', 'an', or 'the' in a sentence.

PROMPT BOX

003 주어-동사 일치 문제 프롬프트

Plz make 5 grammar questions about subject-verb agreement in fill-in-blank format.

주어-동사 일치에 대한 문법 문제 5개를 빈칸 채우기 형식으로 만들어 줘.

먼저 비원어민이 가장 많이 틀리는 문법인 주어-동사 일치 문제를 만들어 달라고 했습니다.

그런데 챗GPT에게 그냥 문제를 만들라고 하면, 문제에 쓰인 영어를 또 독해해야 하는 문제가 등장합니다. 한국인 초급자에게는 무리이므로, 웬만해서는 문제를 빈칸 채우기 형식으로 만들라고 하는 것이 좋습니다. 빈칸 채우기나 괄호 넣기 형식은 "in fill-in-blank format"이라고 하면 됩니다.

Sure! Here are five fill-in-the-blank questions about subject-verb agreement:

1. The group of students ______ excited about the upcoming trip.
2. Each of the books on the shelf ______ a different story to tell.
3. Neither the teacher nor the students ______ happy about the cancellation of the class.
4. The news from the front lines _________ not good.
5. Ten dollars ______ too much to pay for that sandwich.

Answers:

1. is
2. has
3. is
4. is
5. is

PROMPT BOX

004 동사 시제 문제 프롬프트

Plz make 5 grammar questions about verb tenses in fill-in-blank format.

동사 시제에 대한 문법 문제 5개를 빈칸 채우기 형식으로 만들어 줘.

챗GPT가 다음과 같이 문제를 뽑았습니다.

Sure, here are five fill-in-the-blank questions about verb tenses:

1. I _______ (study) for three hours last night.
2. She _______ (have) a headache all day yesterday.
3. By the time we arrived, the movie ____ _ (start) already.

PROMPT BOX

005 전치사 문제 프롬프트

Plz make 5 grammar questions about prepositions in fill-in-blank format.

전치사에 대한 문법 문제 5개를 빈칸 채우기 형식으로 만들어 줘.

챗GPT는 문법 문제를 금방 뚝딱 만들기 때문에 매우 편리합니다.

Certainly! Here are five fill-in-the-blank questions about prepositions:

1. I'm interested ________ learning more about art history.
2. The cat jumped ________ the couch and ________ the floor.
3. We walked ________ the park ________ the river.
4. The meeting will be held ________ the conference room ________ the 5th

PROMPT BOX

006 관사 문제 프롬프트

Plz make 5 grammar questions about articles in fill-in-blank format.

관사에 대한 문법 문제 5개를 빈칸 채우기 형식으로 만들어 줘.

우리나라 같은 영어 비원어민의 경우 관사에 대한 문법에 약할 수 있습니다. 다음처럼 챗GPT에게 빈칸 채우기 문제를 만들어 달라고 해서 연습하면 좋습니다.

Certainly! Here are five fill-in-the-blank questions about articles:

1. ________ cat sat on ________ windowsill.
2. ________ man who won the lottery bought ________ yacht.
3. ________ apple a day keeps ________ doctor away.
4. ________ children in ________ class were excited for ________ field trip.
5. ________ elephant is ________ largest land animal in ________ world.

Answers:

1. The, the

JOYCE Sam's POINT

문법 문제에 대한 답과 해설 프롬프트

챗GPT가 문법 문제에 대한 답과 해설을 별도로 줍니다. 한국어로 답과 해설을 달라고 하면 더 편리하겠죠? 프롬프트를 다음과 같이 주면 됩니다.

Plz provide answers and explanations for the articles questions in Korean.

위의 관사 문제에 대한 답과 설명을 한국어로 해 줘.

PROMPT BOX

007 대명사 문제 프롬프트

Plz make 5 grammar questions about pronouns in fill-in-blank format.

대명사에 대한 문법 문제 5개를 빈칸 채우기 형식으로 만들어 줘.

챗GPT가 대명사에 대한 문법 문제 5개를 이처럼 만들었습니다. 영어 문법 문제를 만들기 쉽죠? 챗GPT는 영어 교강사들이 사용하면 매우 편리합니다.

Certainly! Here are five fill-in-the-blank questions about pronouns:

1. ______ is the best day of the week.
2. Sarah and ________ are going to the park.
3. The book ________ just finished reading was amazing.
4. ________ is going to the store later.
5. ________ won the game last night.

Answers:
1. This
2. I
3. I
4. She
5. They

PROMPT BOX

008 문법 문제 생성 및 한국어 설명 프롬프트

Please make 5 pronoun questions about gender-neutral usages in English, and provide explanations in Korean.

영어로 성중립적인 대명사 문제 5개를 만들고, 한국어로 설명해 줘.

요즘 성중립적(gender-neutral) 대명사를 사용하는 것이 세계적 추세이므로 문법 문제를 그렇게 한 번 만들어 보았습니다. 주의! 위의 프롬프트처럼 문제는 '영어'로 만들고, 설명은 '한국어'로 하라고 따로 지정하는 것이 좋습니다. 그러면 챗GPT가 다음과 같이 문법 문제 밑에 정답을 달고, 해설을 한국어로 해 줍니다.

Sure! Here are five questions about gender-neutral usages in English, along with explanations in Korean:

질문: 'They'는 영어에서 어떻게 사용되나요? 그것은 어떤 상황에서 사용될 수 있을까요?

설명: 'They'는 복수형 대명사로 사용되는데, 단수의 성별을 구분하지 않을 때도 사용됩니다. 예를 들어, "If someone calls, tell them I'll be back soon"라고 말할 수 있습니다. 이 경우 우리는 어떤 사람이 전화하면 그 사람에게 "그들이 곧 돌아올 거라고 말해줘"라고 말하는 것을 의미합니다.

질문: 'He or she' 대신에 어떤 대안 표현들을 사용할 수 있을까요?

설명: 'He or she'와 같은 이중 대명사를 피하기 위해 대안으로 'they'를 사용할 수 있습니다. 예를 들어 "Each student should bring their own notebook"라고 말할 수 있습니다. 이 문장에서 'their'는 각 학생이 자신의 공책을 가져와야 한다는 것을 나타냅니다.

질문: 'Ms.'는 무엇을 의미하며 어떤 상황에서 사용될까요?

PROMPT BOX

009 복수형 용법 문제 프롬프트

Plz make 5 grammar questions about pluralization in fill-in-blank format.

복수형 문법 문제 5개를 빈칸 채우기 형식으로 만들어 줘.

그러면 챗GPT가 다음과 같이 복수형 문법 문제를 만들어 줍니다. 영어 문법에서 복수형 문제에 자신이 없는 분이 활용하면 되겠죠?

Sure! Here are five grammar questions about pluralization in fill-in-the-blank format:

1. The ________ are playing in the park.
Options:
a) dog
b) dogs
c) dog's

2. I have three ________ in my garden.
Options:
a) tomato
b) tomatos
c) tomatoes

3. The ________ won the championship last year.
Options:
a) team
b) teams
c) team's

4. We saw five ________ flying in the sky.
Options:
a) bird
b) birds

PROMPT BOX

010 현재완료 시제 문법 예제 프롬프트

Plz explain the differences between present perfect, and present perfect progressive, and provide example sentences along with them.

현재완료와 현재완료진행형의 차이를 설명하고, 예시문을 함께 만들어 줘.

한국인들이 어려워하는 영어 문법 중 하나가 시제이죠. 현재완료 시제 중에서 현재완료(have p.p.)와 현재완료진행형(have been ~ing)의 차이를 설명하고 예문을 달라고 했더니, 챗GPT가 예문과 함께 설명해 주었습니다. 이 설명을 보면 둘 다 과거에 시작되어 현재까지 지속된 일에 대해 쓸 수 있는데, 현재완료는 행위의 결과와 완료에 중점을 두는 반면, 현재완료진행형은 행위의 지속과 진행에 더 중점을 둔다고 설명하고 있습니다.

Both the present perfect and present perfect progressive are used to talk about actions or events that started in the past and have continued up until the present moment. However, there are some differences in their usage and meaning.

The present perfect is typically used to describe completed actions or states that have a connection to the present moment, while the present perfect progressive is used to describe ongoing or continuous actions that started in the past and are still continuing.

Here are some examples of each:

Present Perfect:

· I have lived in this city for five years. (completed action with a connection to the present)

PROMPT BOX

011 조건문과 가정법 예제 프롬프트

Plz explain the differences between if-conditionals, real and unreal ones with example sentences.

조건문과 가정법의 차이를 예재와 함께 설명해 줘.

영어로는 둘 다 'if conditional'이라고 하는데, 조건문은 보통 if conditional (real), 가정법은 if conditional (unreal)이라고 구분합니다. 설명과 예문이 궁금하면 챗GPT에게 한국어로 번역해 달라고 하면 되겠죠? 챗GPT의 설명을 보면, conditional 문의 종류에는 real과 unreal이 있으며, 유형에 대해서 열거하면서 가정법 과거완료까지 if를 사용하는 구절을 모두 설명하고 있습니다.

물론 가정법을 별도로 'subjunctive'라고 부르지만, 원서 문법책에서 설명을 할 때 'if 용법' 3개를 묶어서 이렇게 많이 제시합니다.

If-conditionals, also known as conditional sentences, are used to express a condition that must be met for a specific result or consequence to occur. There are two types of if-conditionals: real (also known as factual) and unreal (also known as hypothetical). The main difference between them is the likelihood or reality of the condition.

Real Conditionals:
Real conditionals refer to situations that are true or likely to happen. They are constructed using the present tense in the conditional clause and the future tense in the main clause.

Example: If it rains tomorrow, we will stay inside.

Explanation: The condition in this sentence is "if it rains tomorrow." The likelihood of it raining is high, so this is a real conditional. The consequence is "we

PROMPT BOX

012 조건문과 가정법 문제 프롬프트

Plz make 5 grammar questions on conditionals, mixing three types of conditionals.

조건법 문제 5개를 3가지 유형의 conditional들을 혼합하여 만들어 줘.

앞에서 살펴본 3가지 유형의 conditional들을 섞어 문법 문제를 만들라고 했더니, 챗GPT가 다음과 같이 죽 뽑아 주었습니다.

Sure, here are 5 grammar questions on conditionals, mixing three types of conditionals:

1. If you ____ (have) more time, what ____ (you, do)? (Type 2)
2. If it ____ (not rain) tomorrow, we ____ (go) to the beach. (Real)
3. If I ____ (study) harder, I ____ (pass) the test. (Type 3)
4. If I ____ (win) the lottery, I ____ (buy) a house by the beach. (Type 2)
5. If he ____ (arrive) on time, we ____ (not be) late for the meeting. (Real)

Answers:
1. If you had more time, what would you do?
2. If it does not rain tomorrow, we will go to the beach.

영어 문법을 공부할 때, 챗GPT에게 빈칸 채우기 문제와 다지선다 문제, 그리고 단어의 차이를 설명하는 것 외의 다른 것은 요청하지 않는 것이 좋습니다. 제가 이리저리 테스트를 해 봤는데, 챗GPT는 문법이 틀린 문장을 고치는 데 별로 효과적이지 않았습니다. 6장에서 설명했지만, 챗GPT는 틀린 것을 고치라고 하면 문법이 틀리지 않은 것도 고치기 때문입니다. 따라서 챗GPT에게는 '더 낫게 다시 고쳐 써 달라'는 요청이 효과가 있습니다.

PROMPT BOX

013 틀린 문법을 찾아 고치는 문법 문제 프롬프트

Plz make 5 grammar questions on be verb usages in identify and correct errors' format. Give the direction only one time at the top.

이 표현을 안 쓰면 문제마다 지시 사항을 반복합니다.

be 동사 용법 문법 문제 5개를 '오류를 찾아 고치는' 형식으로 만들어 줘. 지시 사항은 위에 한 번만 써 줘.

이 형식의 문법 프롬프트를 만들 때에는 반드시 어떤 용법에 대한 문제인지 분명하게 지정해야 합니다.

Direction: Identify and correct errors in the following sentences related to be verb usage.

1. She don't be liking spicy food.
2. The children was playing in the park when it started raining.
3. I haven't saw him since last month.
4. My friend and I are both liking the new restaurant downtown.
5. They was supposed to be here by now, but they haven't arrived yet.

Solution:
1. She doesn't like spicy food.
2. The children were playing in the park when it started raining.
3. I haven't seen him since last month.
4. My friend and I both like the new restaurant downtown.
5. They were supposed to be here by now, but they haven't arrived yet.

챗GPT를 문법 학습에 활용하는 방법은 많이 다루지 않았습니다. 문법 문제를 뽑고, 빈도수가 높은 오류 문장을 뽑는 것, 또는 특정 문법 예문을 뽑는 방법으로 쓸 수 있지만, 그 외의 방법에는 그리 효과적이지 않기 때문입니다.

틀린 문장을 찾아 고치는 문제를 만들어 달라고 할 수 있지만, 정확한 문법 아이템의 이름을 대면서 be 동사 용법에 대해 틀린 문법 고치기 문제를 만들어 달라고 해야 합니다.

그러나 챗GPT의 문법 설명은 한국어로 번역해도 우리나라에서 출간된 한국 문법책만큼 이해가 잘 되지는 않습니다. 왜냐하면 문법을 설명하는 방식이 우리와 다르기 때문입니다. 그래서 추천하지 않겠습니다. 또한 우리와 원어민들이 사용하는 영어 문법 용어가 다를 수 있어서 부정확한 결과가 나올 수도 있다는 점도 명심하세요.

하지만 시험용 문법 문제, 특히 TOEIC, TOEFL, IELTS처럼 인터넷에 정보가 많은 시험의 문법 문제를 만들어 달라고 할 수는 있습니다.

시험영어 대비용으로 챗GPT 사용하기

챗GPT를 TOEIC, TOEFL, IELTS와 같은 시험 문제를 만들어 달라고 해서 연습하는 데에도 사용할 수 있습니다. 일단 챗GPT는 텍스트 기반이라 문법과 리딩 문제를 만들어 달라고 해 보겠습니다.

다만, 여러분이 꼭 기억해야 할 것이 있습니다. 세가 챗GPT가 만드는 시험용 문제를 검토한 결과, 시험 문제의 변별력을 갖추려면 이 정도 수준의 문제로는 안 됩니다. 따라서 여러분이 TOEIC, TOEFL, IELTS와 같은 시험을 대비한다면 반드시 관련 전문 강의와 전문 시험 대비서를 이용하시기 바랍니다. 변별력을 맞추려면 실제 문제를 넣어서 변형하라는 프롬프트를 넣어 결과를 뽑는 게 좋습니다.

PROMPT BOX

014 맛보기용 토익 파트 5 문제 프롬프트

Plz make 10 TOEIC Part V questions for students whose TOEIC score is 750.

토익 점수가 750점인 학생들을 위해 토익 파트 5 문제 10개를 만들어 줘.

토익 파트 5는 단문 빈칸 채우기 문제로 영어 문법과 어휘 지식을 평가합니다. 챗GPT에게 위와 같이 프롬프트를 주면 아래처럼 문제를 죽 만들어 줍니다. 이때 프롬프트에 토익 점수를 조건으로 주면 그 수준에 맞는 문제를 뽑아 줍니다.

1. The speaker was pleased to learn that the client had ___ to renew their contract.
A. decided
B. declined
C. postponed
D. abstained

2. The new marketing campaign is ___ to be launched next month.
A. planned
B. reconsidered
C. abandoned
D. overlooked

3. The IT department is ___ for any technical issues that may arise during the conference.
A. responsible
B. irrelevant
C. uninvolved
D. unreliable

PROMPT BOX

015 맛보기용 토익 파트 7 문제 프롬프트

Plz make 1 set of TOEIC part 7 double-passage questions for student with a TOEIC score of 800. One passage is an email and the other is a letter. Plz make the first passage longer than 150 words and the other longer than 200 words. And then make 5 TOEIC reading comprehension questions in multiple choice format.

토익 파트 7의 이중 연계 지문 문제를 토익 점수 800 이상의 학생을 위해 한 세트 만들어 줘. 한 지문은 이메일이고, 또 다른 지문은 편지야. 첫 번째 지문은 150단어 이상, 다른 지문은 200단어 이상이야. 그리고 토익 리딩 문제 5개를 다지선다로 만들어 줘.

이번에는 토익 파트 7의 이중연계 지문 문제를 만들어 달라고 했습니다. 프롬프트를 자세히 주어야 합니다. 두 개의 지문 중 하나는 이메일, 하나는 비즈니스 레터, 이후 문제는 5개를 다지선다로 만들어 달라고 했고 800점 이상의 학생용으로 작성하라고 했습니다. 그랬더니 챗GPT가 지문 두 개와 리딩 문제를 만들어 주었습니다.

첫 번째 지문

Passage 1 - Email (Approximately 180 words):
From: Emily Lee emilylee@email.com
To: Marketing Team marketingteam@email.com
Subject: Social Media Campaign Proposal

Dear Marketing Team,

I hope this email finds you well. As we discussed in our last meeting, I have put together a proposal for a social media campaign that I believe will be highly effective in increasing our brand awareness and engaging with our target audience.

PROMPT BOX

016 맛보기용 토익 파트 1 문제 프롬프트

Plz make 5 TOEIC Part I Picture description questions. Include a picture and multiple choices.

토익 파트 1 문제 5개를 만들어 줘. 그림과 사지선다도 만들어 줘.

챗GPT를 통해 토익 파트 1 문제, 즉 주어진 사진을 구체적으로 묘사하는 답을 찾는 문제도 만들 수 있습니다. 다만 사진을 넣을 수는 없고, 어떠한 사진이 그 자리에 필요하다는 설명은 해 줍니다.

Sure, here are 5 TOEIC Part I picture description questions that include a picture and multiple choices:

Question 1:
Which of the following is true about the picture?
A. The man is sitting on a bench in the park.
B. The woman is walking on a street in the city.
C. The building in the background is a hospital.
D. The trees in the picture are bare.

[Insert a picture of a man sitting on a bench in the park with a woman walking on a street in the background, and a hospital building and bare trees in the far background]

Question 2:
What can be seen in the picture?
A. A man and a woman are playing tennis.
B. A group of people are having a picnic.
C. A child is playing on a playground.
D. A dog is running in a field.

또 다른 토익 리스닝 파트인 2~4파트의 문제도 이와 같은 방식으로 만들 수 있습니다. 챗GPT가 문제를 만들어 주면 리스닝 지문만 복사해서 텍스트를 자연스러운 음성으로 바꿔 주는 네추럴 리더(natural readers) 같은 사이트에 넣어 음성으로 뽑아 내면 됩니다. 토플 문제와 IELTS 문제도 위와 같이 파트별로 뽑을 수 있습니다.

시험 영어를 가르치는 강사라면, 프롬프트를 정교화해 얼마든지 사용할 수 있습니다. 프롬프트에 원하는 조건과 샘플 문제를 주고 바꾸어 써 달라고 하는 방식이 가장 효과적이기는 합니다.

PROMPT BOX

017 토익 모의고사 프롬프트

Plz make a mock TOEIC Test Part II by rewriting this sample: [기출 문제]

이 샘플을 다시 작성해 모의 토익 테스트 파트 2를 만들어 줘: [기출 문제]

만약 제가 토익 강사라면, 가지고 있는 기출 및 모의고사 문제를 모두 모아 한 페이지에 담고, 챗GPT에게 위의 프롬프트를 주면서 문제를 뽑으라고 할 것 같습니다. 토익 파트별, 빈도별로 페이지를 만들어 챗GPT의 입력창에 복사해 붙여넣고 프롬프트를 주면 됩니다. 이 정도면 토익 코퍼스를 만든 게 되고, 빈도별 정렬은 코퍼스를 돌리면 쉽게 구현할 수 있을 것입니다

독해 이해도 확인 문제나 어휘 문제를 만드는 일은 어렵지 않습니다. 문제는 기존의 시험 영어 문제를 어떻게 뽑느냐죠. 모의고사 문제 같은 거요. 가장 실제 시험에 근접하게 만드는 방법은 기출문제를 넣고, 이 스타일로 만들어 달라고 하는 겁니다. 이 기능은 학원 혹은 강사가 개인적으로 가르치는 학생들에게 주는 용도로 좋습니다. 실제 시험 문제 출제는 난이도와

변별도를 조정하는 아주 복잡한 문제가 있으니 권하지 않겠습니다.

2023년에 챗GPT가 두 번 크게 업그레이드된 후, 이제 업로드된 파일을 읽고 분석할 수 있습니다. 실제로 출제됐던 수능 영어 리스닝 문제를 프롬프트에 넣고, 챗GPT에게 전문가(test developer) 역할을 준 후 같은 스타일로 새로운 문제를 만들어 달라고 했더니, 다음처럼 뽑아주었습니다.

ChatGPT

Certainly, here's a new question in the style of a Korean SAT English listening question:

1. 다음을 듣고, 여자가 하는 말의 목적으로 가장 적절한 것을 고르시오.
   ① 새로운 학교 도서관 규칙을 알리려고
   ② 독서 클럽 모임의 변경된 장소를 알리려고
   ③ 학생들의 독서 습관 개선을 독려하려고
   ④ 도서관 자원봉사 활동을 홍보하려고
   ⑤ 학년말 도서 반납 기한을 알리려고

Script:

W: Good afternoon, everyone at Springfield High. This is Ms. Thompson, your school librarian. Today, I want to talk to you about an exciting opportunity. Our library is seeking student volunteers for the upcoming semester. Volunteering at the library is a wonderful way to contribute to our school community, and it's also a great chance to develop your organizational skills. You'll be involved in sorting and shelving books, assisting with library events, and helping your fellow students find resources. If you're interested in becoming a library volunteer, please come to the library to sign up by the end of next week. Remember, it's not just about helping out; it's also about being part of a team and gaining valuable experience.

수능 영어의 표 문제는 기출문제의 표를 캡처해 이미지 파일로 저장한 후 챗GPT에 업로드하고, 문제와 스크립트를 복사해 붙여넣고 비슷한 문제를 만들어 달라고 했습니다(올인원 모드보다는 Data Analysis 모드에서 더 잘 작동됩니다). 챗GPT가 다음과 같이 새로운 문제를 생성해 주었습니다.

Data Analyst

Given the style of the listening question and the accompanying table, here's a new question with a script and a table for a different product. Let's use the example of laptop cases.

New Question:

Listen to the following conversation and choose the laptop case the man will purchase based on the table below.

Hard Laptop Cases

Model	Price	Material	Size (inches)	Waterproof
F	$120	Plastic	14	✕
G	$150	Neoprene	15	✓
H	$180	Leather	13	✕
I	$200	Fabric	16	✓
J	$220	Aluminum	17	✕

The Script:

M: Good morning and welcome to TechGear Solutions. What can I assist you with today?

W: Hello, I need to buy a hard case for my laptop.

M: Sure thing. Here's what we have available right now. What price range are you looking at?

W: I would like to stay under $190 if possible.

M: Understood. Are you looking for any particular material?

W: I'd prefer something that isn't leather. I'm looking for more practicality.

M: Alright, and what about the size of your laptop?

W: It's a 15-inch laptop, so the case needs to fit that.

표 옆에 동그라미 속 번호를 붙여넣고 싶으면, 프롬프트에 동그라미 속 번호 ① 등을 붙여넣고, 표 옆에 숫자를 리스트하라고 덧붙이면 됩니다.

그림을 보며 듣고 푸는 리스닝 문제는 챗달리에서 상황을 설명하고, "이러한 그림을 그려줘"라고 말한 후, 기출문제 이미지를 넣고, 기출문제는 텍스트로 붙여넣은 후, 1번 이미지를 참조해 아래 주어진 문제와 같은 스타일로 2번 이미지를 이용한 새로운 문제를 만들어 달라고 하면 됩니다.

한 회분 수능 영어 문제들을 한 번에 뽑고 싶다면, 문제와 스크립트(독해 문제라면 정답과 해설)를 문제별로 정리한 문서를 만들고, 같은 유형의 문제끼리 카테고리를 만들면 좋습니다. 엑셀 파일에 카테고리별로 기출문제를 정리해 넣은 후 CSV 확장자로 저장해 업로드하고, 모모 유형의 문제 5개를 만들라는 식의 프롬프트를 넣으면 됩니다. 개인이 사용하는 챗GPT에서는 한 번에 10개씩 정도밖에 문제를 생성하지 못하니 이를 참고하고 작업하세요.

문제가 많은 경우, GPTs를 사용해 'My knowledge'에 큰 파일을 넣어두고, 수십 개 기출문제 세트를 참조해 무슨 유형의 문제를 몇 개 만들어 달라고 하면 됩니다. GPTs의 사용법은 365쪽을 참조하세요. 그리고 표와 이미지는 지문만 있는 문제에서 따로 빼서 별도로 처리해야 합니다.

리스닝 파일의 경우, 담화문(한 사람이 죽 말하는 지문)은 기존의 TTS 사이트에서 음원을 만들어 사용할 수 있지만, 대화문(두 사람 이상이 대화를 주고받는 지문)은 아직 TTS 사이트 음원이 한 번에 생성되지 않습니다. 구태여 만들고자 하면, 대사마다 하나씩 음원을 생성해 하나로 통합하는 방법이 있지만, 손이 너무 많이 가서 권하지는 않습니다.

플러그인으로 날개를 다는 챗GPT

챗GPT는 계속 발전하고 있습니다. 그중에서 모르면서도 안다고 대답하는 이른바 환각(hallucination) 현상이 많이 없어졌습니다. 대신 플러그인이 챗GPT가 할 수 없으면서 할 수 있는 척했던 일 등을 해주고 있습니다. 플러그인은 일종의 코드 패키지라고 할 수 있는데, 챗GPT 유료 버전에서 베타 세팅을 하면 동시에 3개까지 활성화할 수 있습니다. 현재 챗GPT용 플러그인은 430여 개 정도인데 점점 늘어나고 있습니다.

플러그인 설정하기

1. 챗GPT4에서만 사용이 가능합니다. 왼쪽 상단부의 드롭다운 메뉴를 클릭하고 Plugins를 선택합니다.

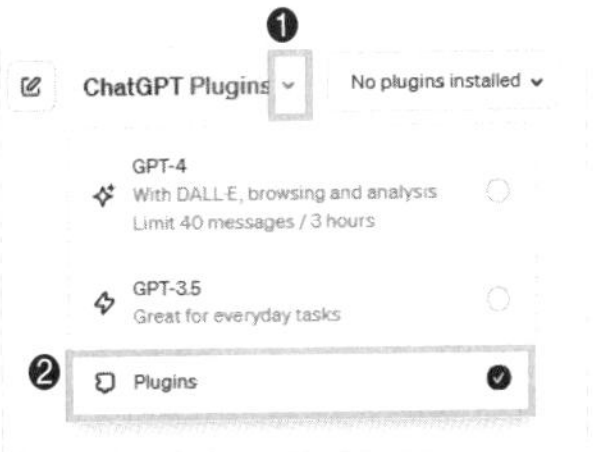

2. 그러면 플러그인 스토어가 나타나고 인기 있는(popular) 플러그인 16개를 보여줍니다. 'All' 탭을 선택하면 모든 플러그인 리스트가 뜹니다. 이 중에서 챗GPT만으로는 수행할 수 없는 작업을 도와주는 플러그인들을 소개하겠습니다.

웹사이트 URL을 복사해 붙인 후 요약 Access Link, Link Reader

'Access Link'나 'Link Reader' 플러그인을 설치하고 활성화하면, 챗GPT가 웹사이트의 URL을 불러들여 요약하거나 저작권이 없는 작품의 전문을 불러와 보여줍니다. 링크 리더는 유튜브, PPT, OCR 이미지도 읽어줍니다(단, URL이 있어야 합니다. 구글 드라이브에 문서를 넣은 후, 그 드라이브를 공개하면 URL이 생깁니다. 이 URL을 넣어서 읽어달라고 하면 됩니다).

'Access Link' 플러그인을 활성화한 후 '피터 래빗 이야기'의 챕터 1을 달라고 해보죠. 다음과 같이 프롬프트를 쓰면 됩니다.

> Provide chapter 1 of the Tales of Peter Rabbit.

그러면 챗GPT가 다음과 같이 '피터 래빗 이야기'의 챕터 1 전문을 구해줍니다(앞에서 웹브라우징을 썼을 때에는 챗GPT가 전체 지문을 찾는 링크를 클릭해서 들어가서 구해 주었죠?).

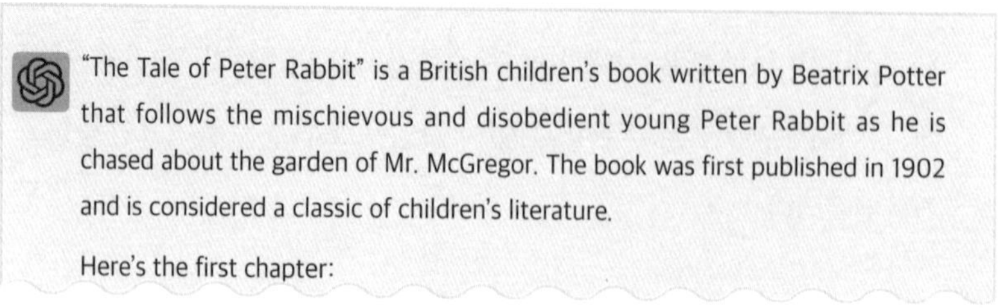
"The Tale of Peter Rabbit" is a British children's book written by Beatrix Potter that follows the mischievous and disobedient young Peter Rabbit as he is chased about the garden of Mr. McGregor. The book was first published in 1902 and is considered a classic of children's literature.

Here's the first chapter:

PDF 작업 플러그인

PDF 작업 플러그인 중에서 PDF Exporter를 사용하면 챗GPT가 써준 응답을 PDF 파일로 만들어 저장할 수 있습니다. 나머지 3개 플러그인은 PDF를 읽고 요약할 뿐만 아니라 내용에 대해 묻고 질문할 수 있습니다. 리서치를 하는 데에 크게 도움이 되는 플러그인들입니다.

마인드맵을 그려주는 Whimsical

Whimsical 플러그인을 이용하면 플로우 차트, 순서도, 마인드맵 등 다양한 다이어그램을 그릴 수 있습니다.

1. Whimsical 플러그인을 설치한 후 해리 포터의 가계도를 그려달라고 해보겠습니다.

> Draw a family tree of Harry Potter.

2. 그러면 챗GPT가 다음과 같이 해리 포터 가계도를 그려줍니다.

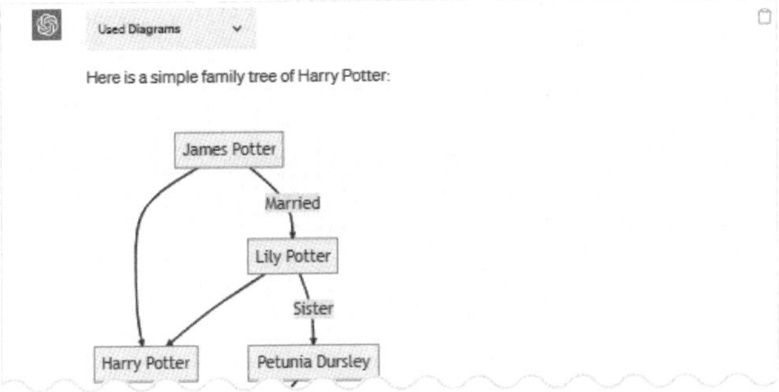

그 외 마인드맵 혹은 다이어그램을 그려주는 플러그인은 Show me도 있습니다. 저는 Whimsical을 자주 사용합니다. 학습용 그래픽 오거나이저들을 만들 때 좋습니다.

이미지 제너레이션 프롬프트 써주는 Photorealistic

이미지 생성 AI(미드저니, 라스코 등)에는 영어로만 프롬프트를 넣을 수 있고, 전문가들이 사용하는 파라미터들이 있어서 일반인이 프롬프트를 잘 쓰기가 힘듭니다. 그런데 Photorealistic 플러그인을 활성화한 후 써달라고 하면, 출판 가능한 고품질의 이미지 생성용 프롬프트를 잘 써줍니다.

이미지를 그려주는 Argil

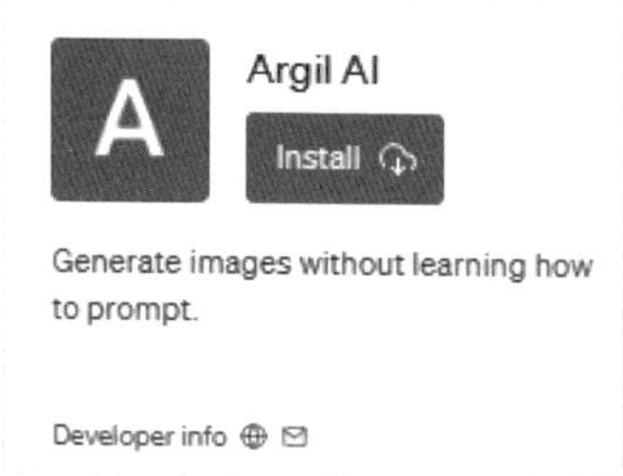

Argil 플러그인을 사용하면 간단한 이미지들을 그려줍니다. 그 외에도 Canva와 연동이 되는 Canva 플러그인, Image Converter, Michelangelo 등의 플러그인이 있습니다.

이외에도 플러그인은 너무도 많습니다. 수학 공식을 써주는 Wolfram, 엑셀 표를 만들어 주는 Make a Sheet, 프롬프트를 효과적으로 다듬어 주는 Prompt Perfect, PPT 슬라이드를 만들어 주는 Smart Slide 등 사용 목적에 따라 골라서 풍성하게 챗GPT를 사용해 보세요.

My GPTs로 나만의 챗봇 만들기

1. 챗GPT 화면에서 왼쪽의 검은 메뉴(숨겼다 펼쳤다 가능)를 보면 'Explore'가 보입니다. 여기를 누른 후 'Create a GPT'를 클릭하세요. 이 기능을 이용하면 나만의 챗봇을 코딩 없이 만들 수 있습니다.

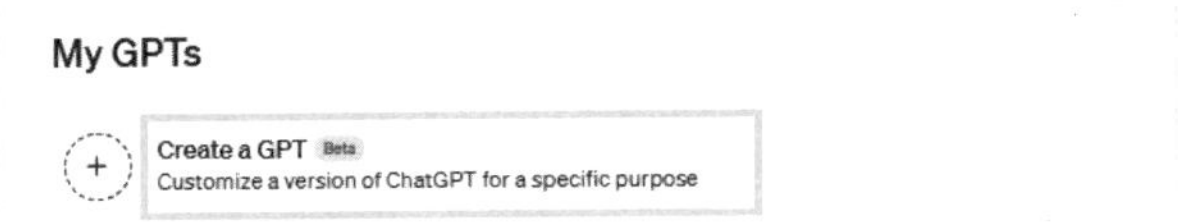

2. 처음에 이런 화면이 뜹니다. 여기서는 아래 메시지 창에 "나는 이러이러한 챗봇을 만들고 싶다"라고 하면 한 단계씩 챗GPT가 가이드를 해줍니다. 이 가이드를 받아 정리해서 혹은 직접 Configure로 이동해서 나만의 챗봇을 만들기 시작하면 됩니다. 'Configure'를 선택하세요.

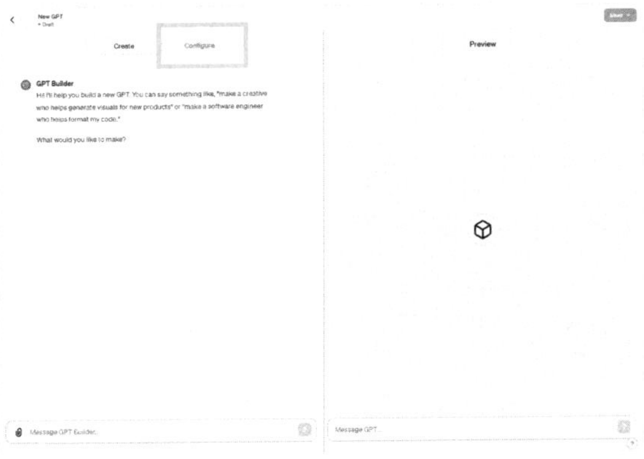

3. 다음과 같은 화면이 뜹니다. 다음을 참고하여 각 항목에 여러분이 만들고자 하는 챗봇에 관련된 사항을 입력하세요.

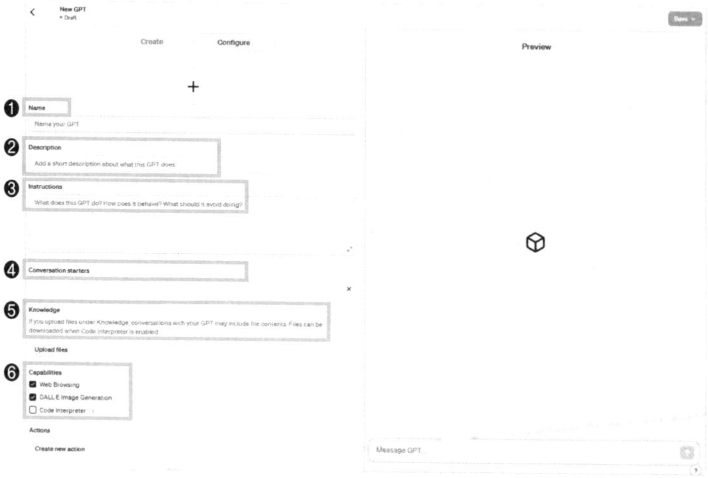

① Name: 여러분이 만들고자 하는 챗봇의 이름을 쓰세요.

② Description: 여러분이 만드는 챗봇이 어떤 역할을 하는지 간략하게 씁니다.

③ Instructions: '이 챗봇을 사용하는 사람이 무엇을 하면, 챗GPT는 무엇을 한다'와 같은 방식으로 단계별로 서술합니다.

④ Conversation starters: 이 챗봇에 처음 들어왔을 때, 사용자가 해야 하는 액션(action)을 지정합니다. 예를 들면 여러분이 단어장 생성기 챗봇을 만들었다면, 사용자에게 단어장을 만들고 싶은 단어를 입력하라고 하겠죠? "단어를 콤마를 찍어 입력하시오." 이 정도를 여기에 쓰면 됩니다.

⑤ Knowledge: 참고자료를 업로드하는 부분입니다. 앞에서 시험영어 모의문제 출제 시 기출문제를 범주화해서 파일로 올리면 된다고 말씀드렸죠?(엑셀 CSV 파일로 올리는 게 가장 좋습니다).

⑥ Capabilities: 연동해서 쓸 수 있는 기능들이 있습니다. 예를 들어 챗GPT가 결과값을 만들어낼 때 인터넷 서치가 필요한 경우, 'Web Browsing'에

체크하세요. 이미지 생성이 필요하면 'DALL-E Image Generation'에 체크하면 됩니다. 'Code Interpreter'는 그래프 그리기, 이미지 읽기, 코드 써주기 등이 필요한 경우 체크하면 됩니다.

4. 3번 화면을 모두 입력했나요? 오른쪽 상단의 Save가 보일 거예요. 여기를 클릭하면 다음과 같은 드롭다운 메뉴가 뜹니다.

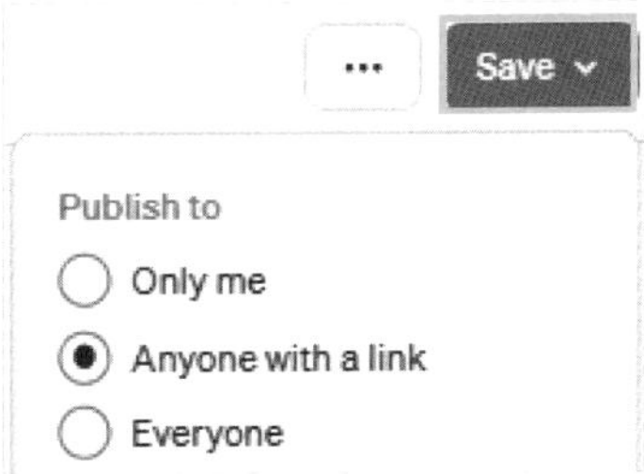

나만 쓸 거면 'Only me'에 체크하고, 내가 링크를 보낸 사람들도 쓰게 할 거면 'Anyone with a link'에 체크하세요(GPT4를 쓰는 사람들만 공유 가능합니다). 'Everyone'은 모든 사람에게 공개하는 기능입니다. 스토어가 생기면 유료로 판매할 수 있는 기능인데, 2024년 1월 현재 아직 오픈되지 않았어요.

5. 이제 나만의 챗봇이 생깁니다. 화면 왼쪽 상단에 제가 만든 챗봇인 '영어 단어장 생성기'가 나타났습니다. 목록 단추를 클릭할게요.

6. 다음과 같은 메뉴가 펼쳐집니다.

'Edit GPT'를 클릭하면 기능을 수정할 수 있습니다. 'Copy link'를 클릭하면 다른 사람들과 공유할 수 있습니다.

7. 제가 만든 '영어 단어장 생성기'의 Configure는 다음과 같습니다. 이렇게 말로 써서 만들었어요. 소개 부분은 나중에 스토어에서 판매할 생각이라 조금 가렸습니다.

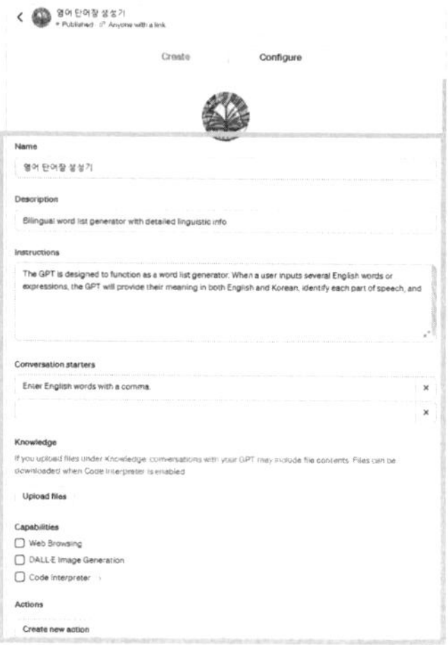

8. 제가 만든 '영어 단어장 생성기'에 영어 단어들을 넣어보겠습니다.

English Word	Part of Speech	Meaning in English	Meaning in Korean	Example Sentence in English	Related Word Family (Part of Speech)
fantasy	noun	The faculty or activity of imagining things	상상의 것, 환상	The book was a journey into a world of pure fantasy	fantasize (verb), fantastical (adjective)
adventure	noun	An unusual and exciting experience or activity	모험, 대담한 행동	She had an adventure traveling through the Amazon.	adventurous (adjective), adventurously (adverb)
journey	noun	An act of traveling from one place to another	여행, 여정	Their journey across the desert took three days	journeyman (noun), journeyed (verb, past tense)
ordeal	noun	A ve	고난		

9. 영어 단어장 생성기를 쓰면, 이제 프롬프트를 길게 쓸 필요 없이 단어만 입력하면 이렇게 단어장을 만들어 줍니다. 옆은 이 단어장의 QR 코드입니다. 제가 만든 챗봇 내의 링크를 복사한 후, 'QR Codes' 플러그인을 활성화해서 만들면 됩니다.

영어 단어장 생성기

그 외에 제가 만든 챗봇들은 더 있어요. 다음은 리딩 후 이해도 확인 문제 5개 세트를 만들어 주는 생성기(main idea question, 3 factual questions + inference question)입니다. 또한 앞에 나왔던 표 양식의 문법 교정 프롬프트로 자동 문법 교정 생성기도 만들어 보았습니다. 이젠 교정을 원하는 지문만 복사해서 붙여넣으면 됩니다.

독해 문제 생성기

문법 교정기

My GPTs는 이런 식으로 본인의 필요에 맞춰 편하게 만들어 사용하면 됩니다. 저는 수능 모의 문제 출제기를 별도로 만들었는데, 이 생성기는 이후 스토어에 출시하겠습니다.

JOYCE Sam's POINT

GPT4의 고급 데이터 분석 기능 5가지 활용법

GPT4 모델의 고급 데이터 분석(Data Analysis)은 유용한 기능이 많습니다. 몇 가지 살펴볼게요.

1. 이미지 읽기

이미지를 분석하고 이에 대해 말할 수 있어요. 토익 Part1 사진 묘사 문제의 보기를 만들라고 하면 정말 잘 만들겠죠?

2. 그래프 그리기

저는 여기서 단어의 뉘앙스(connotation)를 비교하는 그래프를 그려볼게요. 예를 들면 assessment와 examination은 비슷한데 다른 단어

잖아요? 먼저 이 두 단어의 차이가 뭔지 글머리 기호(bullet points)를 이용해 비교 대조해 보라고 해볼게요.

> What is the difference between assessment and examination? Compare and contrast, using bullet points.

그러면 다음과 같이 답변을 줍니다. 이 결과를 복사하세요.

Assessment

- **Broad Scope**: Involves evaluating a student's overall performance and understanding over a period of time.
- **Diverse Methods**: Includes a variety of methods like quizzes, projects, presentations, and continuous observation.
- **Formative Purpose**: Aims to provide ongoing feedback to improve learning and teaching methods.
- **Holistic Evaluation**: Considers multiple aspects of a student's abilities, including knowledge, skills, attitudes, and behaviors.
- **Flexibility**: Often adaptable in terms of timing, format, and criteria.
- **Feedback-Oriented**: Emphasizes providing constructive feedback for student growth

Examination

- **Narrow Scope**: Typically focuses on testing knowledge or skills in a specific area at a specific time.
- **Standardized Method**: Usually conducted through tests or quizzes under controlled conditions.
- **Summative Purpose**: Aims to evaluate a student's learning at the end of an instructional period.
- **Specific Evaluation**: Primarily assesses a student's knowledge or proficiency in particular subjects or skills.
- **Rigidity**: Generally follows a fixed format, timing, and criteria.
- **Performance-Oriented**: Emphasizes measuring student achievement and often determines grades or qualifications.

GPT4의 고급 데이터 분석 기능을 이용하여 막대 그래프를 그려보라고 할 거예요.

먼저, 이 정보를 그래프로 그리기 위해 각 글머리 기호를 척도(scale)로 삼아 1부터 10까지 점수로 표시하라고 합니다.

You

Indicate values of each bullet point with a scale of 1to 10

ChatGPT

Certainly! I'll rate each attribute on a scale from 1 to 10, with 1 being less emphasized or less significant, and 10 being highly emphasized or significant.

Assessment

- **Broad Scope**: 9 (Very broad in scope, covering diverse learning aspects)
- **Diverse Methods**: 10 (Highly diverse, incorporating various evaluation methods)
- **Formative Purpose**: 8 (Strongly formative, aiming for continuous improvement)
- **Holistic Evaluation**: 10 (Extremely holistic, considering all facets of a student's development)
- **Flexibility**: 9 (Highly flexible in implementation and execution)
- **Feedback-Oriented**: 10 (Strongly focused on providing feedback for growth)

Examination

- **Narrow Scope**: 8 (Quite narrow, focusing on specific subject areas)
- **Standardized Method**: 9 (Highly standardized, with strict format and procedure)
- **Summative Purpose**: 10 (Completely summative, aimed at concluding evaluation)
- **Specific Evaluation**: 9 (Strong focus on specific skill or knowledge assessment)
- **Rigidity**: 8 (Generally rigid in terms of format and criteria)
- **Performance-Oriented**: 10 (Entirely focused on measuring academic performance)

These ratings reflect the typical characteristics of each approach. Assessments are more diverse and flexible, focusing on continuous improvement and holistic development. Examinations are more rigid, summative, and focus on specific knowledge or skill evaluation at a particular point in time.

Data Analyst

To create bar graphs for "Assessment" and "Examination" with the provided scales, I will plot two separate bar graphs. Each graph will represent the scores (from 1 to 10) for the different characteristics of Assessment and Examination, respectively.

The characteristics and their corresponding scores are:

Assessment:

- Broad Scope: 9
- Diverse Methods: 10
- Formative Purpose: 8
- Holistic Evaluation: 10
- Flexibility: 9
- Feedback-Oriented: 10

Examination:

- Narrow Scope: 8
- Standardized Method: 9
- Summative Purpose: 10
- Specific Evaluation: 9
- Rigidity: 8
- Performance-Oriented: 10

GPT4에게 이 척도 값 정보를 가지고, GPT4의 고급 데이터 분석 기능을 이용하여 막대 그래프를 그려보라고 했습니다. 그랬더니 다음과 같이 그래프를 그려줍니다. 멋지지 않나요?

Draw a bar chart comparing assessment and examination for each scale based on each bullet point given below:

아래 주어진 각 항목을 기준으로 각 척도에 대한 평가와 시험을 비교하는 막대 차트를 그려줘.

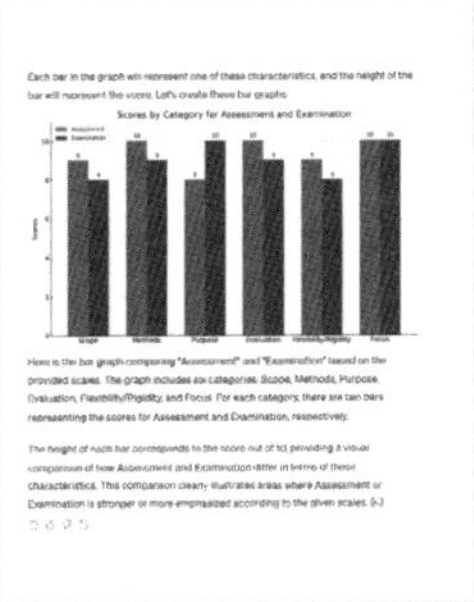

3. 엑셀 파일 통합

엑셀 파일 통합에 쓸 수 있습니다(이때 파일은 CSV 확장자로 저장하는 것이 좋습니다). 저는 중간고사 엑셀 파일과 기말고사 엑셀 파일을 하나로 통합해 달라고 하거나, 여러 번 시험을 친 결과값이 들어간 통합 엑셀 파일을 업로드한 후 학생별로 성장 그래프를 그려달라고 합니다.

4. 간단한 동영상 편집 가능

동영상 파일을 넣고 지문을 추출해 달라, 혹은 요약해 달라고 할 수 있습니다. 저는 주로 영상을 몇 초부터 몇 초까지 잘라 달라고 할 때 씁니다. 단, 몇 분이 넘어가는 긴 동영상은 시간 초과라며 처리하지 못합니다.

5. 코드 써주기

특정한 형식의 단어 맞추기 게임을 만들고 싶다고 코드를 써 달라고 하면 써줍니다. 구성을 자세히 설명한 후 이걸 게임으로 만들기 위한 코드를 써 달라고 하면 됩니다. 이 코드를 복사해 (버그를 잡은 후) 파이썬에 가져가 실행시키면 됩니다(실행법을 모르면, 챗GPT에게 파이썬에서 어떻게 실행하냐고 물어보세요!).

PROMPT BOX

영어 문법 & 시험영어 연습 프롬프트 17

183 비원어민이 가장 많이 틀리는 문법 아이템 프롬프트

Plz make a list of the grammar items non-native speakers make the most errors with. Plz include an example sentence with correct usage for each item.

비원어민 화자가 가장 많이 틀리는 문법 아이템 목록을 만들어 줘. 각 아이템별로 예문도 하나씩 넣어 줘.

184 주어-동사 일치 문제 프롬프트

Plz make 5 grammar questions about subject-verb agreement in fill-in-blank format.

주어-동사 일치에 대한 문법 문제 5개를 빈칸 채우기 형식으로 만들어 줘.

185 동사 시제 문제 프롬프트

Plz make 5 grammar questions about verb tenses in fill-in-blank format.

동사 시제에 대한 문법 문제 5개를 빈칸 채우기 형식으로 만들어 줘.

186 전치사 문제 프롬프트

Plz make 5 grammar questions about prepositions in fill-in-blank format.

전치사에 대한 문법 문제 5개를 빈칸 채우기 형식으로 만들어 줘.

187 관사 문제 프롬프트

Plz make 5 grammar questions about articles in fill-in-blank format.

관사에 대한 문법 문제 5개를 빈칸 채우기 형식으로 만들어 줘.

188 대명사 문제 프롬프트

Plz make 5 grammar questions about pronouns in fill-in-blank format.

대명사에 대한 문법 문제 5개를 빈칸 채우기 형식으로 만들어 줘.

189 문법 문제에 대한 답과 해설 프롬프트

Plz provide answers and explanations for the articles questions in Korean.

위의 관사 문제에 대한 답과 설명을 한국어로 해 줘.

190 문법 문제 생성 및 한국어 설명 프롬프트

Please make 5 pronoun questions about gender-neutral usages in English, and provide explanations in Korean.

영어로 성중립적인 대명사 문제 5개를 만들고, 한국어로 설명해 줘.

191 복수형 용법 문제 프롬프트

Plz make 5 grammar questions about pluralization in fill-in-blank format.

복수형 문법 문제 5개를 빈칸 채우기 형식으로 만들어 줘.

192 현재완료 시제 문법 예제 프롬프트

Plz explain the differences between present perfect, and present perfect progressive, and provide example sentences along with them.

현재완료와 현재완료진행형의 차이를 설명하고, 예시문을 함께 만들어 줘

193 조건문과 가정법 예제 프롬프트

Plz explain the differences between if-conditionals, real and unreal ones with example sentences.

조건문과 가정법의 차이를 예문과 함께 설명해 줘.

194 조건문과 가정법 문제 프롬프트

Plz make 5 grammar questions on conditionals, mixing three types of conditionals.

조건법 문제 5개를 3가지 유형의 conditional들을 혼합하여 만들어 줘.

195 틀린 문법을 찾아 고치는 문법 문제 프롬프트

Plz make 5 grammar questions on be verb usages in identify and correct errors' format. Give the direction only one time at the top.

be 동사 용법 문법 문제 5개를 '오류를 찾아 고치는' 형식으로 만들어 줘. 지시 사항은 위에 한 번만 써 줘.

196 맛보기용 토익 파트 5 문제 프롬프트

Plz make 10 TOEIC Part V questions for students whose TOEIC score is 750.

토익 점수가 750점인 학생들을 위해 토익 파트 5 문제 10개를 만들어 줘.

197 맛보기용 토익 파트 7 문제 프롬프트

Plz make 1 set of TOEIC part 7 double-passage questions for student with a TOEIC score of 800. One passage is an email and the other is a letter. Plz make the first passage longer than 150 words and the other longer than 200 words. And then make 5 TOEIC reading comprehension questions in multiple choice format.

토익 파트 7의 이중 연계 지문 문제를 토익 점수 800 이상의 학생을 위해 한 세트 만들어 줘. 한 지문은 이메일이고, 또 다른 지문은 편지야. 첫 번째 지문은 150단어 이상, 다른 지문은 200단어 이상이야. 그리고 5개의 토익 리딩 문제를 다지선다로 만들어 줘.

198 맛보기용 토익 파트 1 문제 프롬프트

Plz make 5 TOEIC Part I Picture description questions. Include a picture and multiple choices.

토익 파트 1 문제 5개를 만들어 줘. 그림과 사지선다도 만들어 줘.

199 토익 모의고사 프롬프트

Plz make a mock TOEIC Test Part II by rewriting this sample: [기출 문제]

이 샘플을 다시 작성해 모의 토익 테스트 파트 2를 만들어 줘: [기출 문제]

파도가 밀려오면, 그 파도에 올라타라!

챗GPT는 만능이 아닙니다. 만화 『슬램덩크』에 나오는 명언 "왼손은 거들 뿐"을 빌려 말하자면, 챗GPT는 그냥 '거들 뿐'입니다.

새로운 기술이 나와서 시대의 지평을 또 한 번 바꿀 것은 분명하지만, 인간 세상은 지난 3천 년 동안 언제나 급격히 변화해 왔습니다. 이 3천 년 동안의 변화가 그 이전 수만 년의 변화에 비하면 엄청난 속도의 변화거든요.

네안데르탈인이 사라지고, 호모사피엔스가 절대적 우세종으로 살아남은 이유에는 여러 가설이 있지만, 그 중 흥미로운 가설 하나는 뇌가 더 컸던 네안데르탈인은 집단기억을 가지고 있었다는 설이 있습니다(주요 가설은 아닙니다). 네안데르탈인은 집단기억으로 하나의 개체가 새로운 지식을 힘들게 학습하는 수고가 없이 적응하며 살 수 있었지만, 문제는 기후위기가 닥치고 자연환경과 식생의 급격한 변화에 적응할 수가 없었다고 합니다.

호모 사피엔스는 개개인이 변화에 적응하면서 유전자를 남기는 방식으로 살아남아 지금까지 왔습니다. 단일 종으로 지구에서 지나칠 정도로 번성하는 종이 되었지요.

이번에는 챗GPT를 비롯해 줄줄이 등장하는 인공지능들이 우리의 적응도를 가늠하는 시금석이 될 것입니다.

파도가 밀려오면, 그 파도에 올라타야 합니다. "파도에 올라타라"(Ride the tide)라는 말에서 핵심은 '파도'(tide)가 아니라 '올라타라'(ride)에 있습니다. 주체는 인간이고, 바로 나입니다. 이 거대한 파도에 올라타는 사람이 되시기를 빕니다.

조이스박 드림